| 中国当代研学丛书 |

文化

唐代职官管理简论

张东光 | 著

中央编译出版社
Central Compilation & Translation Press

图书在版编目（CIP）数据

唐代职官管理简论／张东光著. —北京：中央编
译出版社，2020.3
ISBN 978-7-5117-3781-6

Ⅰ. ①唐⋯
Ⅱ. ①张⋯
Ⅲ. ①官制—研究—中国—唐代
Ⅳ. ① D691.42

中国版本图书馆 CIP 数据核字（2019）第 285573 号

唐代职官管理简论

出 版 人：葛海彦
责任编辑：杜永明
执行编辑：周　毅
责任印制：刘　慧
出版发行：中央编译出版社
地　　址：北京西城区车公庄大街乙 5 号鸿儒大厦 B 座（100044）
电　　话：(010) 52612345（总编室）　　　　(010) 52612339（编辑室）
　　　　　(010) 52612316（发行部）　　　　(010) 52612346（馆配部）
传　　真：(010) 66515838
经　　销：全国新华书店
印　　刷：三河市华东印刷有限公司
开　　本：710 毫米×1000 毫米　1/16
字　　数：261 千字
印　　张：16
版　　次：2020 年 3 月第 1 版
印　　次：2020 年 3 月第 1 次印刷
定　　价：78.00 元

网　　址：www.cctphome.com　　　　邮　　箱：cctp@ cctphome.com
新浪微博：@ 中央编译出版社　　　　微　　信：中央编译出版社(ID: cctphome)
淘宝店铺：中央编译出版社直销店(http://shop108367160.taobao.com) (010) 55626985

Contents

目 录

第一章　学校教育与考试管理

　　唐代是中国封建社会经济文化发展较为繁荣的时代，教育事业也很发达。考试被广泛应用于社会生活的各个领域。从组织管理的角度而言，主要可分为三大类考试，即学校考试、科举考试和选官考试。其中，学校考试按不同的管理系统，又可分为中央官学系统的考试、地方官学系统的考试和私学考试三种类型。科举考试按不同的管理系统，也可分为由礼部主持的常科、皇帝亲自主持或委托官员主持的制科两种类型，另外，还有吏部主持的选试。从作用和功能的角度而言，学校考试重在知识和智能的检测，科举考试和吏部选试则重在人才选拔。

第一节　中央官学及其考试管理

　　唐代学校类别之完备、层次之明细，都堪称中国封建社会之典型。就其类别而言，有综合性学校、专门学校和职业技术学校；就其层次而言，有中央官学的高级教育、地方官学的中级教育和地方乡学、私学的初级教育。各级各类学校都把考试作为一个关键的教学环节，从而建立起一整套相对周详完备的考试管理制度。

一、国子监七学的考试管理

　　唐代的国子监，兼具全国最高教育行政机构和全国最高学府的双重意义，掌管国家儒学教育政令的训导和贯彻实施，管理所属七学，指导地方州县的经学教育，岁终向礼部输送毕业生参加科举考试，供国家鉴选。

国子监所辖七学为：国子学、太学、四门学、广文馆、律学、书学和算学。其中，国子学、太学、四门学和广文馆属于儒学教育为主的综合性高等学校，律学、书学和算学属于专门性高等学校。

（一）七学的设置和组织机构

1. 国子学

国子学始设于晋武帝咸宁二年（276 年），唐武德初复置，教职员有博士、五经博士、助教、直讲、大成、典学、庙擗和掌故。学生在武德初有 72 人，高宗龙朔时 80 人，玄宗开元、天宝时 300 人，宪宗元和时 86 人。另有东都国子生 15 人。

2. 太学

太学始设于西汉，唐代武德复置。教职员有博士、助教、典学、掌故等。学生在武德初 140 人，龙朔时 70 人，玄宗开元、天宝时 500 人，宪宗元和时 70 人。另有东都太学生 15 人。

3. 四门学

四门学始设于北魏孝文帝时期，武德初复置。教职员有博士、助教、直讲、典学、掌故等。学生在武德初 130 人，龙朔时 300 人，玄宗开元、天宝时 1300 人（其中 500 人为品官子弟，800 人为民间俊士），元和时 300 人。另有东都四门生 50 人。

4. 广文馆

广文馆始设于天宝九年（750 年），以领国子监之修进士业者。教职员有博士、助教等。学生在玄宗始设时 70 人，元和时 60 人。另有东都广文生 15 人。

5. 律学

律学起始职司无可考。唯《晋书·百官志》记载有律学博士。隋朝设律学，隶属大理寺。唐高宗显庆元年（656 年）尚书左仆射于志宁奏置律学，隶属国子监。教职员有博士、助教。学生在龙朔二年 20 人，开元、天宝时 50 人，宪宗元和时 20 人。另有东都律馆生 10 人。

6. 书学

书学始设于隋朝，唐代初年废，贞观二年复置，其后废置无常。教师有博士、助教、典学等。学生在龙朔二年 10 人，开元、天宝时 30 人，宪宗元和时 10 人。另有东都书学生 3 人。

7. 算学

算学始设于隋朝，唐代初年废，显庆元年复置，三年又废，龙朔二年又复，隶属国子监。教师有博士、助教、典学等。学生在龙朔二年 10 人，开元、天宝时 30 人，宪宗元和时 10 人。另有东都书学生 2 人。①

(二) 国子监七学的主考机构及考官

国子监七学中，国子学、太学、四门学、广文馆的隶属关系没有大的变化，但其中律学、书学和算学的隶属关系曾有所变动。高宗龙朔三年，曾下诏以书学隶属兰台（秘书省），算学隶属秘阁（太史局），律学隶属详刑寺（大理寺)②，但不久即改为隶属国子监。因而，七学考试的主考官员主要为国子监之学官。

1. 国子监祭酒

国子监祭酒 1 人，从三品，为国子监主管官员，也是全国最高教育行政长官和最高学官。会同尚书吏部主持七学生的入学考试、年终考试和毕业考试，并负责考核国子监内的诸学官。

2. 国子监司业

国子监司业 2 人，从四品下，为祭酒之贰。佐祭酒主持七学生的年终考试和毕业考试。

3. 国子监丞

国子监丞 1 人，从六品下，会同国子祭酒、司业为七学生毕业考试之监考。并把考试合格者上报礼部。

---

① 七学设置、教职员、生员等数见《旧唐书》卷 189《儒学传序》，《新唐书》卷 44《选举上》、卷 48《百官三》，《通典》卷 15《选举三·历代制下》，《大唐六典》卷 21《国子监》，《唐会要》卷 66《东都国子监》，《广文馆》。

② ［后晋］刘昫等：《旧唐书》卷 4《高宗记》上，中华书局 1975 年版，第 84 页。

4. 国子博士等

国子博士 5 人，正五品上；太学博士 6 人，正六品上；四门博士 6 人，正七品上；广文博士 6 人，正六品上；律学博士 3 人，从六品下；书学博士 2 人，从九品下；算学博士 2 人，从九品下。这些博士为七学之主考学官，并任学生旬试、岁试之主考官。

（三）七学的考试内容与考试规程

唐代官学的教学大纲，按学校的不同性质规定了教学考试内容及考试规程。七学中，以经学为主修范围的综合性学校，如国子学、太学、四门学、广文馆的考试内容以经史为主，共分 16 种教材，包含五大类：一为大经类，包括《礼记》《春秋左氏传》；二为中经类，包括《诗经》《周礼》《仪礼》；三为小经类，包括《周易》《尚书》《春秋公羊传》《春秋谷梁传》；四为专门类，包括《孝经》《论语》；五为时务综合类，包括时务策、《国语》、《说文》、《字林》、《三苍》、《尔雅》。以前四类为主修，第五类为兼修。

七学中的专门性学校，如律学、书学、算学的考试范围在大纲中也有相应规定。律学包括律、令、格、式、法例等；书学包括《石经三体》《说文》《字林》等；算学包括《孙子》《五曹》《九章》《海岛》《张丘建》《夏侯阳》《周髀》《五经算》《缀术》《辑古》《记遗》《三等数》等。

教学大纲还为上述考试课程规定了限修时间，即考试规程。如《孝经》《论语》限修 1 岁；《尚书》《春秋公羊传》《春秋谷梁传》限修 1 岁半；《周易》《诗经》《周礼》《仪礼》各限 2 岁；《礼记》《春秋左氏传》各限 3 岁。书学：《石经三体》限 3 岁，《说文》限 2 岁；《字林》1 岁。算学：包括《孙子》《五曹》共限 1 岁；《九章》《海岛》共 3 岁，《张丘建》《夏侯阳》各 1 岁，《周髀》《五经算》共 1 岁，《缀术》4 岁，《辑古》3 岁。

唐代官学的教学大纲还规定了以儒学教育为中心的普通学校的考试标准。在指定的修业范围内，按照规定的时间修完若干课程以后，就要进行考试，并规定了考试标准。当时普通学校的考试标准主要有三种，分别为"通二经""通三经"和"通五经"。与隋代标准相比，唐代的考试标准普遍提高了。隋文帝规定，"通一经"即可擢用任职。唐代规定最低标准必须"通二经"。并为每一种标准规定了具体的考试内容。其中，"通二经"者要求通"大经""小经"各 1

部或"中经"2部；"通三经"者要求"大经""中经""小经"各通1部。另外，还要求如《孝经》《论语》两个专门学科每个考生必须兼通。①

（四）国子监七学的考试类型与考试形式

1. 入学考试

入学考试，即招收生员的考试。国子七学因其招生对象不同，所以入学考试的要求也不同。品官子弟、贵族子弟入国子监就读一般享有免试特权。

国子监诸学招生，一般由尚书省负责，国子监祭酒主考。三品以上官员子弟或相当于三品以上官员的子弟可以免试入国子学；五品以上官员子弟或相当于五品以上官员的子弟可以免试入太学；八品以上官员子弟或相当于八品以上官员的子弟可以免试入四门学。免试入四门学的品官子弟或贵族子弟一般控制在500人。

另外800人招收八品以下官员子弟及平民子弟。但这部分生员特别是平民子弟必须经过考试。应试资格有两项规定，其一，有地方官学学历的生员年龄放宽到25岁；其二，无地方州县学历的生员年龄限制在21岁以下。考试内容也分两种：第一，试经，录取标准为"通一经"；第二，试文，录取标准为"有文辞"和"有史学"知识。生员可于两者中任选一种。平民子弟经过考试被录取入四门学者，称为"俊士"②。律学、书学、算学的招生对象为八品以下官员子弟及平民子弟，其中品官子弟可免试入学，庶人子弟则须加试相关的专门考试，已确认为"通其学者"③，方可入学。

另外，还有四种身份的生员可以免试入国子监学校。其一，各州县贡举人省试落第者，可以免试入国子监所辖诸学继续深造；其二，宗室（皇亲）三等至五等之家子弟可以免试入国子监学校；朝廷宿卫武官服役期满可以免试入国子学、太学及律馆习业；藩王及可汗子孙可以免试入国子学。

国子监诸学馆每年正式招生多采取免试入学的办法。但缺员递补的生员，一般则须考试。由于国子监免费提供食宿，常引起欲补入生员的"宣兢"。对欲

---

① 以上七学考试内容及规程参见《新唐书》卷44《选举上》，《大唐六典》卷21《国子监》，《唐会要》卷35《学校》、卷66《东都国子监》，《文献通考》卷41《学校》二。
② ［宋］欧阳修、宋祁：《新唐书》卷44《选举上》，中华书局1975年版，第1160页。
③ ［宋］欧阳修、宋祁：《新唐书》卷44《选举上》，中华书局1975年版，第1160页。

补入生员的考试大致分三种情况,一是国子监四馆(国子学、太学、四门学、广文馆)有缺员,须补入生员时,国子监向礼部提出申请,并对生员进行考试,再把录取者姓名申报礼部。二是如国子监学校专门应明经、进士举者,到国子监报到后,要等"关牒到监司",则重考试,在国子监提供膳食。三是国子监四馆学生"及第出监"者,不得私自把自己的住房转与亲故。须先交出住房,待新补入学生"公试"合格后,便令居住。①

2. 旬试

旬试是国子监学校的学业管理考试。每旬放假的前一日考试,由各学校的博士主考。考试项目有二,一曰试读、试帖,二曰试讲、试义。试读、试帖规定生员读 1000 字,试 1 帖,帖 3 字;试讲、试义,规定应试生员讲述经文 2000 字,然后口问大义 1 条,总试 3 条。考试标准以通 2 为合格,通 1 或不通为不合格,酌量有罚。②

3. 岁试

岁试为国子监诸学的学业管理考试。考查生员 1 年的学业。由各学校博士主考,国子监首长祭酒、司业、监丞皆"莅试"监考。岁试一般以试义为主,口问大义 10 条,其考试标准分为三等,通 8 条为上,通 6 条为中,通 5 条为下,下者即为不及格。通计 3 次岁试均为下者"罢归"。③

4. 升学试

国子监诸生在修完一定课程,经考试成绩合格者升入高一级学校继续攻读。其考试方法亦为试义。而对不同生员及第标准有所不同。品官子弟生员"通二经"为及第,俊士"通三经"方为及第。如愿意留校继续攻读者,其升学程序为"四门学生补太学,太学生补国子学"。

5. 卒业试

即毕业考试。由国子监首长祭酒和司业主考,监丞监考。国子诸学在学 9 年、律学在学 6 年为卒业期限。到卒业期后,试其"所习业",考试合格者称为"业成",由监丞报于祭酒,再上报尚书礼部,参加相关科目的科举选拔考试。

---

① [宋]王溥:《唐会要》卷66《东都国子监》,上海古籍出版社 1991 年版,第 1368 页。
② 以上旬试内容参见《新唐书》卷44《选举上》、《大唐六典》卷 21《国子监》、《唐会要》卷 66《东都国子监》。
③ [宋]欧阳修、宋祁:《新唐书》卷44《选举上》,中华书局 1975 年版,第 1161 页。

应明经举者试帖经、口试策及经义；应进士举者帖 1 中经，试杂文、时务策及政事；明法、明书、明算各试所习之业。"其试法皆依考功。又加以口试，明经帖限通八以上，明法、明书皆通九以上。"① 如生员在学 9 年（律学在学 6 年）不能通过卒业试者"罢归"。②

6. 大成试

大成试为国子监学校中培养高级儒学人才的一种考试。在每年贡举常科及第的举子中，选"聪明者"参加考试，取 20 名合格者称为"大成"，留校继续修业。国家发给俸禄，同于国子监直官。实际上是一种直接入仕的选拔性考试。考试形式分"试诵""试策"两种。考试内容为在校期间所习之业。录取标准为"十通七"为第。大成类似于今天的研究生教育。其在监修习期间每 3 年参加 1 次考试，"通四经"者称为"业成"，上报尚书吏部，经考试合格者官加 1 阶，参加吏部选试后直接入仕。如未能通过"通四经"的考试者，继续修业。3 年再试，3 次考试不第者免"大成"，"从常调"。③

二、弘文馆、崇文馆、崇玄学的考试管理

唐代的中央官学，除了国子监之外，还有隶属门下省的弘文馆，隶属东宫的崇文馆和隶属宗正寺的崇玄学。其中弘文馆、崇文馆属于儒学教育为主的贵族学校，而崇玄学则属于道学专门学校。

（一）弘文馆、崇文馆、崇玄学的设置及其管理机构

1. 弘文馆

弘文馆始设于武德四年（621 年），隶属门下省，始设时并不具有学校性质，为收藏与校勘图书之地，也是皇帝与硕学鸿儒讲论经义、商量政事之所。贞观元年，唐太宗李世民下令，准许京官文武职事五品以上子弟入馆内学习书法。并在学书之余，兼修它业。自然，这一高级皇家图书馆转而成为一所高级贵族学校。当年，就有 24 人入馆。其后，虽馆名屡有更张，但学校的意义却不

---

① ［唐］李林甫等：《大唐六典》卷 21《国子监》，三秦出版社 1991 年版，第 392 页。
② ［宋］欧阳修、宋祁：《新唐书》卷 44《选举上》，中华书局 1975 年版，第 1161 页。
③ ［唐］李林甫等：《大唐六典》卷 21《国子监》，三秦出版社 1991 年版，第 392 页。

断加强。至玄宗开元四年时，确定了招生员额及招生对象。教职员有大学士、学士、直学士、讲经博士等。学生在贞观元年有24人，开元七年38人，太和九年15人。①

2. 崇文馆

三国时，魏文帝曾置崇文馆。唐贞观十三年（639年），太宗于东宫置崇贤馆，掌经籍图书和教授诸王。显庆元年（656年）三月，皇太子李弘请于崇贤馆内置学士，招收生徒，高宗许之。并确定招生名额与招生对象。上元二年（675年）八月，为避太子李贤讳，改崇文馆，使该馆由皇家私塾转变成一所高级贵族学校。崇文馆设知馆事1人，宰相兼领。教师为学士、直学士，皆无定员。学生，显庆时20人，开元时20人，贞元时15人。②

3. 崇玄学

崇玄学为唐代道学专门学校。李唐皇族附会老子李耳之后，尊老子为太上玄元皇帝，道教与道学在唐代备受重视。崇玄学始设于玄宗开元二十五年（737年）。③ 另说始设于开元二十九年。④ 天宝元年（742年）置东都崇玄学，二年崇玄学改为崇玄馆。教师有博士、助教（天宝二年改博士为学士，助教为直学士，并置大学士）等。开元、天宝时学生100人，大历三年100人，另有东都崇玄馆学生100人。

（二）弘文馆、崇文馆、崇玄学的考试内容与考试形式

1. 弘文馆、崇文馆学生考试

二学馆就其性质而言，与国子监之国子学、太学、四门学和广文馆基本一致，因此，其"学生教授、考试如国子之制"。二学馆的考试与国子诸学相比，有如下特点：第一，实行全员免试入学，不进行入学选拔考试。第二，学业管

---

① ［宋］王溥：《唐会要》卷77《弘文、崇文生举》，上海古籍出版社1991年版，第1659—1660页。

② ［宋］欧阳修、宋祁：《新唐书》卷49上《百官四上》，中华书局1975年版，第1294页。

③ 见［宋］欧阳修、宋祁：《新唐书》卷48《百官三》，中华书局1975年版，第1252—1253页。

④ 见［宋］王溥：《唐会要》卷64《史馆下·崇玄馆》，上海古籍出版社1991年版，第1324—1325页。

理考试标准降低。二学馆生员皆为"勋贤贵子",地位较比国子诸学生员更为显贵。其招生对象为皇帝、皇太后、皇后的直系亲属,宰相和相当于宰相的官员之子。入学后的修业与考试内容,虽与国子诸学相同,但标准显然要低得多。"帖经并减半,杂文及策皆须粗通。"① 第三,二馆生员冒滥者多,因而有"都省郎官复试"之说。由于二馆生员"员缺至少,请补者多",因而"幸冒颇深,或假借门资,或变易昭穆",入馆后的考试"又皆假人",致使二馆之学业管理考试常常流于形式。为了解决门资冒滥和假人代考问题,唐政府于太和七年(833 年)下令二馆生员在博士考试之后,仍须接受尚书都省郎官复试。② 二馆生员平时课试由馆中学士主考,考试方法"如同国子之制",但是卒业试较比国子诸学有新的规定。其考试内容大致分三种:一,试一大经、一小经;二,试一中经;三,试《史记》《前汉书》《后汉书》《三国志》。可见较国子诸学增加了历史考试的内容。其考试方法有诵读、试策和试贴三种。诵读以经史为内容,标准是"读文精熟,言音典正"。试策要求经十道、史五道,时务策五道。试经史要求"粗解经义","经通六、史通三"为第;时务策要求"文体不失问目意,试五得三为第;试贴以《孝经》《论语》为内容,十通六者为第"③。

2. 崇玄学的考试内容与考试形式

崇玄学为道教学校,其修习和考试的主要内容为道教经典。玄宗始设时修习考试的道教经典有四种:《道德经》《庄子》《文子》和《列子》。天宝元年又增加一种,即《庚桑子》,又称《洞灵真经》。同时改《庄子》为《南华经》,《文子》为《通玄经》,《列子》为《冲虚经》。崇玄生在馆修时 3 年,经考试合格者依明经考试例参加道举考试。其考试形式主要有问义、试帖、试策三种。而其考试标准,尚待进一步考察。从现有资料看,其考试标准是不断降低的。天宝二年曾下制,"崇玄生试及帖策,各减一条",建中二年又准制"减策一条"。④ 标准降低可能是由于修业时间较短,道学经典较比儒学经典更为生涩难

---

① ［宋］王溥:《唐会要》卷77《贡举下·弘文崇文生举》,上海古籍出版社 1991 年版,第 1159 页。

② ［宋］王溥:《唐会要》卷77《贡举下·弘文崇文生举》,上海古籍出版社 1991 年版,第 1160 页。

③ ［唐］李林甫等:《大唐六典》卷8《门下省》,三秦出版社 1991 年版,第 194 页。

④ ［宋］王溥:《唐会要》卷77《贡举下·崇玄生》,上海古籍出版社 1991 年版,第 1161 页。

懂，普及程度又低的缘故。

第二节 中央职业技术学校的考试管理

在唐代国家教育系统中，除了高等普通学校和专门学校之外，还有中等的职业技术学校，职业技术学校系统规模之庞大、分工之细密，都为普通学校和专门学校所不及。这些学校一般都隶属相应的政府行政职能部门。主要有隶属太常寺太医署的医学、太乐署的音乐、太卜署的卜筮；隶属太卜寺的兽医和隶属司天台的天文、历数和漏刻。

一、医学的考试管理

医学是隶属太常寺太医署的规模庞大的医学专门学校和职业技术学校。因医学生可以参加礼部之科举考试，所以与其他职业技术学校有所不同。

太医署是集行政机关、医疗机关、研究机关和教育机关为一体的政府职能部门。设太医令2人，从七品下；丞2人，从八品下；医监4人，从八品下；医正8人，从九品下；医师2人，医工100人，医生40人，典药2人。下辖4科及1个药园。

（1）医科。设有医博士1人，正八品上，助教1人，从九品上。（《旧唐志》作从九品下）医生40人，每20人为1组，分2个组学习。学生中修习体疗科（内科）者11人，修习疮肿（外科）者3人，修习少小（儿科）者3人，修习耳目口齿（五官科）者2人，修习角法（理疗科）者1人。

（2）针科。设有针博士1人，从八品上。针助教1人，从九品下。针师10人，针工30人，针生20人。

（3）按摩科。设有博士1人，从九品下。按摩师4人，从九品下。按摩工56人，按摩生武德时30人，贞观减至15人。

（4）咒禁科。设有咒禁博士1人，从九品下。咒禁工8人，咒禁生10人。

（5）药园。设有药园师2人，药园生8人，主药8人，药童24人。①

医学学校的考试管理。就其层次而言，医学学校的考试主要有两种：一是医师、医正、医工的考试，以实践性考试为主。"医师、医正、医工疗人疾病，以其痊多少而书之，以为考核。"② 二是医生、针生、按摩生、咒禁生和药园生的考试，此类考试主要是理论考试，兼及实践考查。

以下重点讨论第二类考试：

凡医生、针生、按摩生、咒禁生和药园生的考试，以医学理论课程为主，以临床实践为辅。其医学理论方面的考试课程主要有《本草》《明堂》《脉诀》《素问》《黄帝内经》《甲乙脉经》《流经堰侧》《赤乌神针》等。医生以《本草》《甲乙脉经》为主，针生以《明堂》《脉诀》《素问》《黄帝内经》为主，兼习《流经堰侧》等图和《赤乌神针》等经。

其考试标准为："读《本草》者，即令识药形而知药性；读《明堂》者即令验图识其孔穴；读《脉诀》者，即令递相诊候，使知四时浮沉涩滑之状。读《素问》《黄帝内经》《甲乙脉经》，皆使精熟。"③

其考试类别主要有月试、季试、岁试及业成试等。月试试本月修习之内容，由博士主考；季试试一季修习之内容，由太医令、太医丞主考；岁试试年度修习之内容，由太常丞主考；业成试试在学期间修习之内容。医科学校诸生一般在学9年，但依据所习专业方向不同，也可灵活掌握。如修习体疗科（内科）的医生学习年限为7年，疮肿科（外科）修习年限为5年，少小科（儿科）修习年限为5年，耳目口齿科（五官科）和角法科（理疗科）修习年限为2年。以上月试、季试、岁试为学业管理考试，业成试为卒业选拔考试。如针生业成者考试《素问》4条、《明堂》《脉诀》《黄帝内经》各2条，经考试，"业术过于现任官者，即听替补"④。即医生通过业成试可以取得医师、医正、医工等职位，成为专业医护人员。其中特别优秀者，还可以推荐参加礼部的科举考试。

---

① 见［宋］欧阳修、宋祁：《新唐书》卷48《百官三》，中华书局1975年版，第1244—1245页；［唐］李林甫等：《大唐六典》卷14《太常寺》，三秦出版社1991年版，第300—302页。

② ［唐］李林甫等：《大唐六典》卷14《太常寺》，三秦出版社1991年版，第299页。

③ ［唐］李林甫等：《大唐六典》卷14《太常寺》，三秦出版社1991年版，第299页。

④ ［唐］李林甫等：《大唐六典》卷14《太常寺》，三秦出版社1991年版，第301页。

二、音乐学校的考试管理

音乐学校是隶属太常寺太乐署的专门职业技术学校，太乐署的性质与太医署接近，也具有行政、研究和教育等功能。

太乐署设太乐令 1 人，从七品下；丞 1 人，从八品下；乐工 8 人，从九品下；典事 8 人，为流外官。

教师有博士、助教若干人，有音声博士、第一曹博士、第二曹博士等名目。学生有文武二舞郎 140 人，其中，文舞郎 64 人，武舞郎 64 人。散乐 282 人，长上散乐 100 人，短番散乐 1000 人，音声 10027 人。

武德时设置内教坊于禁中，武后如意元年改曰云韶府，以中官为使。开元二年，又设置内教坊于蓬莱宫侧，京师设置左右教坊以领太乐。自此，太乐不隶太常寺，改隶内教坊。

音乐学校的考试管理。音乐学校的生员来源颇为复杂，其招生范围及招生办法有一定的特殊性。太乐署生员多具有番上服役的性质。其中音声人为州县有相当资质的少年来太乐署修习者，每岁学费 2000 钱。[1] 乐人又分短番散乐和长上散乐两种，其中短番散乐招收 1000 人，"诸州有定额"，长上散乐招收 100 人，"太常自访召"[2] 有相应资质之人。太乐署招收音乐生员的招生考试，应多以面试为主，标准是要具备相应的资质，并带有番上服役的性质。

太乐署音乐生修习和考试的内容有舞、曲、伎艺等科目。其中，乐曲有雅乐大曲、雅乐小曲、清乐大曲、大文曲、大文小曲、燕乐、西凉、龟兹、疏勒、安国、天竺、高昌大曲、次曲、小曲等。舞伎有燕乐伎、清乐伎、西凉伎、天竺伎、高丽伎、龟兹伎、康国伎、安国伎、疏勒伎、高昌伎等[3]。把所习伎艺按难易长短分成三等，一等为难色大部伎，二等为次部伎，三等为易色小部伎。其长上散乐生员学习"难色大部伎三年而成，次部二年而成，易色小部伎一年

---

① ［宋］欧阳修、宋祁：《新唐书》卷 48《百官三》，中华书局 1975 年版，第 1243 页。
② ［唐］李林甫等：《大唐六典》卷 14《太常寺》，三秦出版社 1991 年版，第 301 页。
③ ［唐］李林甫等：《大唐六典》卷 14《太常寺》，三秦出版社 1991 年版，第 292 页。

而成"①。三部修完为业成。"业成行修谨者为助教,博士缺以次补之。"② 可见,留校任教是长上散乐生的最佳出路。如经考试所习未得 10 曲而愿退学者,可退学费的三分之一。如修业期满未能"业成"者改隶鼓吹署,修习"大小横吹",难色曲四番而成,易色曲三番而成,不成者要对教师(博士)加以处罚。短番散乐及音声人也由博士考试,礼部审核。"岁考其师之课业为之第"。其标准为"功多者为上第,功少者为中第,不勤者为下第。"③"十年大校",如"未成则五年而校"。十五年有"五上考、七中考者授散官,直本司。年满考少者不叙"④。

太乐署之音乐生卒业后的出路便是留校"直本司",任无品博士和助教。经考试合格后授散官而入流,未能"业成"者或改隶鼓吹署任乐手,或番下回原籍。

三、卜筮学校、兽医学校的考试管理

卜筮学校是隶属太常寺太卜署的专门职业技术学校,太卜署的性质与太医署略同。卜筮学校设有太卜署太卜令 1 人,从七品下;丞 2 人,从八品下;卜正、博士各 2 人,从九品下;卜助教 2 人,卜师 20 人,巫师 15 人,卜筮生 45人⑤。兽医学校是隶属太卜寺的专门职业技术学校。设有太卜寺卿 1 人,从三品;少卿 2 人,从四品上;丞 4 人,从六品上;由太卜寺丞主持兽医学校的事务。学校设有兽医 600 人,兽医博士 4 人⑥,兽医学生 100 人⑦。

卜筮学校、兽医学校的考试管理。卜筮学校学生修习考试占卜之法。占卜之法主要有四:一曰龟,二曰兆,三曰易,四曰式。凡以龟占卜,辨龟之九类五色,依四时而用。其考试方法以占卜实际操作为主。兽医的招生对象主要是"庶人之子",由太卜寺丞负责招生并主持考试。经考试"业成"者可补为兽

① ［宋］欧阳修、宋祁:《新唐书》卷48《百官三》,中华书局1975年版,第1243页。
② ［宋］欧阳修、宋祁:《新唐书》卷48《百官三》,中华书局1975年版,第1243页。
③ ［宋］欧阳修、宋祁:《新唐书》卷48《百官三》,中华书局1975年版,第1243页。
④ ［宋］欧阳修、宋祁:《新唐书》卷48《百官三》,中华书局1975年版,第1243页。
⑤ ［宋］欧阳修、宋祁:《新唐书》卷48《百官三》,中华书局1975年版,第1264页。
⑥ ［后晋］刘昫等:《旧唐书》卷44《职官三》,中华书局1975年版,第1881页。
⑦ ［唐］李林甫等:《大唐六典》卷17《太卜寺》,三秦出版社1991年版,第343页。

医，业优长者可进为博士①。

四、天文、历数、漏刻学校的考试管理

天文、历数和漏刻学校是隶属司天台的专门职业技术学校。司天台主管观察天文、稽定历数、占候日月星辰之变、风云气色之异，兼以漏刻记时的职能部门，也有行政、研究和教育等多重性质。其名称及隶属关系屡有变化。武德时为太史局，隶属秘书省，曾改为秘书阁局、浑天监、浑仪监、太史监，乾元元年改太史监为司天台，另置官署，不再隶属秘书省。

司天台设有司天监 1 人，正三品；少监 2 人，正四品上；丞 1 人，正六品上。②

（1）天文学校。天文学校教师有天文博士 2 人，正八品下。长安四年省天文博士，置灵台郎（正八品下）以代之。乾元元年改为五官灵台郎，正五品，置 5 人。学生有天文观生 90 人，天文生开元时 60 人，乾元初 50 人，五官监侯及五官礼生15 人。

（2）历学学校。教师有历博士 1 人，从八品上。长安四年改为保章正，从七品上。乾元元年改为五官保章正，正七品。学生称历生，开元时 36 人，乾元初 50 人，装书历生 5 人。

（3）漏刻学校。教师有漏刻博士 6 人，为流外官。③ 乾元元年漏刻博士从九品下。学生，漏刻生 360 人，漏生 40 人。

天文、历数、漏刻学校的考试管理。天文、历数、漏刻学校的教学与考试，由相应的博士与助教主持。其招生对象为庶人子弟，多实行免试。如漏刻生以庶人之"中、小男为之"④。

---

① ［唐］李林甫等：《大唐六典》卷17《太卜寺》，三秦出版社 1991 年版，第 343 页。
② ［宋］欧阳修、宋祁：《新唐书》卷 47《百官二》，中华书局 1975 年版，第 1215 页；《旧唐书》记司天监为从三品，少监为从七品下，见《旧唐书》卷 43《职官二》，中华书局 1975 年版，第 1885 页。
③ ［后晋］刘昫等：《旧唐书》作 9 人，乾元元年后 20 人，见《旧唐书》卷 43《职官二》，中华书局 1975 年版，第 1885 页。
④ ［唐］李林甫等：《大唐六典》卷 10《秘书省·太史局》，三秦出版社 1991 年版，第 227 页。

其修习考试内容为：历生与装书历生主要修习历法。唐历有《戊寅历》（武德时东都道士傅仁均所造）、《麟德历》（麟德时太史令李淳风所造）、《景龙历》（景龙时太史令南宫说所造）、《大衍历》（开元十四年僧一行奉旨考订，为唐代最精密的历法）。

天文生与天文观生主要修习占候天文气色之法，夜在灵台值宿。"所以辨日月之躔次，正星辰之分野"。占候"天文变异，日月薄蚀，五星陵犯"。平时修习天文著作《甘氏》《石氏》《巫咸氏》等，并以仪器测量晷度。

漏刻生主要修习"漏刻之节"，"以时唱漏"。漏刻为古代记时工具，其方法为："孔壶为漏，浮箭为刻"，"箭有四十八，昼夜共百刻。冬夏之间有长短。冬至日南，为发，去极一百一十五度，昼漏四十刻，夜漏六十刻。夏至日北，为敛，去极六十七度，昼漏六十刻，夜漏四十刻。春秋二分，发敛中，去极九十一度，昼夜各五十刻。秋分以后，减昼益夜，九日加一刻，春分以后，减夜益昼，九日减一刻。二至前后，则加减迟，用日多；二至之间，则加减速，用日少。凡候夜漏，以为更点之节。每夜分为五更，每更分为五点，更以击鼓为节，点以击钟为节"[1]。

天文生、历生、漏刻生的考试方式，就现有资料看，应以"积年资"为主。这主要是因为他们所修习的内容，技术性知识、经验性知识重于理论性知识。因其不参加科举考试，发展前途只是低级的职业技术性官员。天文生"年深者"转补天文观生，"八考入流也"。由少年组成的漏刻生，也可"积年资"而转补典钟、典鼓，成为专掌击"漏钟""漏鼓"的更夫。[2]

---

① ［唐］李林甫等：《大唐六典》卷 10《秘书省·太史局》，三秦出版社 1991 年版，第228 页。

② ［唐］李林甫等：《大唐六典》卷 10《秘书省·太史局》，三秦出版社 1991 年版，第227 页。

第三节 地方官学的考试管理

一、唐代地方官学设置的层次、种类及其管理机构

（一）唐代地方官学的设置

唐代地方实行州县两级制，并在边远要冲地区和各大州设大都督府，中下州设都督府，兼管地方军政。就地方官学的层次而言，按各地管辖范围的大小和人户的多寡，设立京都学，大、中、下都督府学，上、中、下州学和上、中、下县学。唐以儒学立国，因此特别重视经学。同时，因唐皇族附会老子为其先祖，又尊崇道学。就地方官学的性质而言，有儒学学校、道学学校（崇玄学或通道学）和医学学校三大类。唐王朝从一开始就十分重视学校教育。李渊在即位初期，便下令州县官学收生。武德七年（624年）下令，"州县及乡里并置学"。

（1）经学。武德初沿袭隋制而设置经学博士，掌以五经教授学生。此后，其名称屡有变更。代宗大历十四年（779年），"诸州府学博士改为文学"①。

（2）医学。贞观三年（629年）敕州府置医学，设医药博士。开元十一年（723年），改医药博士为医博士，诸州并置助教。②

（3）崇玄学。开元二十九年（741年）下令两京、诸州并置玄元皇帝庙并设崇玄学，"置生徒，令习《老子》《庄子》《列子》《文子》，每年准明经例贡举"。天宝时改称崇玄学为通道学，博士为道德博士。

（二）唐代各级经学、医学学校的师生员额

（1）三都府学。唐代设有西京京兆府（长安）、东都河南府（洛阳）和北

---

① ［宋］王溥：《唐会要》卷69《判司》，上海古籍出版社1991年版，第1439页。
② ［宋］欧阳修、宋祁：《新唐书》卷49下《百官四下》，中华书局1975年版，第1314页。

都太原府（太原），称为三都，又称京兆、河南、太原三府。三府各设府学 1 所，有经学博士（又称文学博士）1 人，从八品上。助教 2 人。限招学生 80 人。各设医学校 1 所，有医药博士（又称医博士）1 人，从八品上。助教 1 人。限招学生 20 人。

（2）大都督府学。唐景云二年（711 年）分天下郡县，设置 24 个都督府统领，有大、中、小三等。统领 9 州以上的为大都督府，如扬、幽、潞、陕、灵五大都督府，各设府学 1 所。有经学博士 1 人，从八品上。助教 2 人。限招学生 66 人。各设医学校 1 所，有医学博士 1 人，从八品下。助教 1 人。限招学生 15 人。

（3）中都督府学。中都督府各设府学 1 所。有经学博士 1 人，从八品下。助教 2 人。限招学生 60 人。各设医学校 1 所，有医药博士 1 人，正九品下。限招学生 15 人。

（4）下都督府学。下都督府各设府学 1 所。有经学博士 1 人，从八品下。助教 1 人。限招学生 50 人。各设医学校 1 所，有医学博士 1 人，助教 1 人。限招学生 12 人。

（5）上州州学。唐开元十八年（730 年）规定，户满 4 万以上为上州，户满 2.5 万为中州，不满 2 万为下州。上州各设州学 1 所，有经学博士 1 人，从八品下。助教 2 人。限招学生 60 人。各设医学校 1 所，有医学博士 1 人，正九品下。助教 1 人。限招学生 15 人。

（6）中州州学。中州各设州学 1 所，有经学博士 1 人，从九品下。助教 1 人。限招学生 50 人。各设医学校 1 所，有医学博士 1 人，从九品下。助教 1 人。限招学生 12 人。

（7）下州州学。下州各设州学 1 所，有经学博士 1 人，正九品下。助教 1 人。限招学生 40 人。各设医学校 1 所，有医学博士 1 人，从九品下。限招学生 10 人。

（8）京县县学。唐代直属中央的县，称为京县，共有长安、万年、河南、洛阳、太原、晋阳六县。各设县学 1 所，有经学博士 1 人，助教 1 人。限招学生 50 人。

（9）畿县县学。唐代直属三都的县，称为畿县，各设县学 1 所，有经学博士 1 人，助教 1 人。限招学生 40 人。

（10）县学。唐开元十八年（730 年）规定，6000 户以上为上县，3000 户以上为中县，不满 3000 户为中下县、下县。① 各县均设置县学 1 所，有博士 1 人，助教 1 人。上县限招学生 40 人，中县限招学生 25 人，中下县限招学生 25 人，下县限招学生 20 人。②

二、唐代地方官学的考试管理及其特点

1. 招生考试

唐王朝规定，"州县学生，州县长官补，长史主焉"③。具体来说，县学招生，由县官主考；州学招生，由州官负责，具体由长史主持。这一制度自唐初开始发育，后来逐步成熟、稳定下来。中宗神龙二年（706 年），唐王朝在整顿学校秩序时，颁发敕令，规定学生"初入学，皆行束修之礼。……州县学生，当州试，并选艺业优长者为试官，仍长官监试"④。这可能由于唐朝前期地方长官文化水平不高，只能监试，具体考试必须聘请文化水平较高、"艺业优长者"作试官，负责制卷、评卷等事务。

唐代州县医学学校招生在唐太宗贞观三年即已开始。医学生入校习业必须经过"简试"。选拔的条件是具有医学基础知识的"医术之士"⑤。玄宗开元元年（713 年）诸州医学校增加助教 1 人，负责抄写《本草》《百一集验方》等医药著作，以备学生学习考试之用。

崇玄学的招生考试也有专门规定。开元二十九年（741 年）下诏各州县兴办崇玄学，招生名额规定"无定员"⑥。考试内容与京都崇玄学相同，以《老子》《庄子》《列子》《文子》为主。考试项目有试帖、试策、试义等。⑦

---

① ［宋］王溥：《唐会要》卷 70《量户口定州县等第例》，上海古籍出版社 1991 年版，第 1457 页。
② ［后晋］刘昫等：《旧唐书》卷 44《职官三·州县官员》，中华书局 1975 年版，第 1921 页。
③ ［宋］欧阳修、宋祁：《新唐书》卷 44《选举上》，中华书局 1975 年版，第 1160 页。
④ ［宋］王溥：《唐会要》卷 35《学校》，上海古籍出版社 1991 年版，第 740 页。
⑤ ［宋］王溥：《唐会要》卷 82《医术》，上海古籍出版社 1991 年版，第 1802—1806 页。
⑥ ［宋］欧阳修、宋祁：《新唐书》卷 44《选举上》，中华书局 1975 年版，第 1160 页。
⑦ ［宋］王溥：《唐会要》卷 77《贡举下·崇玄生》，上海古籍出版社 1991 年版，第 1661 页。

2. 进业考试与毕业考试

所谓进业考试即学业管理考试。按神龙三年颁发的敕令，州县学岁试的项目、标准和学业年限，都与国子监相同。试其一年内所修之学业，口问大义 10 条，得 8 条者为上，得 6 条以上者为中，得 5 条以下者为下，州县学校还有把学生修业年限、"下第（不及格）"次数统计上报，以供由县学升入州学时参考。

州县学校生员修完规定的课程，通过平时各种考试之后，即可参加毕业考试。考试及格后，称为"业成"。由各州县博士主考，州县长官监考。州县生员进身有两种途径：其一是直接参加科举考试，可以应"明经、秀才、俊士、进士"诸科之举，由"县考试，州长重核，岁随方物入贡"。① 如科举考试不能录取，还可入国子监继续深造。"诸州人省试不第，情愿入（国子）学者听。"② 其二是可以直接入四门学为"俊士"，但要通过相应考试，方可被录取。开元二十一年（723 年）五月下敕令："诸州县学生，年二十五已下，……通一经已上，及未通经，精神通悟，有文词、史学者，每年铨量举选，所司简试，听入四门学充，俊士。"③

唐代地方医学学校兼有地方医院的性质。学生入学后不仅要学习医学知识和医疗技术，还要和教师一道，兼顾"巡疗"一境之内的"民疫"。④ 其学业管理考试是医学理论知识和临床实践相结合。经考试"业成"后可参加礼部省试。

3. 地方官学考试管理的特点

唐代地方官学的考试管理，呈现两大特点：

（1）与科举考试相结合。与科举考试相结合，主要表现在两个方面。其一是考试科目与科举考试相结合。地方官学有经学、道学和医学。其中经学与科举考试的明经、秀才、进士等科的考试内容一致。而道学与科举之道举、医学与科举考试之医药举的考试内容一致。其二是生员从地方官学获得的学历得到科举考试资格审查的认同。州县学校生员与那些私学、家学的生员比较起来，受正规训练和教育的条件要优良一些。因此，州县学校在社会上有一定的地位。唐代地方官学生员可以凭在学校获得的资格直接参加科举考试，不必再

---

① ［宋］欧阳修、宋祁：《新唐书》卷 44《选举上》，中华书局 1975 年版，第 1163 页。
② ［宋］王溥：《唐会要》卷 35《学校》，上海古籍出版社 1991 年版，第 741 页。
③ ［宋］王溥：《唐会要》卷 35《学校》，上海古籍出版社 1991 年版，第 741 页。
④ ［宋］欧阳修、宋祁：《新唐书》卷 49 下《百官》五，中华书局 1975 年版，第 1314 页。

经国子监的推荐。甚至也不需要参加地方的乡贡考试。唐代私学生员和社会自学的生员参加科举考试要经过乡贡试，即州县主持的选拔考试，而且还有名额的限制。在唐朝的科举考试史上，有多次"罢乡贡"，即不允许私学生员和社会自学的生员参加科举考试。但具有地方官学学历的生员应举资格仍然受到保护，和中央官学生员的应举资格是平等的。

（2）与中央官学考试相结合。与中央官学考试相结合主要表现在，地方官学的考试则为生员们通过进入中央官学的入学考试提供了学历证明条件，州县官学毕业的生员可以通过两种渠道与中央官学发生联系：一部分毕业生可以凭借地方官学的学历继续深造，另一部分优等毕业生可以经推荐直接参加科举考试，即便科举落第，也可凭地方州县官学学历免试入中央官学继续读书。这样，既扩大了中央官学的生员，又从宏观上调控了地方官学的教学秩序和教学水平，使地方官学考试制度与中央官学考试有机联系起来，形成以考试制度相联结的全国教育网。

第四节　私学的考试管理

私学在唐代是作为官学的补充形式出现的，它在很大程度上弥补了官学在经费、师资方面的不足。特别是中唐以后，随着官学的中衰，私学却呈勃兴之态势。私学的炽盛不仅推动了唐代教育的全面发展，而且在很大程度上承担了启蒙教育的任务，对唐代教育的普及及文化的下移，都起到了重要的作用。但是，就考试管理的角度而言，在科举考试这个指挥棒强有力的导引下，私学也逐渐被纳入应试教育的轨道，使教育与考试更加密切地结合起来。

一、唐代各类私学的办学方式与管理方式

唐代的私学，就其办学形式和管理形式来说，大致有四种类型：一是乡里学校，二是私塾与家学，三是山林寺院学校，四是书院。

1. 乡里学校

唐政府对乡里办学一直是支持和鼓励的。高祖武德七年（624 年），就曾下

令州县、乡皆置学。① 从此，乡校在全国范围内开始设置。开元二十六年（738年）正月下诏："古者乡有序，党有塾，将以宏长儒教，诱进学徒，化民成俗，率由于是。其天下州县，每乡之内，各置一学，仍择师资，令其教授。"② 天宝三年（744年），令百姓读《孝经》，又下令："每乡之内，倍增教授，郡县官长，明申劝课。"中央政府三令五申，无疑使乡里学校普遍设置。如陈子昂年少时曾"入乡校"③。白居易自称"乡校竖儒"④，就是明证。

唐代乡里学校的性质界于官学与私学之间。从其主办者和经费来源来说，私学的性质似乎更为明显。乡里学校的师资、生员、学费，都无统一规定。从现存资料看，乡里学校并无政府固定供给的经费，主要靠束修和个人资助维持。如天宝年间苗晋卿请归乡里后，便"出俸钱三万以为乡学本，以教授子弟"。⑤

乡村学校的师资来源，也不固定。既有熟悉经典的民间知识分子，也有告老还乡或退隐的官员。如张士衡，仕隋为余杭令，以老还家。大业兵起，诸儒废学。唐兴，"士衡复讲教乡里"⑥。训诂学家颜师古仕唐前也曾"窭甚，资教授为生"。"蒋琛精熟二经，常教授于乡里"⑦。

2. 私塾与家学

唐政府对私人办学不加限制。开元二十一年（733年）下诏："许百姓任立私学，其欲寄州县受业者亦听。"⑧ 中唐以后，在官学衰败的同时，私学愈加兴盛起来。办私学者有在职官员，有无意仕宦或政治上失意的儒士，也有借此换取斗筲之资的知识分子。他们一般精于经学，通晓文史，在地方上有一定名声，具备聚徒讲学的条件。如隋末唐初大儒王通，"门人自远而至，河南董恒、太山姚义、京兆杜淹、赵郡李靖、南阳程元、扶风窦威、河东薛收、中山贾琼、清河房玄龄、巨鹿魏徵、太原温大雅、颍川陈叔达等咸称师，北面受王佐之道焉。

---

① ［宋］欧阳修、宋祁：《新唐书》卷44《选举》上，中华书局1975年版，第1163页。
② ［宋］王溥：《唐会要》卷35《学校》，上海古籍出版社1991年版，第741页。
③ ［宋］欧阳修、宋祁：《新唐书》卷107《陈子昂传》，中华书局1975年版，第4067页。
④ ［宋］欧阳修、宋祁：《新唐书》卷166《白居易传》，中华书局1975年版，第4341页。
⑤ ［后晋］刘昫等：《旧唐书》卷113《苗晋卿传》，中华书局1975年版，第3349页。
⑥ ［宋］欧阳修、宋祁：《新唐书》卷189上《儒学传》，中华书局1975年版，第4949页。
⑦ ［宋］李昉：《太平广记》309《神十九》，中华书局1981年第二版，第2444页。
⑧ ［宋］王溥：《唐会要》卷35《学校》，上海古籍出版社1991年版，第741页。

其往来受业者，不可胜数，盖将千余人"①。"王恭，每于乡里教授，弟子自远方至者数百人。"②

家学一般有两种形式，一是有家学渊源的富庶之家，延师于家，教授子弟的形式。二是家中庭训式教学，父母教其子、兄督其弟、妻励其夫的形式。前一形式，中唐时，宋若莘的《女论语·训男女·第八》作了形象描述："大抵人家，皆有男女，年已长成，教之有序。……男入学堂，请延师傅，习学礼义，吟诗作赋，尊敬师儒，束修酒脯……十日一旬，安排礼数，设席肆筵，施呈樽俎。"后一种形式如"唐初四杰"之一的王勃，世承家学。兄弟数人，"被服家业，沾儒庭训"③。王氏一门中，"勃六岁解属文，构思无滞，词情英迈，与兄勔、勮，才藻相类"。王勃于高宗麟德初，应幽素举，对策高第。其兄王勮，"弱冠进士登第"。又如孔若思，其父早亡，若思有母褚氏，"亲自教训，遂以学行知名"，后明经及第。④

3. 山林寺院学校

山林讲学风气从东汉以来业已存在，但兴盛则是在唐朝中叶。其兴盛的条件有以下几种：其一，要有名儒主持，或无意仕宦，或失意退隐，因其名声对生员有一定的号召力和吸引力；其二，有较为丰富的典籍收藏，有较好的学习条件；其三，多地处名山，交通便利，人文繁盛，有较好的学习环境；其四，唐中叶以后科举制度逐渐放宽，贫民寒士也看到通过刻苦求学应举入仕的希望。如"阳城隐于中条山，远近慕其德行，皆从之学"⑤，贞观初年，马嘉远退隐白鹿山，"诸方来受业至千人"。"卢鸿庐于嵩山，玄宗征拜谏议下大夫，固辞，许还山，官为营草堂。鸿到山中，广学庐，聚徒至五百人"⑥，据严耕望《唐史研究论稿》统计，唐代山林讲学，主要分布在终南、华山及长安南郊区，嵩山及其近区诸山，中条山、太行山、泰山及其近区诸山，庐山，衡山，罗浮山，四

① 见朱利民、王尚林：《唐代私学考》，载《人文杂志》，1993 年第 3 期。
② ［后晋］刘昫等：《旧唐书》卷 73《王恭传》，中华书局 1975 年版，第 2603 页。
③ 王勃：《送励赴太学序》，见［清］董诰、阮元、徐松等：《全唐文》卷 181，中华书局 1983 年版，第 1838 页。
④ ［后晋］刘昫等：《旧唐书》卷 190 上《孔绍安附孔若思》，中华书局 1975 年版，第 4983 页。
⑤ ［后晋］刘昫等：《旧唐书》卷 192《隐逸传》，中华书局 1975 年版，第 5132 页。
⑥ ［后晋］刘昫等：《旧唐书》卷 192《隐逸传》，中华书局 1975 年版，第 5120 页。

川诸山，九华山，浙江诸山，福建诸山。①

　　唐代佛教兴盛，僧徒中也多有一流学者。不仅精通佛典，也精通经史。不少官吏、名流愿意与僧侣交游。许多寺院还设有"义学"，有丰富藏书，具备了办学条件，因此，吸引不少弟子前往就读。《旧唐书》卷177《裴休传》载："家事奉佛，休尤深于近典。太原、凤翔过名山，多僧寺，视事之隙，游践山村，与义学僧讲佛理。"朝官视事之余，还到义学与僧侣讲求佛理，可见当时寺院义学之盛。据日本人那波利贞考证，甘肃敦煌佛寺中，设有寺塾，并断言："寺塾所教所学为普通教育，非佛家教育。此种情形非当敦煌一地之特殊现象，而可视为大唐天下各州之共同现象。"② 近代敦煌发现的千佛洞藏书，除一部分佛典外，还有相当的经、史、子书籍，这也可说明，寺院教育在相当程度上为普通教育。一些寺院还传授科技、医学知识。据记载，著名历算天文家僧一行，"寻访算术，不下数千里，知名者往询焉。末至天台山国清寺"。在国清寺，他看到院僧聚徒讲授算术，并向院僧求得算法而归。③

　　寺院藏书是很丰富的。比如《白氏长庆集》共有5本，其中3本藏于寺院。一本在庐山东林寺藏经院，一本在苏州南禅寺经藏内，一本在东都（洛阳）胜善寺钵塔院解库楼。

　　4. 书院

　　人们公认，书院起于唐，盛于宋。而且就其性质而言，元代以前的书院以私学为主。唐代书院也不例外。就已知的唐代书院，除了集贤书院、丽正书院等少数属于官办外，大多是私立书院。邓洪波《唐代地方书院考》④ 考证，有张九宗书院、丹梯书院、凤翔书院、瀛州书院、李公书院、鳌峰书院、草堂书院、孔林书院、光石山书院、天宇书院、李宽中秀才书院、南岳书院、韦宙书院、卢藩书院、杜陵书院、皇寮书院、桂岩书院、景星书院、东佳书堂（义门书院）等20多所。另有学者考证为28所。⑤

　　唐代书院具有读书、藏书、教授生徒、供祀先贤、研治兵法等多项功能。

---

① 夏风：《唐代教育述略》，载《教育评论》，1987年第6期。
② 夏风：《唐代教育述略》，载《教育评论》，1987年第6期。
③ ［后晋］刘昫等：《旧唐书》卷191《一行传》，中华书局1975年版，第5113页。
④ 邓洪波：《唐代地方书院考》，载《教育评论》，1990年第2期。
⑤ 朱利民、王尚林：《唐代私学考》，载《人文杂志》，1993年第3期。

其中，尤以教授生徒具有特别意义，因为它代表书院发展的方向。一般认为，刘庆霖在江西吉水的皇寮书院，陈徇在福建漳州的松州书院，陈衮在江西九江的义门书院，罗靖、罗简在江西奉新的梧桐书院等都曾有过教学活动。① 特别是松州书院对士民的社会教育和对学生的课堂教学、东佳书堂（义门书院）的分级教学等，更应引起我们的特别重视。

二、私学的考试管理

唐代私学的考试，不受官府学校考试制度的限制。一切由私学中的教授、塾师自立规章。但是，在科举制度的导引下，私学的考试内容与考试方式，还是向科举考试靠拢的。

1. 私学的考试内容

私学的教学考试内容，要受到以下几个因素制约：

（1）要受到生员层次的制约。中等层次的私学应以经学、诗赋、策文为主，以应举业。如《诗》《书》《礼》《易》《春秋左氏传》等五经，还有《论语集解》《孝经》等。另外，南朝梁昭明太子的《文选》，也是其教学考试的内容之一。唐代有"《文选》烂，秀才半"的说法。这些与中央、地方官学教学与考试的内容基本一致。据《新五代史·梁太祖本纪》，朱温的父亲朱诚曾"以《五经》教授乡里"。元稹《白氏长庆集序》则生动记述了乡村学校孩童学诗的情况："予尝于平水市中见村校诸童竞习诗，召而问之，皆对曰：'先生教我乐天（白居易字）、微之（元稹字）诗。'"

初等层次的私学则以蒙学读物为主。如徐坚为唐玄宗皇子编的《初学记》、民间流行的周兴嗣编《千字文》。蒙学课本如《太公家教》、杜嗣先所著的《兔园册府》、天宝中进士李翰所撰之《蒙求》，还有《开蒙要训》等。这些读物浅近通俗，把经史知识、自然知识和社会知识融会到一起，把识字教育、道德教育、常识教育和经史教育结合起来，适合于初级教育生员的年龄、心理特点。

（2）要受到科举考试的导引。在唐初武德、贞观时，私学的授业与考试方向均以习文为主。这与当时科举考试的方式和录取标准有一定的关系。无论是

---

① 夏风：《唐代教育述略》，载《教育评论》，1987 年第 6 期。

秀才科的方略策、进士科的时务策还是明经科的经义策，均以策文水平作为录取标准。所以，生员学习考试的重点是"习文"，甚至温习旧策。高武时期，进士重杂文、明经主帖括的取士格局逐渐形成，全社会的尚文之风愈演愈烈，这对私学中的教学与考试也不可避免地带来影响。

上文所及"被服家业，沾儒庭训"的王勃兄弟，以其善"解属文"而应举中第。足见"习文"在私学的教学与考试环节中的重要地位。开元、天宝以后，科举制下"主司褒贬，实在诗赋"的取士格局逐渐确立，诗赋又成了私学教学与考试的主攻方向。上文乡校教师教授学童白居易、元稹之诗的情形，便是明证。

2. 私学的考试形式

私学不同于官学，没有相对完善的规章制度。所以，私学的考试形式很难在文献中留下蛛丝马迹。但我们通过对现有资料的归纳和梳理，也可管中窥豹，可见一斑。

（1）乡学与私塾的考试。乡学与私塾的考试，一般由教授与塾师任主考，家学由家长任主考。而在唐代，多由母方担负训导之责。教师考试的如茶圣陆羽不喜读诗赋，一次老师考试，他因读不懂张衡的《南都赋》而受到老师责罚。①

家长考试的如潘好礼有家学，应明经举及第。有子受其教，其子"请归乡预明经举。好礼谓曰：'国法须平，汝若经业未精，则不可妄求也。'乃自试其子，经义未通，好礼大怒，集州僚笞而枷之，立于门以徇于众"②。可以推断，家学的考试管理是严格的。特别是对未能及格者的处罚较比官学是更为严厉的。

由于古代男主外，女主内，"训诲之权，实专于母"。因而唐代由母方督导、考核子女学业的情况较为普遍。薛播的伯父薛元暖去世以后，其伯母"济南林氏……有母仪令德，博涉五经，善属文，所为篇章，时人多讽咏之。元暖卒后，其子彦辅、彦国、彦伟、彦云及播兄据、摠并早孤幼，悉为林氏所训导，以至成立，咸致文学之名。开元、天宝中二十年间，彦辅、据等七人并举进士，连中科名，衣冠荣之"③。再如大诗人元稹之母"郑夫人，贤明妇人也。家贫，为

---

① ［宋］欧阳修、宋祁：《新唐书》卷196《陆羽传》，中华书局1975年版，第5611页。
② ［后晋］刘昫等：《旧唐书》卷185下《潘好礼传》，中华书局1975年版，第4818页。
③ ［后晋］刘昫等：《旧唐书》卷146《薛播传》，中华书局1975年版，第3956页。

积自授书，教之书学。积九岁能属文，十五两经擢第"①。

（2）书院的考试管理。此种管理，在唐末九江陈氏义门书院中②，表现得最为典型。该书院实际上包含东佳书堂与书屋两个高低有别又互相联系的教学实体。书屋相当于初等学校，东佳书堂则相当于中等学校。陈氏一门中，"童子七岁令入学，至十五岁出学"。在书屋接受开蒙教育。经考试，其"有能者，令入东佳"。显然，此种选拔"有能者"的考试，颇类似于升学考试。而东佳书堂则是陈氏家族中年十五以上"赋性聪明者"的就学之所，"稽有学成者应举"。可见是中等以上的、与科举考试的相连接的私立学校。

私学培养的生员与科举考试发生的联系不像官学生员那样直接，要到州县去报名经考试合格后推荐参加科举考试。"每岁仲冬，州、县、馆、监举其成者送之尚书省。而举选不由馆、学者，谓之乡贡。皆怀牒自列于州、县。试已，长吏以乡饮酒礼，会属僚，设宾主，陈俎豆，备管弦，牲用少牢，歌《鹿鸣》之诗，因与耆艾叙长少焉。"③ 这些乡贡合格，获准参加科举考试的私学生员要通过地方长吏主持的"乡饮酒礼"仪式，成为官方认可的乡贡举子。而贵族私学的生员则受到一定的优待，只要通过宗正寺的考试就可与国子监学生一样，参加科举考试了。中宗神龙元年（705年）《令宗室子弟、藩王及可汗子孙愿入学者附学习业诏》："宗室三等以下、五等以上，未出生，……其家居业成堪贡者，宗正寺试、送监，举如常法。"④ 无论是州县主持的乡贡考试，还是宗正寺主持的考试，对于私学生员来说，本质上都是获取国家承认的学历的考试，这种考试，对于规范私学的教学秩序和教学水平，都是有意义的。

---

① ［后晋］刘昫等：《旧唐书》卷166《元稹传》，中华书局1975年版，第4327页。

② ［唐］陈崇立：《陈氏家法》，转引自邓洪波《唐代地方书院考》，载《教育评论》，1990年第2期。

③ ［宋］欧阳修、宋祁：《新唐书》卷44《选举志上》，中华书局1975年版，第1161页。

④ ［宋］欧阳修、宋祁：《新唐书》卷44《选举志上》，中华书局1975年版，第1164页。

第二章　科举考试与职官选拔

　　科举制度虽然起始于隋朝，但是，其一系列法令规章都是唐朝确立下来的。科举制的轴心是通过考试选拔人才，因此其各种法令规章都围绕考试这一轴心展开。唐政府围绕科举考试而制定的各种法令规章是其政权建设特别是人才资源管理的重要组成部分，在科举制度本身的发展历史上也具有承前启后的作用。

　　科举考试既然是政权建设的组成部分，就必须服从政治需要；既然是人才资源管理的组成部分，就必须区分人才的不同对象。这也就决定了科举考试要按照不同的类别，设置不同的科目来进行，以适应不同人才对象的特点，满足国家政治的不同需要。唐代的科举考试，如果按其性质可以分为二大类：一是礼部（开元二十四年以前归吏部）主持的常科，其性质是人才选拔考试。其考试目的是获取一定的从政为官或从事某种职业的资格或资历。二是皇帝亲自主持或临时委派官员主持的制科考试，其性质界于科举考试和选官考试之间。与科举考试的区别在于其应试时间的非常规性，与选官考试的区别在于入仕目标的已确定性。上述二类考试又分别设立若干科目，不同科目的考试内容、考试方式都有所不同。

第一节　常举和制举的科目设置

一、常科考试

在科举考试的历史上，唐代的常科是科目设置最多的，明显地体现了选拔各类不同人才的意图。唐代前期常科共有六科：进士、明经、秀才、明法、明字（明书）、明算。这六科中前三科属于选拔通用文职人员的科目，后三科是选拔具有某种专长的、从事某一专门事务的人员的科目。在唐代科举制度推行的实践中，常科科目也在不断地发展变化。有的科目在发展中淘汰，如秀才科；也有的科目则陆续被增设出来，如武举科、医药科、童子科；明经科中又派生出礼科、史科等。

1. 进士科

进士科始设于武德四年（621 年），是唐代常科中最活跃、最兴盛的科目。唐代的进士科考试，按其考试内容、方式和录取标准的变化，大致可分为四个阶段：

第一阶段，武德四年（621 年）至永隆二年（681 年）。这一阶段以试策为主，特别是"时务策"，录取标准为策文水平的高低。

唐初，进士科只试时务策 1 项，即时事政治方面的策问。通常"试时务策五道"①。贞观八年（634 年），唐太宗下诏，"加进士试读经史一部"②。实际上只是在策问中增加了经史方面的内容，并没有改变考试项目。③ 唐高宗于上元二年（675 年）规定，进士科要加试"《老子》策三条"④。综上可知，科举制度在唐代前期的 60 年中，考试方式以试策为主，特别是"时务策"，着重测试

---

① ［唐］封演：《封氏闻见记》卷 3《贡举》，学津讨源本，江苏广陵古籍刻印社 1990 年版，第 331 页。

② ［唐］杜佑：《通典》卷 15《选举三·历代制下》，岳麓书社 1995 年版，第 180 页。

③ 吴宗国：《唐代进士科考试科目和录取标准的变化》，载《历史研究》，1986 年第 4 期。

④ ［宋］欧阳修、宋祁：《新唐书》卷 44《选举志》上，中华书局 1975 年版，第 1163 页。

生员对现实问题的认识和见解，考察其政治态度、文化素养和思想认识水平。虽然后来陆续增加了经史和道学方面的策问，但决定取舍的仍是"时务策"的策文水平。

第二阶段，从永隆二年（681 年）至开元二十四年（736 年）。这一时期确立了帖经、试文、试策三场考试的格局。考试结果往往取决于杂文水平的高下。

以策文水平决定取舍的考试方法演习既久，便在科举考试中出现一些投机取巧的消极现象。一些生员为了早日及第，单纯钻研应试的方法与技巧。"不寻史传，唯读旧策，共相模拟。"① 这一现象引起主考们的注意。高宗调露二年（680 年），考功员外郎刘思立主持科举考试，提出改革进士科考试的方案。永隆二年（681 年）高宗批准了刘思立的方案，并在开耀元年（682 年）的省试中推行。

改革方案对进士科考试的考试内容、方式和评价标准作了全面规定："其进士帖一小经及《老子》，皆经、注兼帖；试杂文两道；策时务策五道。文须洞识文律，策须义理惬当者为通。若事义有滞，词句不伦者为下。其经、策全通为甲；策通四、帖通六以上为乙，已下为不第。"②

此次改革在试策的基础上增加了帖经、试杂文两项。其考试次序是先帖经，再试杂文，最后试策。自此，帖经、试文、试策三场考试在相当长的时间内形成相对稳定的格局。杂文包括箴、表、铭、赋之类的应用公文，即讲究文律，又讲究辞采。帖经不仅帖经文，也帖注文。可以看出，改革之后的进士科考试，难度加大了。

第三阶段，从开元二十四年（736 年）至贞元十五年（799 年）。这一阶段试诗赋取代了试杂文。"文词"取士的标准占据上风。这一时期，省试主考机构由吏部移入礼部。考试内容、方式也发生了变化。特别是第二场试杂文的考试，逐渐被试诗赋所取代。至天宝末年，则变化为"主司褒贬，实在诗赋"③。试诗赋全面取代试杂文，在录取上也提出了"文取华实并举"④ 的新标准。不仅如

---

① ［清］徐松：《登科记考》卷 2 引永隆二年八月诏，中华书局 1984 年版，第 69 页。

② ［唐］李林甫等：《大唐六典》卷 2《尚书吏部·考功员外郎》，三秦出版社 1991 年版，第 48—49 页。

③ ［唐］杜佑：《通典》卷 17《选举五》，岳麓书社 1995 年版，第 218 页。

④ ［唐］李林甫等：《大唐六典》卷 4《尚书礼部·礼部侍郎》，三秦出版社 1991 年版，第 83 页。

此，在天宝二年至天宝八年（743—749 年），又有了"以诗代帖"的规定，即在帖经试中如果考试失败，就以"试诗"补救，"谓之赎帖"①。后来，索性允许一部分人自愿增加试诗，而免试帖。这一现象说明，诗在进士科考场上受到全面重视，也说明进士科越来越偏重文学方面。"主司褒贬，实在诗赋"。徐松《登科记考》卷 2《永隆二年八月诏按语》准确地表述了这一时期录取标准的变化。

第四阶段，从贞元十五年（799 年）至唐末。这一阶段确定以对策为取士的主要标准，以策文的内容而不是形式来衡量优劣。

进士科考试重文学轻经史的倾向在代宗、德宗二朝引起一场争论。代宗广德元年（763 年）六月，礼部侍郎杨绾上疏指出科场上的"积弊"，认为考生专攻诗赋，"皆诵当代之诗"，抛开经史，致使"六经则未尝开卷，三史则皆同挂壁"②。尚书左丞贾至则对科场上死记硬背的帖经试和舍本逐末的诗赋试提出更为激烈的批评。"试学者以帖字为精通而不穷旨义……考文者以声病为是非，唯择浮艳，岂能知移风易俗化天下之事乎！"③

德宗贞元十五年至十七年（799—801 年），中书舍人高郢知礼部贡举，连任三届主考官，使进士科的考试发生了两个主要变化：一是明确以对策为主要取士标准，诗赋只是次要考试项目；二是以策文内容衡量人才优劣，而不是看词华。④ 继高郢之后，权德舆知贡举，进士科以对策优劣作为录取主要标准的取士路线，终于确定下来。

2. 秀才科与明经科

在中国科举史上，秀才科与明经科是两个历史最悠久的科目。早在汉代，就有类似的科目选举。

秀才科考试，主要试策，有"方略策"5 道。答卷以文理"通""粗"定优劣。如成绩合格，再分为上上、上中、上下、中上四等及第。⑤ 由于应举秀才科

---

① ［唐］封演：《封氏闻见记》卷 3《贡举》，学津讨源本，江苏广陵古籍刻印社 1990 年版，第 331 页。
② ［后晋］刘昫等：《旧唐书》卷 119《杨绾传》，中华书局 1975 年版，第 3430 页。
③ ［后晋］刘昫等：《旧唐书》卷 190 中《贾曾佑传附贾至传》，中华书局 1975 年版，第 5030 页。
④ 吴宗国：《唐代进士科考试科目和录取标准的变化》，载《历史研究》，1986 年第 4 期。
⑤ ［唐］杜佑：《通典》卷 15《选举三·历代制下》，岳麓书社 1995 年版，第 180 页。

较难，及第者寥寥可数。高祖武德年间共及第6人，太宗贞观年间及第21人。① 唐太宗还规定秀才科"举而不及第者，坐其州长"②。因此，生员视秀才科为畏途，很少应试，逐渐中断了。高宗永徽元年（650年）又开设1次，只有1人及第。次年，秀才科便停废了。

明经科是唐代与进士科并称的重要科目。其考试内容和方式也发生很多变化。"其初，止试策"③，即试经义策。要求"按章疏试墨策十道"④。贞观九年（635年），唐太宗下令明经科考试增加《周礼》《仪礼》两项内容。⑤ 高宗永徽四年（653年）三月，"颁孔颖达撰《五经正义》于天下。每年明经，令依此考试"⑥。至高宗上元二年（675年），加试《老子》策三道。

从高祖到高宗初年，明经科的考试以墨策经义为主，共试墨策10道，后又加试"《老子》策3道"，并兼习《周礼》或《仪礼》，可见其起点比进士要高。随着科举考试的不断发展，明经考试也和进士科考试一样，出现了"不读正经"，只是"抄撮义条"，模拟前人墨策的不良风气。因此，永隆二年（681年），也对明经科考试进行改革。下诏规定，增加"试帖"10条，并拟定及第标准，即帖对6条以上才能合格。⑦ 唐中期以后，明经科的考试也作了许多调整。从其考试内容和录取标准来看，主要有三个变化：一是在考试内容上向进士科靠拢。开元二十五年（737年），"免试经策十条，令答时务策三道，取粗通文理者"⑧ 及第。二是帖经试题合格标准减少1题，由原来的"通六"合格变成"通五"合格。三是改变原来搜寻"孤经绝句"的偏题怪题，规定"考试者尽帖平文（即正文）"⑨。后来又规定"开三行"，即在露出三行文字中帖三

① ［宋］马端临：《文献通考》卷24《选举二·唐登科记总目》，中华书局1986年版，第276—277页。

② ［唐］杜佑：《通典》卷15《选举三·历代制下》，岳麓书社1995年版，第180页。

③ ［唐］杜佑：《通典》卷15《选举三·历代制下》，岳麓书社1995年版，第180页。

④ ［唐］封演：《封氏闻见记》卷3《贡举》，学津讨源本，江苏广陵古籍刻印社1990年版，第331页。

⑤ ［宋］杨亿、王钦若：《册府元龟》卷639《条制一》，中华书局1982年版，第7669页。

⑥ ［后晋］刘昫等：《旧唐书》卷4《高宗纪》上，中华书局1975年版，第71页。

⑦ 《高宗永隆二年八月诏》，引自［清］徐松：《登科记考》卷2，中华书局1984年版，第70页。

⑧ ［唐］杜佑：《通典》卷15《选举三》，岳麓书社1995年版，第182页；《新唐书》卷44《选举志》上，中华书局1975年版，第1162页。

⑨ ［后晋］刘昫等：《旧唐书》卷185下《杨玚传》，中华书局1975年版，第4819页。

字。这样就减少了难度。

3. 明法、明字（书）、明算科

明法、明字（书）、明算是唐代新创立的三个常科科目，以选拔有关法律、数学、书法方面的人才。

明法科即法律科，旨在选取通达律令的专门人才。要治理好一个国家，仅靠立法是不行的，还要守法、遵法、执法，这就要求知法、懂法。唐代的明法科，就是在这样的背景下设立的。关于明法科设置的时间，史无确载。高祖武德四年（621年）关于常科开设的敕文中，只有明经、秀才、俊士、进士诸科，而没有明法科。而在高宗永隆二年（681年）改革考试方法的敕文中则提到"其明法并书、算贡举人亦量准此例，即为恒式。"① 由此可以推断，明法科开设晚于武德四年，但早于永隆二年。又据高宗永徽三年（652年）下诏，"律学未有定疏，每年所举明法遂无凭准，宜广召解律人条义疏奏闻"②。又可推断，明法科设置在武德四年到永徽三年（621—652年）之间。明法科考试主要是试策。规定试10策，其内容有"律七条，令三条，全通为甲第，通八为乙第"。以下为不第。其"通"与"不通"的标准是"识达义理，问无疑滞者为通"。而"粗知纲例，未究旨归者为不通"。另外，还须试帖，"所试律令，每部试十帖"③。

明书科，又称明字科，属于文字、小学科，是培养书法人才的贡举常科。其设置时间，史无确载。根据国子学之一的书学设置时间推断，可能在贞观二年（628年）。④ 其考试方法以高宗永隆二年（681年）为限，前后略有变化。永隆二年之前考试有口试和墨试两场。墨试《说文》《字林》各10条，共20条，通18条以上为第⑤。口试则"无常限"⑥。永隆二年以后则试三场，先试帖

---

① 《高宗永隆二年八月诏》，引自［清］徐松：《登科记考》卷2，中华书局1984年版，第70页。

② ［后晋］刘昫等：《旧唐书》卷50《刑法志》，中华书局1975年版，第2141页。

③ ［唐］李林甫等：《大唐六典》卷2《尚书吏部·考功员外郎》，三秦出版社1991年版，第49页。

④ 盛奇秀：《唐代明书科考述》，载《文史哲》，1987年第2期。

⑤ ［唐］李林甫等：《大唐六典》卷2《尚书吏部·考功员外郎》，三秦出版社1991年版，第49页。

⑥ 盛奇秀：《唐代明书科考述》，载《文史哲》，1987年第2期。

经，再口试，最后试策。"诸试书学生，帖经通讫，先口试……然后试策。"① 试帖，试《说文》6 帖，《字林》4 帖，共 10 帖。② 口试则"不限条数，疑则问之"，类似于今之答辩考试。③ 试策亦为墨策，与永隆二年之前略同。

明算科，属于数学科，也是唐代贡举之常科之一。其设置时间，史无确载。武德四年常科中无明算科，而永隆二年改革科举考试的诏令中有了明算科，说明其设置不会晚于永隆二年。《新唐书》卷 48《百官三》载："唐废算学，显庆元年复置"。据此推断，明算科设置当在显庆元年设置算学之后。故而有的学者把明算科的设置时间确定在显庆元年至永隆二年（656—681 年）之间。④

明算科的考试，根据国子学之算学所分 2 班修习之内容分别考试。第一分科的考试内容为《孙子》《五曹》《九章》《海岛》《张丘建》《夏侯阳》《周髀》和《五经算》。第二分科考试内容为《缀术》和《辑古》。两科均须兼试《记遗》和《三等数》。第一分科考试为两项，第一项试大义：《九章》3 条，《孙子》《五曹》《海岛》《张丘建》《夏侯阳》《周髀》和《五经算》各 1 条，共 10 条。其标准是答对 6 条以上，"明数造术，详明术理"为通。⑤ 第二项是帖经，《九章》3 帖，其余 7 部各 1 帖⑥。另外，还要兼帖《记遗》和《三等数》，"帖十得九者为第"⑦。第二分科考试也为两项，第一项试大义：《缀术》7 条，《辑古》3 条，共 10 条。其标准是答对 6 条以上，"明数造术，详明术理，无注者合数造术，不失义理，然后为通"⑧。第二项是帖经，《缀术》6 帖，《辑古》4 帖，共计 10 帖⑨，也须 10 通 6 为第。此外，还须兼帖《记遗》和《三等数》10 帖，"帖十得九者为第"⑩。在明算科的考试中，帖经考试十分重要，如不能通过，

---

① ［唐］李林甫等：《大唐六典》卷 2《尚书吏部·考功员外郎》，三秦出版社 1991 年版，第 49 页。

② ［唐］杜佑：《通典》卷 15《选举三·历代制下》，岳麓书社 1995 年版，第 183 页。

③ ［宋］欧阳修、宋祁：《新唐书》卷 44《选举志》上，中华书局 1975 年版，第 1162 页。

④ 盛奇秀：《唐代明算科》，载《齐鲁学刊》，1987 年第 2 期。

⑤ ［宋］欧阳修、宋祁：《新唐书》卷 44《选举志》上，中华书局 1975 年版，第 1162 页。

⑥ ［唐］李林甫等：《大唐六典》卷 2《尚书吏部·考功员外郎》，三秦出版社 1991 年版，第 49 页。

⑦ ［宋］欧阳修、宋祁：《新唐书》卷 44《选举志》上，中华书局 1975 年版，第 1162 页。

⑧ ［宋］欧阳修、宋祁：《新唐书》卷 44《选举志》上，中华书局 1975 年版，第 1162 页。

⑨ ［唐］李林甫等：《大唐六典》卷 2《尚书吏部·考功员外郎》，三秦出版社 1991 年版，第 49 页。

⑩ ［宋］欧阳修、宋祁：《新唐书》卷 44《选举志》上，中华书局 1975 年版，第 1162 页。

即便大义问答考试能通过，也不能录取。"落经者，（大义）虽通六不第。"①

4. 武举科

武举科是专门选拔军事人才和将领的科目。长安二年（702 年）武则天掌权时设置武举科，由兵部主考，具体事务由兵部员外郎分管。其考试项目，主要考试军事技术，兼看身材、体魄和语言。初设时有 7 个考试项目：

一是射长垛。设长垛为靶位，分隔为三院，应试者距垛靶 105 步，用 1 石力弓，6 钱重箭，试射 30 发，不出第三院为第，入中院为上，入次院为"次上"，入外院为"次"。

二是骑射，即驰马射靶。以两张鹿皮为靶，靶长 5 寸，放置 105 步远靶位上，用 7 斗力弓试射，每发皆中靶为上，或中或不中为"次上"，全部不中为"次"。

三是试马枪。筑土垛为靶墙，平行两垛，每垛上放置 4 个木偶人，头戴方板，板大 2 寸 5 分见方，应试者驰马持枪入垛，枪长 1 丈 8 尺，枪柄直径 1 寸 5 分，重 8 斤。运枪左右挑板，要求板落而偶人不碚（倒）。挑落 3 板为"上"，2 板为"次上"，1 板以下为"次"。

四是试步射，箭靶为草人，射中草人为"次上"，如射中不懂箭法，或懂箭法而不能射中，皆为"次"。

五是验身材。身长 6 尺以上为"次上"，6 尺以下为"次"。

六是试语言。即面试交谈，有神采、适合统领人者为"次上"，不具备者为"次"。

七是试举重，也称"翘关"。翘即"扛"，关为当时重器。长 1 丈 7 尺，直径 3 寸半。应试者立地举 10 次，脚步移动不出 1 尺为合格，后加试担米 5 斛，行 20 步为合格②。

应试者共获得 5 个"次上"为第，即录取。按成绩优劣为次序上报。③ 唐之武举只实行一段时间便停止。但为宋代以后武举的设置开了先河。

---

① ［宋］欧阳修、宋祁：《新唐书》卷 44《选举志》上，中华书局 1975 年版，第 1162 页。
② ［唐］李林甫等：《大唐六典》卷 5《尚书兵部》，三秦出版社 1991 年版，第 124 页。
③ ［宋］司马光等：《资治通鉴》卷 207，则天后长安二年春条，中华书局 1982 年版，第 6558 页。

5. 道举科和医药科

道举科是选拔道学专门人才的贡举常科。考试对象是社会上专攻《老子》《庄子》《文子》《列子》四书，并且有所成的人，又称为"四子科"。道举科始设于玄宗开元二十九年（741 年），其解送、考试程序与明经科相同。其考试内容为《道德经》、《庄子》（天宝元年改为《南华》）、《文子》（天宝元年改为《通玄》）、《列子》（天宝元年改为《冲虚》），天宝元年又增加了《庚桑子》（即《洞灵真经》）。天宝十三年（754 年）十月下令："道举停习《道德经》，加《周易》，宜以来载为始。"①

医药举科设置于开元二十二年。按照唐代惯例，医药科属于吏部选试，但开元二十二年下诏规定："道术、医药举人等，先令所司表荐兼自闻达"。唐代吏部选试应试者称为"选人"。只有常科考试应试者才称"举人"，因此，诏书中"举人"即说明医药举已被列为贡举考试。

6. 童子科、孝廉科、孝悌力田科

童子科是专门选拔优秀少年儿童人才的科目。在唐前期，即偶有开设。如贾言忠数岁时，即能记忆讽诵诗书，一日万言。七岁时，以神童擢第。玄宗时武云坦七岁应童子试，擢第。② 王邱，11 岁，善写文章，应童子试，擢第。③代宗大历三年（768 年）敕令修订童子科考试条例：其一，应举者年龄限制在 10 岁以下；其二，每年冬天由考生原籍州县依明经举人例向礼部解送；其三，其考试内容为"习一经"，兼《论语》《孝经》；其四，其录取标准为"每卷诵文十科全通者与出身"④。

孝廉科。孝廉科是历史悠久的选才科目。可上溯至汉代。唐贞观时即出现孝廉科。贞观十八年（644 年），唐太宗亲自对"汴郴诸州所举孝廉"，"问以皇王政术"⑤。代宗宝应二年（763 年），礼部侍郎杨绾修订了孝廉科的"贡举条目"，其一，考试内容是在《左传》《公羊传》《谷梁传》《礼记》《周礼》《仪礼》《毛诗》《尚书》《周易》九经中"精通一经"。其二，其考试方法为每经问

① ［宋］王溥：《唐会要》卷 77《贡举下·崇玄生》，上海古籍出版社 1991 年版，第 1661 页。

② 谢青等：《中国考试制度史》，黄山书社 1995 年版，第 96 页。

③ ［后晋］刘昫等：《旧唐书》卷 100《王邱传》，中华书局 1975 年版，第 3132 页。

④ ［宋］王溥：《唐会要》卷 76《贡举中·童子》，上海古籍出版社 1991 年版，第 1656 页。

⑤ ［宋］王溥：《唐会要》卷 76《贡举中·孝廉举》，上海古籍出版社 1991 年版，第 1651 页。

义 20 条，"皆取旁通诸义，务穷根本；试格策三道，问古今治体及当今时务，要取堪行用者，乃每日问一道，频三日毕"。其三，其及第标准为"经义及策全通为上第，其上第者，望付吏部，便与官；其问义每十条通七、策通二为中第，与出身，下者罢之"。其四，附加条例，有能兼通《论语》《孝经》《孟子》者，"共为一经，其试如上"①。

孝悌力田科。孝悌力田科是专门选拔忠孝有节、品行高洁的人才。考试条件可以放宽。"但能熟读一经，言音典切，既令所司举送，试通，使与出身"②。

孝廉科与孝悌力田科的报考条件，与他科有所不同，需要在乡里"有孝悌廉耻之行者"，因而考试标准有所降低，只需"精通一经"或"熟读一经"，是诸科中最为宽松的。

宝应二年（763 年），同时恢复的秀才科则要求相对较高。杨绾制定的秀才科考试条例为："秀才举人，望令精通《五经》。问义二十条，对策五道。全通者为上第，上第者送名中书门下，请超与处分。问义十条通七，策通四为中第，中第者送吏部与官，下者罢之"③。可见秀才科的起点高，应试难，但及第后的处分也是优待的。

7. 开元礼科和三礼科

开元礼科设置于唐德宗贞元二年（786 年）。《开元礼》修订于开元二十年（732 年），内容为"郊庙之仪""婚冠之仪"，是盛唐时期有关宗庙祭祀、加冠礼、婚礼和民间风俗的礼仪大全。其考试条目规定，"其诸色举人中，有能习《开元礼》者，举人同一经例，……但问大义一百条，试策三道。全通者超资与官，义通七十条，策通两道已上者，放及第，已下者不在放限"。贞元九年（793），开元礼科的考试标准略作变更："其习《开元礼》人，问大义一百条，试策三道，全通者为上等，大义通八十条以上，策两道以上，为次等。"④

三礼科设置于德宗贞元九年（793 年）。"三礼"是儒家经典《周礼》《仪礼》和《礼记》的合称。其考试条例规定："每经问大义三十条，试策三道"，

① ［宋］王溥：《唐会要》卷 76《贡举中·孝廉举》，上海古籍出版社 1991 年版，第 1652 页。
② ［宋］王溥：《唐会要》卷 76《贡举中·孝廉举》，上海古籍出版社 1991 年版，第 1653 页。
③ ［宋］王溥：《唐会要》卷 76《贡举中·孝廉举》，上海古籍出版社 1991 年版，第 1652 页。
④ ［宋］王溥：《唐会要》卷 76《贡举中·开元礼举》，上海古籍出版社 1991 年版，第 1653 页。

"义策全通为上等，特加超奖"，"大义每经通二十五条以上，为次等，依资与官"。此外，还规定三礼科考试主考官会同"朝官、学官"中"精通经术者三、五人"同试。①

8. 三传科、三史科

三传科，长庆二年（822 年）谏议大夫殷侑奏置。"三传"为解释《春秋》的三部儒家经典《春秋左氏传》《春秋公羊传》和《春秋谷梁传》的合称。其考试条例规定："《左传》问大义五十条，《公羊》《谷梁》各问大义三十条，策三道。义通七以上、策通二以上，与及第。"②

三史科与三传科同时设置。"三史"是早期的三部纪传体史书司马迁的《史记》、班固的《前汉书》、范晔的《后汉书》的合称。其考试条例是："每史问大义一百条，策三道，义通七以上、策通二以上，与及第"，"能通一史者，请同五经、三传例处分"③。

二、制举考试

制科与常科相对，是为了"待非常之才"而设。在唐代各种科目中，制科"其来最古，得人亦多"④。唐代制科与汉代以来的制举一脉相承，由皇帝临时下诏选拔各种专门人才。因为"用科举常法不足以得天下之才……科举之所以不得才者，谓其以有常之法而律不常之人，则制举之庶乎得之者，必其无常法焉"⑤。唐高祖武德初便曾下诏制举，到高宗显庆三年（658 年）以后，发展成为士子入仕和升迁的重要途径。

唐代制举的科目设置要多于礼部常科和吏部选试。《唐会要》卷 76《贡举

---

① ［宋］王溥：《唐会要》卷 76《贡举中·三礼举》，上海古籍出版社 1991 年版，第 1654 页。
② ［宋］王溥：《唐会要》卷 76《贡举中·三传附三史》，上海古籍出版社 1991 年版，第 1655 页。
③ ［宋］王溥：《唐会要》卷 76《贡举中·三传附三史》，上海古籍出版社 1991 年版，第 1655 页。
④ ［宋］马端临：《文献通考》卷 33《选举六》引致堂胡氏（寅）语，中华书局 1986 年版，第 312 页。
⑤ ［宋］马端临：《文献通考》卷 33《选举六》引叶适《论制科》，中华书局 1986 年版，第 316 页。

中·制科举》载，从高宗显庆三年（658 年）"志烈秋霜科韩思彦及第"以后的历次制科，到文宗大和二年（828 年）共设科 63 个。但这不是唐代制科名目的全部。南宋王应麟的《困学记闻》中记唐代制科共有 86 科。而清人徐松的《登科记考》则列有 100 多科。但有些科目名异实同，大体可以将这些科目分为文辞、经术、治道、谏诤、军事、长才、拔取人才、激励风俗 8 类。到中唐以后，逐渐集中到几个影响较大的科目上，将贤良方正直言极谏、博通坟典达于教化、军谋宏远堪任将率、详明政术可以理人"列为定科"，实际上与诸常科类似，但地位比常科高。制科考试及第者或直接授予官职，或获得一定出身。因此，其性质界于礼部常科考试和吏部选官考试之间，是一种特殊形式的考试。

唐代制科考试的内容以试策为主。根据《唐大诏令集》卷 106 制科策问试题来看，是以皇帝名义就经义、治道、军事、时政、君臣之道等提出问题，主要考查应试者思想观点、知识水平、专项能力等方面的素质。天宝十三年（753 年），玄宗亲临制科试场，在各科试策完毕后，又加试诗赋各一首。自此，制科始试诗赋①。

其及第标准一般是分为五等取人。其中自唐中期以来，一、二等总是空缺，仅从第三等开始取人。而第三等至第五等又分别分为上等、次等两个等级。诚如宋人叶梦得所言："故事制科分五等，上二等皆虚，惟以下三等取人。"②《唐大诏令集》卷 106 载唐中期以后大量的《放制举人诏》和《处分制举人敕》，制科举录取后的处分办法是"其第三等人、第三次等人，委中书门下优与处分；其第四等人、第四次等人、第五上等人，中书门下即与处分"。如果制科举考取第三等，则超资授官，第四等和第五等上则立即授官，第五等以下则不予处分。唐代制科每次录取人数不多，而且各科录取人数亦不等。据《唐会要》载，显庆三年（658 年）至大和二年（828 年）的 170 年间，共开制科 41 次，设 63 科，共及第 275 人次。③ 平均每次开制科录取 6.7 人。登科以后，大多能超常授以美官，或者授予出身。据统计，两《唐书》有传的官员以制科入仕者有

---

① ［后晋］刘昫等：《旧唐书》卷 119《杨绾传》，中华书局 1975 年版，第 3249 页。
② ［宋］马端临：《文献通考》卷 33《选举六》引《石林燕语》，中华书局 1986 年版，第 314 页。
③ ［宋］王溥：《唐会要》卷 76《贡举中·制科举》，上海古籍出版社 1991 年版，第 1641—1646 页。

47 人①。

不仅获得贡举出身的人可以通过制科迅速入仕，同时，也有不少已入仕官员通过制科得到迅速升迁。唐德宗时穆质曾说："国家取贤之道，其礼部、吏部，失之远矣。则制策之举，最为高科。"② 唐代制科举也以得人著称。南宋学者王应麟在《困学纪闻》中说："唐制举之名，多至八十有六，凡七十六科，至宰相者七十二人。本朝制科四十人，至宰相者，富弼一人而已。"

唐制科考试的地位崇高，与宋代以后殿试的性质颇为类似。考试地点多设在皇宫殿庭，不仅"撤幕待明经"不可比拟，即使是"焚香礼进士"也不如制科策试荣宠。元稹《自述》诗写道："延英引对碧衣郎，江砚宣毫各别床，天子下帘亲考试，宫人手里过茶汤"，生动地描述了其考试的情形。由于名义上由皇帝主考，所以，制科登科者有如"天子门生"。这与进士登科者"座主门生"迥然不同。

第二节　常举和制举的考试管理

由于唐代不同类别的科举考试性质不同，所以其管理机构也不同。大体来说，常科先由吏部主管，开元二十四年以后归礼部主管，而制科举名义上由皇帝主考，而实际上是皇帝临时派员负责。

一、贡举常科的管理机构及主考官

贡举常科的管理机构可以开元二十四年为限，分前后两个时期。前期由吏部主管，具体由考功员外郎负责；后期由礼部主管，具体由礼部侍郎负责。唐代中期以后，使职差遣制度盛行，贡举常科也经常由临时委员主持，称权知贡举。唐后期对贡举考试结果还有"中书门下复核"之说，宰相也事实上参与了考试管理。

---

① 刘海峰：《科举考试的教育视角》，湖北教育出版社 1996 年版，第 40 页。
② ［清］董诰、阮元、徐松等：《全唐文》卷 524《对策贤良方正能言极谏策》，中华书局 1983 年版，第 5326 页。

1. 考功员外郎，从六品上，"掌天下贡举之职"，为吏部考功司考功郎中之贰。唐初，贡举曾由考功郎中主管，贞观以后，由员外郎主之。"武德旧令，考功郎中监试贡举人，贞观以来，乃以员外郎专掌贡举，省郎之殊美者"①。考功郎中为从五品上，比考功员外郎高一个品级，四个阶次。因其"掌内外文武官吏之考核"，权重事繁，故而分贡举之事由员外郎专掌。

唐代前期考功员外郎品位虽低，但作为贡举常科之主考，有权向皇帝建议确定考试内容和方式，把握录取标准的宽严，以至录取名单的确定。如贞观二十二年（648年），考功员外郎王师旦主持贡举，"时进士张昌龄、王公瑾并有俊才，声震京师。而师旦考其策文全下，举朝不知所以。及奏等第，太宗怪无昌龄等名，因召师旦问之。对曰：'此辈诚有文章，然其体性轻薄，文章浮艳，必不成令器。臣若擢之，恐后生相效，有变陛下风雅。'帝以为名言，后并如其言。"② 可见，主考官对录取标准有最终的解释权。因而也对应试举子的进退握有生杀予夺之权。同时，考功员外郎作为主考官对考试章程的制定，有建议权。调露二年（680年）四月，"刘思立除考功员外郎。先时，进士但试策而已。思立以其庸浅，奏请帖经及试杂文，自后因以为常式"③。

考功员外郎以其主持贡举，品位虽轻，取权实重，因而成为"省郎之殊美者"，号称"前行员外"。按唐代尚书六曹，以吏部、兵部为前行，户部、刑部为中行，礼部、工部为后行。六部郎官的迁转顺序是由后行而中行再前行。因而，考功员外郎乃郎官中之美者，是人所追逐的目标。如"王上客自负其才，意在前行员外，俄除膳部员外④，既乖本志，颇怀怅惋，吏部郎中张敬忠戏咏之曰：'有意嫌兵部，专心取考功，谁知脚蹭蹬，几落省墙东'。膳部在省东北隅，故有此咏"⑤。

考功员外郎位轻任重的特点终于在开元二十四年（736年）引发了一场主考官李昂与考生李权的科场冲突事件，从而导致贡举常科管理体制的改革。

关于事件的缘起和经过，《唐摭言》卷一记述得非常生动而具体，能说明很

① ［唐］杜佑：《通典》卷23《职官五·尚书下》，岳麓书社1995年版，第329页。
② ［宋］王溥：《唐会要》卷76《贡举中·进士》，上海古籍出版社1991年版，第1633页。
③ ［宋］王溥：《唐会要》卷76《贡举中·进士》，上海古籍出版社1991年版，第1633页。
④ 属礼部，为后行员外，引者注。
⑤ ［唐］刘肃：《大唐新语》卷13《谐谑》，中华书局1984年版，第28、191页。

多问题，故而不惮其繁引述如下："开元二十四年，李昂员外性刚急，不容物，以举人皆饰名求称，摇荡主司，谈毁失实，窃病之而将革焉。集贡士与之约曰：'文之美恶悉知之矣。考校取舍存乎至公，如有请托于时，求声于人者，当悉落之。'既而昂外舅常与进士李权邻居相善，乃举权于昂。昂怒，集贡人，召权庭数之。权谢曰：'人或猥知，窃闻于左右，非敢求也。'昂因曰：'观众君子之文，信美矣。然古人云，瑜不掩瑕，忠也。其有词或不典，将与众评之。'皆曰：'唯公之命！'既出，权谓众曰：'向之言，其意属吾也。吾诚不第决矣，又何藉焉！'乃阴求昂瑕以待之。异日会论，昂果斥权章句之疵以辱之。权拱而前曰：'夫礼尚往来，来而不往，非礼也。鄙文不臧，既得而闻矣，而执事昔有雅什，常闻于道路，愚将切磋，可乎？'昂怒而嘻笑曰：'有何不可！'权曰：'耳临清渭洗，心向白云闲'，岂执事之词乎？昂曰：'然。'权曰：'昔唐尧衰耄，厌倦天下，将禅于许由，由恶闻，故洗耳。今天子春秋鼎盛，不揖让于足下，而洗耳，何哉？'是时国家宁谧，百僚畏法令，兢兢然莫敢跌。昂闻惶骇，蹶起，不知所酬。乃诉于执政，谓权风狂不逊，遂下权吏。初，昂强愎，不受嘱请。及是有请求者，莫不先从。由是庭议以省郎位轻，不足以临多士，乃诏礼部侍郎专之矣。"

　　李昂是一位性格刚直急躁的主考官，为了改革举人"饰名求称，摇荡主司，谈毁失实"的弊病，他明令举人不得请托求名。举人李权拜后门拉关系弄巧成拙，于是破罐破摔，决意报复李昂，以其人之道，还治其人之身，对李昂的词句加以引申比附，抓住封建官员惧怕十恶不赦的"大不敬"的致命弱点加以攻击，李昂由"怒而嬉笑"到惶骇蹶倒，说明李权手段阴狠，击中要害。从此，李昂锐意改革的锐气全消，变得软弱可欺，有求必应。为此，朝廷专门召开会议商量对策，认为考功员外郎"位轻不足以临多士"，决定将科举考试的管理权限由吏部移入礼部，改由礼部侍郎专掌。中国科举考试史上的一次重大变革，就这样完成了。这一变革标志科举考试进入了一个新的发展阶段。

　　此次改革至少说明两个问题，第一，随着科举制度的发展，科举的地位尤其是进士科的地位逐渐上升，在社会上越来越受到重视。而考功员外郎毕竟品低资浅，难以威服举子，于是便出现了"摇荡主司，谈毁失实"，不把主考官放在眼里的情况。尤其在竞争激烈，"举人皆饰名求称"，大行请托的形势下，考功员外郎更易成为落第举子诋毁的对象。科举日益重要，考功员外郎位轻不足以临其任，必然导致科举考试管理体制的改革。而"二李"事件只是触发这场改革的偶然诱因罢了。第二，把贡举常科的管理权限由吏部移入礼部，其意义不仅在于可以缓解吏部"铨选猥积"、吏部尚书与侍郎无法分身的压力，更为重要的是，把贡举考试与铨选考试这两种不同性质的考试划归两个部门管理，便于不同部门之间的互相监督与分权制衡，有利于加强中央集权。同时也使在选举考试问题上"秀孝与铨选不分"① 的混乱局面得以纠正。

2. 礼部侍郎，正四品下，为礼部副长官，尚书之贰，比吏部考功员外郎高10 个阶次、2.5 个品级。按唐代制度，礼部侍郎即属于诸司长官，又属于"清望官"，当然其地位比考功员外郎要高得多。自接管礼部常科之后，不仅侍郎地位进一步提高，而且也客观上提高了礼部的地位。礼部原先只掌管天下礼仪、祠祭、燕飨等事务，这些事务在封建时代虽关大体，但实非重任。自开元二十四年之后，贡举常科考试实际上成了礼部最重要的事权。

开元二十四年三月决议由礼部掌管贡举之后，时任礼部侍郎的姚奕立即着手整顿贡举，建立贡院，至九月二十日，"礼部以贡举请别置印"②。举凡考试的组织安排、考试章程的制定、考风考纪的整顿、试卷的制定和评审，以致录取名单的出台，都由礼部侍郎直接主持。

3. 权知贡举。唐后期，使职差遣制盛行，贡举常科的管理也经常由他官替代，称为"权知贡举"。权知贡举又以中书舍人居多，通常是中书舍人掌举一榜之后，改任礼部侍郎。中书舍人，正五品上，专掌为皇帝撰制文辞，在唐代称为"外制"。而六部侍郎一般为正四品下，一直是中书舍人的主要迁途。两唐书有传的人物曾任中书舍人者279 例，其中迁六部侍郎者165 例，占60％左右。③而其中犹以迁礼部侍郎为多。《唐语林》卷8《补遗》载，开元二十四年以后非礼部侍郎权知贡举者，有左补缺薛邕、中书舍人达奚珣、李韦、李麟、姚子彦、张蒙、高郢、权德舆、卫次公、张宏靖、于允躬、韦贯之、李逢吉、李程、庾承宣、贾餗、沈洵、杜审权、李璠、裴恒、王铎、李蔚、赵骘、郑愚，太常少卿李建，尚书萧昕，仆射王起，常侍萧仿，黄门侍郎许孟容、郑显，刑部侍郎

---

① 见［宋］马端临：《文献通考·总序》，中华书局1986 年版，第3 页。
② ［宋］王溥：《唐会要》卷76《贡举中·缘举杂录》，上海古籍出版社1991 年版，第1639 页。
③ 张国刚：《唐代官制》，三秦出版社1987 年版，第29 页。

崔枢，户部侍郎韦昭度，等等。当然，他官知贡举者远不止上述这些。但有一点可以肯定，中书舍人是非礼部侍郎掌举的最佳人选。一方面由于中书舍人多是文学之选，具备担任主考的资质和条件，另一方面，由于其位近中枢，便于承上启下和方方面面的协调。

二、制科举的管理机构和主考官

制科举名义上由皇帝主考。"唐制，天子自诏曰制举，所以待非常之材。"①而事实上，皇帝也经常亲临考场面试举人。调露元年（679 年），高宗亲试"岳牧举"人员半千，是见诸文献的最早的皇帝亲试例。载初元年（689 年）武则天御洛阳城南门洛城殿，亲自临试策问制科举人，开创了科举殿试的先例。②开元八年（720 年）玄宗亲策应举人于含元殿。③ 开元十五年（727 年）九月庚辰，玄宗御"洛城南门，亲试沉沦草泽诣阙自举文武人等"。天宝十三年（753 年）十月，玄宗"御含元殿亲试博通坟典、洞晓玄经、辞藻宏丽、军谋出众等科举人"④。乾元二年（759 年），肃宗"御宣政殿，亲试文经邦国等四科举人"。大历二年（767 年）十月，代宗亲"御紫宸殿策试茂才异行、安贫乐道、孝悌力田、高道不仕等四科举人"⑤。长庆元年（821 年）十一月二十五日，穆宗御宣政殿策试贤良方正等人。宝历元年（826 年）三月辛未，敬宗"御宣政殿，试判举人"。大和二年（828 年），文宗"御宣政殿，亲策试判举人"⑥。

制举不一定都在两都举行。"自京师外至州县，有司常选之事，以时而举……天子巡狩、行幸、封禅太山、梁父，往往会见行在"⑦。贞观十五年（641 年），太宗诏令"天下诸州举学综古今及孝悌淳笃、文章秀异者，并以来年二月总集泰山"⑧，在封禅泰山的同时，选拔非常特异之士。

---

① ［宋］马端临：《文献通考》卷 33《选举六》，中华书局 1986 年版，第 311 页。
② ［宋］杨亿、王钦若：《册府元龟》卷 643《考试一》，中华书局 1982 年版，第 7710 页。
③ ［宋］马端临：《文献通考》卷 33《选举六》，中华书局 1986 年版，第 312 页。
④ ［宋］杨亿、王钦若：《册府元龟》卷 643《考试一》，中华书局 1982 年版，第 7712 页。
⑤ ［宋］杨亿、王钦若：《册府元龟》卷 643《考试一》，中华书局 1982 年版，第 7712 页。
⑥ ［宋］杨亿、王钦若：《册府元龟》卷 643《考试一》，中华书局 1982 年版，第 7712 页。
⑦ ［宋］杨亿、王钦若：《册府元龟》卷 644《考试二》，中华书局 1982 年版，第 7718 页。
⑧ ［宋］欧阳修、宋祁：《新唐书》卷 44《选举志》上，中华书局 1975 年版，第 1169 页。

制举的实际主考，由皇帝临时任命。其选任范围，不限司曹，在京五品以上常参官都有资格充任。敬宗宝历元年（826 年）"以中书舍人郑涵、吏部郎中李虞仲并充考制策官"；文宗大和二年（828 年），"左散骑常侍冯宿、太常少卿贾𫗧、库部郎中庞严并充考制策官"①。就现有资料看，大约在德宗以后，制科考场多设在尚书省，因考试时间较长，故有"赐食"，甚至留宿的优待。宪宗元和十五年（820 年），穆宗即位后下敕令说："先帝所征贤良方正、能直言极谏等科目，朕不欲亲试，宜令中书门下、尚书省四品以上官就尚书省同试。"② 这说明制科考试至为重要，包括宰相在内的中书门下、尚书省四品以上都要去监考。

第三节　吏部选试的科目设置与考试管理

一、吏部选试的科目设置

与宋代以后各代不同，唐代常科省试及第后的各科举人，仅仅是获得了不同的科目出身，即做官的资格，并不能立即入仕，还须经吏部的铨选考试，方可释褐当官，受到正式任命。所以，吏部选试又称为"释褐试"。吏部选试的考试形式十分复杂，大略言之，有三种形式：一是常选，一般每年举行一次，特殊情况下两三年举行一次的选人集试；二是宏词、拔萃科考试，是由常选中书判考试发展而来的科目选；三是科目选，既直接把礼部贡举常科的考试科目和考试方法引入吏部选试。

1. 吏部常选

吏部常选是为补充官缺而进行的选拔考试，在唐朝前期，其科举制度的性质并不明显。因为应试的选人身份十分驳杂，科举出身者只占其中的一小部分。正是由于这一小部分人参加了吏部常选，我们才认为它是科举制的一个组成部分，是常举的继续和发展。

---

① ［后晋］刘昫等：《旧唐书》卷 3《太宗纪》，中华书局 1975 年版，第 53 页。
② ［宋］王溥：《唐会要》卷 76《贡举中·制科举》，上海古籍出版社 1991 年版，第 1650 页。

　　吏部常选的考试方法有面试、口试、笔试等多种形式。"凡择人之法有四：一曰身，体貌丰伟；二曰言，言辞辨证；三曰书，楷法遒美；四曰判，文理优长。"如四种考试都能通过，其取官的原则是"先德行，德均以才，才均以劳，得者为留，不得者为放"①。其考试程序比较简便，"始集而试，观其书判；已试而铨，察其身言；已铨而注，询其便利而拟"②。考试结果经门下省审查后，便可以授官了。无庸讳言，以身、言、书、判、德、才、劳七条作为取材原则是很全面的。但是，为这七条确定具体的取舍标准又是十分困难的。除书、判两条外，其余诸项都很难找到明确的区分度。在选人数额和官缺数额相对接近的时候，这种铨法尚可推行，一旦"求者浸多"，要"颇加简汰"，它便暴露出不太严密的弊端。因此，在高宗总章二年（669 年），对铨法加以整顿规范。司列少常伯（吏部侍郎）裴行俭设《长名榜》，引铨注法，"复定州县升降为八等，其三京、五府、都护、都督府，悉有差次，量官资授之"。但是，由于求官者众，大率十人竞一官。③ 任凭铨法缜密，选人多、官缺少的矛盾仍然无法解决。

　　2. 宏词科与拔萃科

　　从高武到开天，在吏部选试中选人与官缺的矛盾一直无法解决。显庆二年，黄门侍郎、知吏部选事刘详道上疏指出吏部铨选的弊端：一是伤多，二是伤滥。"每年入流，数过一千四百人，是伤多也；杂色入流，不加铨简，是伤滥也"。刘详道进一步算了一笔账：当时唐代一品以下、九品以上官员总数为 13465 人，取其整数约 14000 人，这 14000 人每人可以平均供职 30 年。也就是说，30 年才会有 14000 个官缺。如果每年入流 500 人，30 年刚好补足这个官缺。但现在每年入流 1400 人，多余的部分，是正常官缺的两倍。而且每年未能入流、积压的选人高达 6000—7000 人。④

　　从高武到开天，为了解决吏部选试中选人与官缺的矛盾和"伤多""伤滥"的问题，唐政府主要采取了两个补救措施：一是在常选中"循资格"，二是在常

① ［宋］欧阳修、宋祁：《新唐书》卷 45《选举志下》，中华书局 1975 年版，第 1171 页。
② ［宋］欧阳修、宋祁：《新唐书》卷 45《选举志下》，中华书局 1975 年版，第 1172 页。
③ ［宋］欧阳修、宋祁：《新唐书》卷 45《选举志下》，中华书局 1975 年版，第 1175 页。
④ ［宋］王溥：《唐会要》卷 74《选部上·论选事》，上海古籍出版社 1991 年版，第 1580—1581 页。

选之外，设计了"试判入等"的补救方式，设置一些专项科目，从而向科目选的方向发展。开元十八年（730年），侍中兼吏部尚书裴光庭奏用《循资格》。《循资格》实际上是在吏部常选的7条标准中，突出"劳"的地位。选人以年计"劳"，论资排辈。这当然受到"久淹"不进的平庸官员的拥护，赞之为"圣书"①。但是，循资格弊病更大，如某举子30岁应礼部常举获得"出身"，40岁才循资格入仕，"六十尚不离一尉"。这样，就使"天下贤俊，屈滞颇多"②。显然，相比之下，"试判入等"和科目选的方式则受到优秀人才的欢迎，因而也更具有生命力。以新的方式试"判"，通过判文考查人才的实际才能，了解选人对政务的分析、判断并形成文字的综合能力。"凡试判登科，谓之'入等'③"。这种考试方式比较难，让应试选人进入实际官场，"亲其人，核其吏事。始取州县案牍疑义，试其断判而观其能否。"④ 这种现场考试的办法，非具有实际能力，又"读书善文不可也"⑤。

唐中期，在礼部省试偏重文学的影响下，吏部新设置的"试判入等"也渗入了重视文学的倾向。吏部在"试判入等"中将"试判"登科的选人分为两科，一为"宏词科"，一为"拔萃科"。

"宏词科"又称"博学宏词科"，设置于开元十九年（731年），"始于郑昕"⑥。凡选限未满的选人，"试文三篇"，包括诗、赋、论各1篇，因此"宏词科"有时也称"三篇"。"宏词科"所试文章，与进士科考试的内容没有多大差别。曾两次应"宏词科"举的韩愈认为，"亦礼部之类"。但是，唐代"宏词科"对试文三篇的词采要求很高，每年录取的人数不多，只有"三数人"。现在有姓名可考的"宏词科"登第者仅有45人左右。其中，长于经术短于文学的明经出身者仅有1人，而以文词登科的进士出身者竟有34人。⑦

拔萃科，又称"书判拔萃科"或"书判超绝"。设置于大足元年（701年），

① ［宋］欧阳修、宋祁：《新唐书》卷45《选举志下》，中华书局1975年版，第1177页。
② ［宋］王溥：《唐会要》卷74《选部上·吏曹条例》，上海古籍出版社1991年版，第1597页。
③ ［宋］欧阳修、宋祁：《新唐书》卷45《选举志下》，中华书局1975年版，第1172页。
④ ［唐］杜佑：《通典》卷15《选举三·历代制下》，岳麓书社1995年版，第186页。
⑤ ［宋］马端临：《文献通考》卷37《选举十·举官》，中华书局1986年版，第353页。
⑥ ［宋］王谠：《唐语林》卷8，上海古籍出版社1985年版，第196页。
⑦ 刘海峰：《唐代的博学宏词科》，载《文史知识》，1990年第2期。

"始于崔翘"①。当时只是偶尔开设，旋即中断了。唐朝中期以后，又重新开设。其考试方法为，选限未到的选人，可以"试判三条"。其录取标准为"文词优美者"。经录取后可以提前入仕为官，不必等候选限。根据日本学者统计，以现有资料可考出唐代曾举行 48 次书判拔萃考试，书判拔萃登科有姓名可考者有 82 人。较著名的有颜真卿、陆贽、白居易、元稹等人。②

3. 吏部科目选

吏部在"试判入等"和"拔萃"试判中，一开始主要取"案牍疑义，试其断判"。"后日月浸久，选人猥多，案牍浅近，不足为难。及采集古义，假设甲乙，令其判断。"后来，又从经史书籍中摘取疑难问题考试。渐渐地，"通经正籍又不足以为问。乃征僻书曲学，隐伏之义问之"。主考者在命题时往往"唯惧人能知也"③。这样，试题越来越难，逐步升级。社会上为了对付这种考试，便有人专门收集前人书写较好的判文，编成《龙筋凤髓判》一书，作为范本流传，以供应试者参照。其结果是试判考试从主考到被考都教条化、僵化了，失去了应有的拣选人才的功能。到了唐德宗时期，赵匡、沈既济等人对吏部选试的诸多弊端进行了尖锐的批评。批评的焦点主要有二：一是对吏部常选中德、才、劳三条取士标准提出批评，认为"安引徐言，非德也；空文善书，非才也；累资积考，非劳也"④。二是对宏词拔萃科的书判文辞标准提出批评，认为"文词是审才之末"，而"书判又文词之末也"。因此，在唐代后期贡举考试中，"以经艺为进退"的原则精神，也同样影响吏部选试的指导思想，吏部在改革选试制度的同时，引进了礼部省试的许多科目。另外，按科目规定了考试内容和录取标准，扩大了选试的范围和数量，使选试中的矛盾又渐趋平衡，显示了一定的活力。尤其表现在科目设置上，十分活跃。这些科目，基本上都是经史科目，并且在礼部贡举中同时推行。比如有三礼、三传、三史、五经、九经、开元礼、学究一经、一史等。

开元礼科始设于贞元二年（786 年），规定选人中有能习开元礼者，"不限

---

① ［宋］王谠：《唐语林》卷 8，上海古籍出版社 1985 年版，第 196 页。
② 刘海峰：《科举考试的教育视角》，湖北教育出版社 1996 年版，第 40 页。
③ ［唐］杜佑：《通典》卷 15《选举三·历代制下》，岳麓书社 1995 年版，第 186 页。
④ ［宋］欧阳修、宋祁：《新唐书》卷 45《选举志下》，中华书局 1975 年版，第 1178 页。

选数，许集"，考试项目为"问大义一百条，试策三道，全通者超资与官"①，即打破常规任用。三礼科设于贞元五年（789 年），规定选人"有习三礼者，前资官及出身人依科目选例，吏部考试。白衣依贡举例，礼部考试"。考试项目为"每经为大义三十条，试策三道"，"全通者为上第，特加超奖"，每经通二十五条以上，策通两道以上，为次等，依资与官。②

三传科、三史科均设于长庆二年（822 年），由殷侑奏置，其考试内容与录取标准与礼部贡举考试相同。③

吏部选试在引进礼部常举科目的同时，连考试内容、方法也同时引进，甚至连录取标准也大致相同。至此，吏部选试服膺礼部省试。这对于科举出身者参加选试竞争有利，对其他非科举出身的人也用经史文化水平加以规范，从而统一了尺度，使人才标准进一步向经史靠拢。

二、吏部选试的管理机构及主考官

吏部选试由吏部负责。据《大唐六典》卷 2《尚书吏部》载，其机构设置为：吏部尚书 1 人，正三品，为部首长。侍郎 2 人，正四品上，为尚书之贰。下属有吏部、司封、司勋、考功四司。吏部选事归吏部司管辖。吏部司有郎中 2 人，从五品上，1 人掌考天下文吏之班秩品命，1 人掌小选（流外铨）。员外郎 2 人，从六品上，1 人掌选院，又称南曹，具体负责吏部选试事务，另 1 人掌曹务。选试程序，每年五月，颁格于州县，选人应格参选。吏部取选解材料检勘，于每年十月集试。"凡选授之制，每岁孟冬，以三旬会其人。去王城五百里之内集于上旬；千里之内，集于中旬；千里之外，集于下旬。"④

1. 吏部选司

吏部选司共分三套机构，一曰尚书铨，主选五品以上官员，由吏部尚书亲自主管。唐代选任五品以上官员不经考试，由中书门下直接"制授"。因而尚书

---

① ［唐］杜佑：《通典》卷 15《选举三·历代制下》，岳麓书社 1995 年版，第 184 页。
② ［唐］杜佑：《通典》卷 15《选举三·历代制下》，岳麓书社 1995 年版，第 184 页。
③ ［宋］王溥：《唐会要》卷 76《贡举中·三传附三史》，上海古籍出版社 1991 年版，第 1655 页。
④ ［唐］李林甫等：《大唐六典》卷 2《尚书吏部》，三秦出版社 1991 年版，第 25 页。

铨也逐渐转向六品以下官员的铨选。二曰中铨（后曰西铨），主选六品以下、九品以上官员，由吏部侍郎主管。须经试判授官。三曰东铨，主管流外入流官员。常科出身一般由东铨厅主持考试，由吏部侍郎会同吏部员外郎共同主管。

吏部"三铨"在选官问题上的职责范围，是个不断变动的过程，其变动的基本趋势是，吏部的选官事权不断被分割，其一是中书门下对中高级官员选任权的分割，其二是南曹对低级官员选任权的分割。

"旧制，内外官皆吏部启奏授之，大则署置三公，小则综核流品。自隋以降，职事五品以上官，中书门下访择奏闻，然后下制授之。唐承隋制，初则尚书铨掌六品七品选，侍郎铨掌八品选，三年一大集，每年一小集。其后，尚书、侍郎通掌六品以下选。其员外郎、监察御史，亦吏部唱讫，尚书、侍郎为主典选。自贞观以后，员外郎乃制授之。又则天朝，以吏部权轻，监察御史亦制授之。其铨综也，南曹综核之。废置与夺之，铨曹注拟之。尚书、仆射兼书之，门下详核之，核成而后过官。"①

五品以上官员由中书门下访择"制授"，五品以下的在京常参官，如诸司员外郎、监察御史也逐渐变成"制授"，而南曹对下级官员的选试拥有"废置与夺"之权。

综上，吏部尚书、侍郎、吏部司之员外郎、郎中，都具有吏部选试之主考官的性质，同时，与礼部贡举相同，吏部选事也有他官权知的情形。如贞观二十年，"杜淹为御史大夫，检校选事"。显庆二年，黄门侍郎刘祥道知吏部选事等。

另外，唐代偶有学士参与吏部选试的情况。"初，（吏部）试选人皆糊名，令学士考判。武后以为非委任之方，而其务收人心，士无贤不肖，多所进奖。"②《唐会要》也记录了一条武则天天册元年（695年）十月二十日发布的诏令，其中也有"其糊名入试，及学士考判宜停"③的记载。考唐代之学士，在武则天之前，主要有两种类型，一种是在行政系统之外的临时差遣，具有君

---

① ［宋］王溥：《唐会要》卷74《选部上·论选事》，上海古籍出版社1991年版，第1579页。

② ［宋］欧阳修、宋祁：《新唐书》卷45《选举制》下，中华书局1975年版，第1175页。

③ ［宋］王溥：《唐会要》卷75《选部下·杂处置》，上海古籍出版社1991年版，第1609—1610页。

主参谋顾问的性质。如太宗为秦王时有"十八学士",高宗乾封以后有"北门学士",常常被延入卧内,访以政事,或入禁中修撰,参决朝廷疑义及百司奏疏。一种是行政系统之内的文职教职官员,如弘文馆学士、集贤殿学士等。执掌详正图书、教授生徒,并可参议朝廷制度沿革及礼仪轻重等政务。参与吏部选试"考判"的学士当以后者为主。因其中央贵族学校教授的身份,协助吏部考核选人的判文,便成为顺理成章的事。

2. 南曹

南曹为高宗总章二年(669年)司列少常伯李敬玄奏置,隶属吏、兵二部。① 因在选曹之南,故称南曹。开元十二年(724年),"初定兵、吏两司员外郎专判南曹"。开元十八年八月,"以考功贡院地置吏部南院,以置选人文书,或谓之选院。其选院本铨之内,至是移出之。东都至二十一年七月,以太常园置之"②。南曹主掌铨选档案文书。此后,选人甲历均存放于南曹。每岁选人,有解状、部书、资历、考核必经南曹核实,由吏部、兵部各委员外郎负责。开成二年(837年)六月增置南曹郎1人,另制印1面,加强了南曹的管理。

3. 南选

南选是唐王朝在岭南、黔中、福州等地区铨选地方官吏的特殊政策和措施。在唐王朝立国之初,岭南、黔中一带经济文化还很落后,加上地形复杂,各民族杂居共处,风俗人情差异很大。唐政府只能在这里设置军事都督府,实行军政合一的统治。在太宗、高宗时期,随着政权的稳固,逐渐向南开发,曾两次调整全国政区,南方增设了许多新的郡县。黔州道都督府下辖13个直属州和51个羁縻州;岭南设有5个都督府,下辖72州(郡);福建设有5州23县。这些州县的设置,无疑需要补充大量的官吏。除少数重要大州由朝廷派遣官员以外,绝大多数官员都是所在地方长官从土著人中选任补授的。这种措施显然仅是权宜之计,它有两个缺点,一是官员质量不高,二是容易形成地方都府的私人势力。为了改变这种情况,上元三年(676年)八月七日,高宗下诏:"桂、广、交、黔等州都督府,比来所奏拟土人首领,任官简择,未甚得所。自今以后,

---

① [宋] 王溥:《唐会要》卷58《尚书省诸司中·吏部员外郎》,上海古籍出版社1991年版,第1180页。

② [宋] 王溥:《唐会要》卷74《选部上·吏曹条例》,上海古籍出版社1991年版,第1598页。

宜准旧制，四年一度，差强明清正五品以上官充使选补，仍令御史同往注拟。"大足元年，此制又推广到泉、建、贺、福、韶等州县。开元八年，又为岭南补选使在桂州置选所①，有关选人"文解"、铨选日期、审查批准程序都仿照中央吏部铨选制。自此，南选走上制度化的轨道。天宝十三年（754 年）七月，"南选"又与"南举"相结合。其年七月，玄宗下诏说："如闻岭南州县，近来颇习文儒。自今以后，其岭南五府管内，白身有藻词可称者，每至选补时，任令应诸色乡贡。仍委补选使准其考试。有堪及第者，具状闻奏。如有情愿赴京者，亦听。其前资官并诸色选人等，有词理兼通，才堪理政者，亦任北选及授北官。"②

无论"南选"还是"南举"，都由"选补使"任主考，主持其事。并设置铨选机构，如在桂州置选所，在福建置"选补司"，在"洪州置铨"等。选补使可以由中央委派专员主持，也可由地方长吏兼知。如兴元元年（784 年）吏部侍郎刘滋知洪州选事，右司郎中独孤缅充岭南选补使，贞元二年考功员外郎陈归为岭南选补使，元和二年职方员外郎王洁充岭南选补使等。③ 李岵在代宗时被任命为荆南节度使、江陵尹，并"知江淮选补使"④。在特殊情况下，也可由宰相兼领。安史之乱时期，肃宗曾诏宰相崔涣充江淮宣谕选补使，巡抚江南，选补官吏。⑤

4. 东都选

东都选是在东都洛阳举行的吏部选试。它主要是为了方便选人应试，减轻选人负担而设立的。早在贞观元年（627 年），就因"京师米贵，始分人于洛州置选"。此后，由于"关外诸州，道里迢递，河洛之邑，天地之中"，于是下诏选司分"东西二曹，两京都分简流放"⑥，而后形成惯例。开元二十一年（733

①　［宋］王溥：《唐会要》卷75《选部下·南选》，上海古籍出版社1991年版，第1621页。

②　［宋］王溥：《唐会要》卷75《选部下·南选》，上海古籍出版社1991年版，第1622页。

③　［宋］王溥：《唐会要》卷75《选部下·南选》，上海古籍出版社1991年版，第1623页。

④　［后晋］刘昫等：《旧唐书》卷112《李峘传附李岵传》，中华书局1975年版，第3345页。

⑤　见谢青等：《中国考试制度史》，黄山书社1995年版，第118页。

⑥　［宋］王溥：《唐会要》卷75《选部下·东都选》，上海古籍出版社1991年版，第1621页。

年），仿京师吏部南曹例，在东都洛阳太常园置选司①，管理选人的档案文书，存放甲历，负责选试时对选人的"解状"、资历、考核等材料进行验证核实。东都选的主考工作，或由中央政府临时派员主持，或由东都留守、河南尹奉诏代为主持。如开元元年（713 年），"遣黄门监魏知古、黄门侍郎卢怀慎往东都分知选事"；元和二年（807 年）九月，"东都留守赵宗儒权知吏部，令掌东都选事，铨试毕日停"；大和二年（828 年）九月，"吏部今年东都选事，宣令河南尹王播权知侍郎，铨试毕日停"②。

相对东都选而言，东都举是更具有常规性的考试活动。其用意与东都选大体相同，也是为了方便举子，并减轻其负担而开设的。关外诸州，道里迢远，或"岁方艰歉"，考生无力负担川资路费，便可就近应举。另外，东都国子监生员也可就近应举。唐代"两都举"开始的时间，文献记载差异很大。一说在高宗永徽元年（650 年），"永徽元年，始置两都举"③。一说是在代宗广德二年（764 年），"贾至为侍郎，建言岁方艰歉，举人赴省者，两都试之。两都试人，自此始也"④。另一说是在永泰元年（765 年），"永泰元年，始置两都贡举，礼部侍郎皆以知两都为名，每岁两地别放及第"⑤。显然，后两种说法实际上是一致的。贾至于广德二年建议设置"两都试"，次年将这一举措加以完善和制度化。但是，从徐松《登科记考》卷 3 所载永昌元年（689 年）"进士东都六人，西京二人"来看，"两都举"在广德二年以前，已经开始了。永昌元年是武则天在洛阳临朝称制，最为得意之时，她甚至把洛阳称为"神都"，是事实上的政治中心。因此，"两都举"开始于武则天时期甚至更早，是可信的。代宗时贾至是在安史之乱以后又恢复了"两都举"，并逐步走向制度化，以至文宗、武宗、宣宗时继续推行。

---

① ［宋］王溥：《唐会要》卷 74《选部上·吏曹条例》，上海古籍出版社 1991 年版，第 1598 页。
② ［宋］王溥：《唐会要》卷 75《选部下·东都选》，上海古籍出版社 1991 年版，第 1621 页。
③ ［宋］王溥：《唐会要》卷 75《选部下·东都选》，上海古籍出版社 1991 年版，第 1620 页。
④ ［宋］欧阳修、宋祁：《新唐书》卷 44《选举志》上，中华书局 1975 年版，第 1165 页。
⑤ ［唐］王定保：《唐摭言》卷 1，《学津讨源》14 册，上海古籍出版社 1978 年版，第 483 页。

东都举的主考官，从理论上说仍然是礼部侍郎。因为在代宗时恢复"两都举"后，礼部侍郎官号"皆以'知两都'为名"。具体考试事宜，由东都国子监或河南府负责。如会昌五年（845 年）贡举人"于两都国子监就试"，大中元年（847 年）六月，又令"贡举人取解，依准旧条，于京兆、河南府集试"①。

第四节　科举考试、选官考试的考生来源、资格审查与政治审查

一、科举考试、吏部选试的考生来源

唐代的科举考试，如前所述，有常科、制科和吏部选试三种类型。其中常科与制科的考生称为举人，吏部选试的考生称为选人。不同类型的考试有不同的生员群体。现概述如下。

1. 贡举常科的考生来源

常举的考生来源大概有两种。"由学馆者曰生徒，由州县者曰乡贡。"② 所谓生徒，是指中央官学国子监、弘文馆、崇文馆和地方官学府、州、县学经选拔考试合格者推荐参加贡举考试的人员。所谓乡贡，是指乡村学校、私学和社会自学者，经州县乡贡考试合格，推荐参加贡举考试的人员。这两部分举子按选拔的不同科目，参加常科考试。

生徒与乡贡在应试举子中所占比重，在唐前期和后期有所变化。一般来说，前期以生徒为主，后期由于官学的衰坏，逐渐转变成以乡贡为主。

每年应常科考试的人数，虽有名额限制，但并不固定。大抵唐初科举制刚刚恢复时，人数较少，而后逐年增多。如武德五年（622 年），诸州共贡报明经143 人，秀才 6 人，俊士 39 人，进士 30 人，共计 218 人。③ 据《文献通考》卷29《唐登科记总目》，当年录取人数为秀才 1 人，进士 4 人。其后，每年应贡举

---

① ［宋］杨亿、王钦若：《册府元龟》卷 641《条制三》，中华书局 1982 年版，第 7686 页。

② ［宋］欧阳修、宋祁：《新唐书》卷 44《选举志》上，中华书局 1975 年版，第 1159 页。

③ 刘海峰：《科举考试的教育视角》，湖北教育出版社 1996 年版，第 40 页。

者不下数千人。《唐摭言》卷1《散序进士》载："进士科……可至岁贡常不减八九百人"。开元十七年（729年），国子祭酒杨玚上言说进士科"每年应举，常有千数，及第两监，不过一、二十人"①，《文献通考》也说每年进士应举者"大抵千人"，"得第者百一二"；"明经倍之"，应举者两千以上，"得第者十一二"②，在唐代298年间共开科266次，除贞观十九年（645年）、麟德二年（665年）、景云二年（711年）未录取进士外，其他263科皆有进士及第者。每科最少1人，最多79人，共录取进士6642人。平均每科录取进士25人左右。而明经及第总数在26600人左右，平均每科录取100人左右。③ 如果按照《文献通考》进士百得一二、明经十得一二的录取率推算，每年光是明经、进士的应试者就有3000—4000人。再加上其他科目的举子，当不下5000人。据王定宝《唐摭言》卷1《乡贡》条，景云（710—711年）之前"乡贡岁二、三千人"，可以推断，各级学校的生徒应举者也不下两三千人。

对各州县每年推荐的乡贡举子，有一定的名额限制。在唐朝前期，"贡士之法，多循隋制，上郡岁三人，中郡二人，下郡一人。有才能者，无常数"④。按《新唐书》卷37《地理志》，太宗贞观十三年（639年），天下有"州府三百五十八，县一千五百五十一"，至玄宗开元二十八年（740年）户部账，"凡郡府三百二十有八，县千五百七十三"。举其大略，唐有郡320—350个。除去偏远之郡外，每年乡贡举子者当在300个左右。如按"上郡岁三人，中郡二人，下郡一人"，平均2人计，每年乡贡举子只有600人。这个数字显然太少，应是"隋制"而非唐制。唐科举条制说"旧令诸郡虽一二三人之限，而实无常数"⑤应该是可信的。如《唐摭言》所言景云之前"岁贡二三千人"能够成立的话，以300郡计，每郡平均年贡举子8—10人。唐后期会昌五年（845）对各州县馆监的贡举员额作出了具体规定。现按《唐摭言》卷1引《会昌五年举格节文》与《文献通考》卷29《选举二》引《会昌五年举格节文》整理如下：

国子监，明经旧送350人，今请送200人。进士旧送30人，今隶名明经亦

① ［宋］王溥：《唐会要》卷75《贡举上·帖经》，上海古籍出版社1991年版，第1630页。
② ［宋］马端临：《文献通考》卷29《选举二·举士序》，中华书局1986年版，第271页。
③ 刘海峰：《科举考试的教育视角》，湖北教育出版社1996年版，第28、32页
④ ［宋］杨亿、王钦若：《册府元龟》卷639《条制一》，中华书局1982年版，第7668页。
⑤ ［宋］杨亿、王钦若：《册府元龟》卷639《条制一》，中华书局1982年版，第7668页。

送 200 人。宗正寺，进士送 20 人。东都国子监，同、华、河中道，进士不过 30 人，明经不过 50 人。凤翔、山南西道、东道、荆南、鄂、岳、湖南、郑、滑、浙西、浙东、鄜、坊、宣、商、泾、汾、江南、江西、淮南、西川、东川、陕、虢等道，进士不过 15 人，明经不过 20 人。河东、陈、许、汴、徐、泗、易、定、齐、德、魏、博、泽、潞、幽、孟、灵、夏、淄、青、郓、曹、镇、冀、兖、海、麟、胜等道，进士不过 10 人，明经不过 15 人。金、汝、盐、丰、福建、黔府、桂府、岭南、安南、邕、容等道，进士不过 7 人，明经不过10人。

上述贡举人，即包括学馆之生徒，又包括州县之乡贡，甚至包括"公卿百家子弟及京畿内士人、寄客外州府举士人等"①。如按上述名额分配统计，每年应举进士的考生为 1042 人，应明经举的考生为 1370 人，合计为 2412 人，显然比唐代中期、前期大大减少了。其减少的比例，如国子监选送明经举人由 350 人减到 200 人，减少 75%。按此比例推算，唐中期以前的年贡举人总数平均应为 4221 人。

2. 吏部选试的考生来源

参加吏部选试的考生称为选人。选人的构成成分极其庞杂。其中一部分是常科出身的人，另一部分，也是数量更为庞大的部分是"杂色选人"，其中包括：前资官、流外官、门荫子弟、有军功或有某种才能被征辟的人。

前资官是指曾有过做官经历、现已停替的人。唐代官员分为九品，由吏部考功司按期考核迁任。不能迁任就停官罢考。停官后，即可称为前资官，可以参加吏部铨选考试，重新入仕。流外官指内外诸司尚未入流的办事人员。唐代每年都有大量流外人员守缺入流，亦须通过吏部铨选考试获得官缺。文宗大和八年（834 年）正月敕文："吏部梳理诸色入仕人等，令勘会诸司流外令史、府史、掌故、礼生、楷书、医工，及诸司流外令史等，总一千九百七十二员。六百五十七员请权停，一千三百一十五员，请令诸司守缺。除见在外，以后不得更置。"② 当年 1972 员流外官，淘汰了 657 员，其余 1315 员有资格于诸司"守缺"，经考试入流。门荫子弟是指通过血亲关系获得出身的人。唐制规定，王公、皇亲等贵族及其子弟、中高级官员的子弟，都可通过出身获得不同等级的

① ［宋］马端临：《文献通考》卷 29《选举二》，中华书局 1986 年版，第 275 页。
② ［宋］王溥：《唐会要》卷 74《选部上·吏曹条例》，上海古籍出版社 1991 年版，第 1620 页。

散阶，从而有资格参加吏部铨选考试，入仕为官。德宗时试太常寺协律郎沈既济揭露铨选之弊说："近世爵禄失之者久，其失非它，四太而已。入世之门太多、世胄之家太优、禄利之资太厚、督责之令太薄。"① 可见，唐代门荫子弟在吏部铨选考试的竞争中，处于非常有利的地位。

有军功或有某种才能被征辟的人，主要出现在唐代后期。唐代后期藩镇林立，数量日增，各藩府不仅有一定的军事实力，同时也有相对独立的行政、财政权力。在用人问题上，往往不受中央限制，自己在幕府内设置机构，延揽名士，妙选辟用各种俊才。后来得到中央认可，被吏部选"补正官之缺"②。从这一途径入仕者数量很大，甚至包括科举及第者。

至于吏部选试每年及第人数、入选人数以及诸色选人在其中所占比例，我们也可根据相关材料作出大致推断。显庆二年（657 年），黄门侍郎知吏部选事刘详道上疏论选事，以为"每年入流，数过一千四百人，……又常选者仍停六七千人"③。也就是说，每年通过吏部选试获得官缺而入流的人是 1400 人，而参加选试未能入选者有 6000—7000 人，准此，吏部选试的人每年应在 8000—10000 人之间。开元十七年（729 年），国子祭酒杨玚上疏论选举，以为："臣窃见入仕诸色出身，每岁向二千余人"④。如果每年诸色出身的选人入仕人数有 2000 人的话，根据"大率十人竞一官"⑤ 的比例，玄宗开元时的应试者当在 20000 人左右。至于各色选人在吏部选试中的竞争力，根据杨玚所言，"服勤道业之士，不及胥吏"。有明经、进士等出身的人在每年入仕人数中只占 10% 左右⑥。这种局面在唐后期科目选盛行以后有所改观。因为吏部选试把礼部常科所设置的科目连同考试内容、方法及录取标准全盘移置过来，有礼部常科出身的人当然会在选试中拥有优势。如唐后期宏词科登科有姓名可考者 45 人左右，其中光

① ［宋］欧阳修、宋祁：《新唐书》卷 45《选举志》下，中华书局 1975 年版，第 1178 页。

② 谢青等：《中国考试制度史》，黄山书社 1995 年版，第 110 页。

③ ［宋］王溥：《唐会要》卷 74《选部上·论选事》，上海古籍出版社 1991 年版，第 1580—1581 页。

④ ［宋］王溥：《唐会要》卷 75《贡举上·帖经条例》，上海古籍出版社 1991 年版，第 1630 页。

⑤ ［宋］欧阳修、宋祁：《新唐书》卷 45《选举志》下，中华书局 1975 年版，第 1175 页。

⑥ ［宋］王溥：《唐会要》卷 75《贡举上·帖经条例》，上海古籍出版社 1991 年版，第 1630 页。

是进士出身的就占 34 人。①

3. 制科考试的考生来源

制科考试的宗旨是"以待非常之才"，所以其考生来源最为宽泛，即可以是起自"草泽"的白身，也可以是乡贡或省试出身的进士明经，还可以是待缺的选人，甚至是已仕宦的官员。如太学生韩思彦，经万年县令李乾祐推荐应"志烈秋霜科擢第，授监察御史"②。员半千，以童子举出身应制科"八科举"中第，后又以武陟县县尉的身份应制科"岳牧举"，高宗亲自策问称"善"，擢高第，移为华原、武功两县尉。③ 这说明，已获得常科出身者可以应制科举，"释褐"后，只要对现任官不满意，还可以应制科举。穆宗长庆元年（821 年），制科录取者的出身很能说明问题：

京官：前试弘文馆校书郎庞严；前试秘书省校书郎张述；前试太常寺协律郎吴思为；太子正字任畹。

地方官：京兆府富平县府韦曙；同州参军崔龟从。

乡贡进士：前乡贡进士姚中立、李躔、崔嘏、崔知白、崔郢、李商卿。

草泽：韦正贯。④

唐代每年参加制科考试的举子的准确人数，已无从考知了。但大体为 1000—2000 人。"开元以后，四海晏清，士耻不以文章达。其应诏而举者多则两千人，少不减千人，所收百才有一"⑤。这是开元以后的情形。开元以前，大体也在千人左右。"张柬之，则天永昌元年，以贤良征试，同时射策者千余人，柬之独为天下第一。"⑥

①　刘海峰：《唐代的博学宏词科》，载《文史知识》，1990 年第 2 期。

②　［宋］欧阳修、宋祁：《新唐书》卷 112《韩思彦传》，中华书局 1975 年版，第 4163 页。

③　［宋］欧阳修、宋祁：《新唐书》卷 112《员半千传》，中华书局 1975 年版，第 4161—4162 页。

④　以上引自［宋］杨亿、王钦若：《册府元龟》卷 644《考试二》，中华书局 1982 年版，第 7717 页。

⑤　［宋］马端临：《文献通考》卷 29，《选举考二·举士序》，中华书局 1986 年版，第 271 页。

⑥　［宋］杨亿、王钦若：《册府元龟》卷 650《应举》，中华书局 1982 年版，第 7796 页。

二、科举考试、吏部选试的资格审查与政治审查

1. 常科考试的审查

常科考试的审查重点是乡贡举子，学馆之生徒已获得国家承认的官学学历，一般都不需审查了。对乡贡举子的审查一般分资格审查和政治审查两方面。乡贡举子必须参加州县的乡贡考试，合格后受到州县的解送，才可以参加省试。综合现有材料，省试对乡贡举子的审查程序是：（1）"疏名列到"，即到尚书省报到。先是在吏部，后来在礼部。（2）"户部集阅"主要审查"乡贯及三代名讳"。唐制，乡贡举子须由原籍州县解送。开元十九年（731年）六月敕："诸州贡举，皆于本贯籍分信明者。然依例，不得于所附籍，便求申送。"① （3）"礼部纳家状"，"结款通保"。礼部的审查是审查的核心内容，含资格审查与政治审查两部分。

所谓资格审查是要验证州县乡贡考试合格的学历证明和乡贡考试的试卷。"诸州府所试杂文，据元格并合封送省。……今州府所试，各须封送省司检堪，如病败、不尽词理，州府妄给解者，试官停见任。"②

所谓政治审查，是要"结款通保"③，即"五人自相保，其衣冠则依亲姻故旧，久同游处者；其江湖之士则以封壤接近，素有谙知者为保"④。举子"结款通保"的目的是要互相保证其政治清白，符合应举条件。"如有缺孝弟之行，资朋党之势，迹由邪径，言涉多端者，并不在就试之限。其容情故，自相隐蔽，有人纠举，其同举人并三年不得赴举。仍委礼部明为戒励，编入举格。"⑤ 政治审查不仅有对举子道德品质方面的要求，而且也有出身、履历方面的要求。宪宗时敕令规定："自今以后，州府所送进士，如迹涉轻狂，兼亏礼教，或曾为官

---

① ［宋］王溥：《唐会要》卷76《贡举中·缘举杂录》，上海古籍出版社1991年版，第1638页。
② ［宋］马端临：《文献通考》卷29《选举考二·举士》引会昌五年《举格节文》，中华书局1986年版，第276页。
③ ［宋］马端临：《文献通考》卷29《选举二》，中华书局1986年版，第271页。
④ ［宋］王溥：《唐会要》卷76《贡举中·进士》，上海古籍出版社1991年版，第1636页。
⑤ ［宋］王溥：《唐会要》卷76《贡举中·进士》，上海古籍出版社1991年版，第1636页。

司科罚，或曾任州府小吏，有一事不合入清流者，虽薄有词艺，并不得申送。"①

其实，审查不仅是针对考生的，同时也是针对各级考官的。唐代贞观年间曾颁布一项意义重大的法令，"凡贡举非其人者，废举者，校试不以实者，皆有罚"②。这条法令为科举制确立了最一般的法律约束。凡是不符合贡举条件的人被举送到尚书省，经查出后立即取消其考试资格。更为重要的是，法令还明确了各级各类考官的法律责任。凡考官"校试不以实"，弄虚作假，或敷衍渎职，也要受到法律制裁。宪宗元和二年，曾重申类似法令，如"校试不得其实"，经审查，"后举事发，长吏奏停现任，如已停替者，殿二年。本试官及司功官，见任及已停替，并量事轻重贬降，仍委御史台常加察访"③。

贡举常科考试，是以获取出身为目的的，所以一般来说，有出身者或现任官员在资格审查中不符合应举条件，为"不合选"。但是随着进士科地位的提高，有各色出身者及现任官员也有应举的要求，这便为资格审查带来新的问题，后来只好采取折中的办法。试官及诸色出身者允许参加考试，而正员官则"不在举限"。建中三年（782年）三月敕："礼部应进士举人等，自今以后，如有试官及不合选，并诸色出身人等，有应举者，先于举司陈状，准例考试。如才堪及第者，送中书门下，重加考核，如实才堪，即令所司追纳告身，注毁官甲，准例与及第。至选日，仍稍优与处分。其正员官，不在举限。"④ 虽然允许试官及"诸色出身者"应进士举，但要有附加条件，第一，即便礼部录取，还要送中书门下"重加考核"；第二，要拿到进士出身，就必须放弃原先的出身和资历，即"令所司追纳告身，注毁官甲"。只是在参加吏部选试时，给予一定的优待。

礼部审查结束后，还要到国子监行"谒先师"之礼。不仅乡贡举子参加，馆、监生徒应举者也要参加。开元五年（717年）五月诏："诸州乡贡明经、进士见讫，宜令引就国子监谒先师。学官为之开讲，质问疑义，仍令所司优厚设食。两馆及监内得解举人，亦准此。其日，清官五品以上，及朝集使，并往观

---

① ［宋］王溥：《唐会要》卷76《贡举中·进士》，上海古籍出版社1991年版，第1634页。
② ［宋］欧阳修、宋祁：《新唐书》卷44《选举志》上，中华书局1975年版，第1161页。
③ ［宋］王溥：《唐会要》卷76《贡举中·进士》，上海古籍出版社1991年版，第1636页。
④ ［宋］王溥：《唐会要》卷76《贡举中·进士》，上海古籍出版社1991年版，第1634页。

礼，即为常式。"①"谒先师"仪式是个隆重的典礼，不仅有清流官五品以上集体观礼，而且"优厚设食"款待，还要由国子监学官进行类似考前辅导的讲解、答疑。

2. 吏部选试的审查

吏部选试的审查，主要是资格审查。因为参加吏部选试的选人，或有出身或有官，政治审查问题已经基本解决了。有无出身、有无官，是吏部选人与礼部举人在应试资格上最本质的区别。"凡未有出身未有官，如有文学，祇合于礼部应举；有出身有官，方合于吏部赴科目选。"②

吏部对选人的审查制度是随着选人多和官缺少的矛盾不断激化而逐渐完善起来的。"武德中，天下兵戈新定，士不求禄，官不充员，有司移符州县，课人赴调，远方或赐衣、续食，犹辞不行，至则授用，无所点退。"可以想见，在"士不求禄，官不充员"，甚至"赐衣、续食"都无人应选的情况下，所谓资格审查，也只是一句空话。但"不数年，求者浸多，也颇加简汰"。高宗时，司列少常伯李敬玄委事于员外郎张仁祎，张仁祎"造姓历、改状样、铨历等程式，铨总之法密矣"③。张仁祎是对唐代吏部选试的制度建设作出重要贡献的人。他所制定的"姓历""状样"和"铨历程式"是资格审查的基本依据。为此付出大量的心血和劳动的张仁祎，"感国士见委，竟以心劳呕血而死"④。但是，"是时仕者众，庸愚咸集，有伪主符告，而矫为官者，有接承他名而参调者，有远人无亲而置保者。试之日，冒名代进，或旁坐假手，或借人外助，多非其实。虽繁设等级，递差选限，增遣犯之科，开纠告之令以遏之，然犹不能禁"⑤。上述表明，唐代前期的吏部选试弊端丛生，有伪造为官资历的，有假借他人官资为己所用的，有虚拟作保而实无其人的，有冒名顶替、假"枪手"应试的。这些恐怕都与资格审查把关不严有关。

有鉴于此，高宗于总章二年（669 年）置南曹，由吏、兵二部各派员外郎 1 人专判。南曹专置选人的甲历文书。此后，选人甲历，均存放于南曹。每岁选

---

① ［宋］王溥：《唐会要》卷 76《贡举中》，上海古籍出版社 1991 年版，第 1638 页。
② ［宋］王溥：《唐会要》卷 77《贡举下》，上海古籍出版社 1991 年版，第 1657 页。
③ ［宋］欧阳修、宋祁：《新唐书》卷 45《选举志》下，中华书局 1975 年版，第 1175 页。
④ ［宋］王溥：《唐会要》卷 74《选部上·吏曹条例》，上海古籍出版社 1991 年版，第 1597 页。
⑤ ［宋］欧阳修、宋祁：《新唐书》卷 45《选举志》下，中华书局 1975 年版，第 1175 页。

人，有解状、薄书、资历、考核都要经南曹验证核实。南曹的设置，标志唐代吏部选试的资格审查，走上了制度化、规范化的道路，进入一个新的阶段。

但是，选人的甲历文书或"缘岁月滋深，文字凋缺"，或因"战乱兵霾多所损毁"，给吏部选试造成极大的不便。

对此，唐政府主要采取两项措施。

其一，令地方重制选人甲历，并速报吏部。德宗贞元四年（788年）八月，吏部奏：自"艰难以来，年月积久，两都士类，散在远方，三库敕甲，又经失坠。因此人多罔冒，吏或欺诈。分见官者，谓之擘名；承以死者，谓之接脚。乃至制敕旨甲，皆被改张毁裂。如此之色，其类颇多。比来因循，遂使滋长。所以选集加众，真伪混然。实资检责，用甄泾渭，谨具由历状样如前。伏望委诸州府县，于界内应有出身以上，便令依样通状。限敕牒到一月内毕，务令尽出，不得遗漏。其敕令度支急递送付州府，州司待纳状毕，以州印印状尾，表逢相连，星夜送观察使。使司定判官一人，专使勾当都封印，差官给驿递驴送省。至上都五百里内，十二月上旬到，千里外，中旬到。每远校一千里外，即加一旬。虽五千里以外，一切正月下旬到。尽黔中、岭南应不合北选人，不纳文状。限其状直送吏曹，不用都司发。人到日，所司造姓攒勘合，即奸伪必露，冤抑可明。如须盘问，即下所在州府责状，其隐漏未尽，尽在远不及期限者，亦任续通，依前观察使与送所在勘责，必有灼然逾滥，事迹著明，据轻重作条件商量闻奏。庶稍澄流品，永息逾滥"①。德宗批准了这一奏章。由于甲历失坠，造成选试混乱，"擘名""接脚"，弄虚作假。所以，在兴元四年八月选人冬集之前，敕令州、府、县，对辖区内有出身以上的选人"依样通状"，"具由历状样如前"，并要求在一个月内完毕，不能遗漏。由州府加印后送观察使，观察使令判官再加都司印。然后依距长安远近，定期送达吏部，最晚于正月下旬必须送到。然后与吏部甲历对照堪核，揭露奸伪，防止逾滥。

其二，组织人力修缮甲历。特别是取近30年的甲历，"其间出身及仕宦之人要检核者，多在此限之内"。如"据数修字，冀得精详"，则吏部选试"便获

---

① ［宋］王溥：《唐会要》卷74《选部上·论选事》，上海古籍出版社1991年版，第1587—1588页。

深益"①。

如吏部甲历或残缺，或损毁，或遗失，无从勘验，亦可去中书门下省勘验。圣历元年（698 年）二月敕："文武选人检甲不获者，宜牒中书门下为检。如又不获，若在曹有官，前后相衔可明者，亦听为叙。"② 可见，资格审查必须落实。如吏部甲历不能查获选人档案，可到中书门下省甲历库去查。如仍不能查获，则须有原供职部门的前任、后任担保证明，方可通过审查。

本来唐代在尚书吏部和中书、门下二省各设甲历库，号称"三库"。以防逾滥。三库分别由中书舍人（中书甲历库）、给事中（门下甲历库）、吏部格式郎中（吏部甲历库）掌管。三库分别藏有选人甲历。大和九年（835 年）十二月敕令："近日诸处奏官不经所司检寻，未免奸伪。起今以后，诸司、诸使、诸道，应奏六品以下诸色人，称旧有官及出身，请改转并请授官可商量者，除进士登科，众所闻知外，宜令先下吏部、中书、门下三库，委给事中、中书舍人、吏部格式郎中，各与本甲库官同检勘。具有无申报，中书门下审无异同者，然后依资进拟。如诸司、诸使、诸道奏论不实，以无为有，临时各加惩罚。"③ 看来，吏部选试的资格审查不光是吏部的事，中书门下的甲库都共同负有责任。连给事中、中书舍人，都可视作审查官。同时，与礼部贡举的审查性质相同，不仅是对应试选人的审查，同时也是对解送选人的部门长官的审查，是"校试不以实者皆有罚"原则精神在吏部选试中的体现。

与礼部常科审查相同的是，吏部选试的审查也需要保人担保。不同的是，礼部实行考生五五互保，而吏部选人则要找与自己有亲旧的现任官员担保。开元四年（716 年）九月十二日敕："诸色选人纳纸保后五日内，其保识官于当司具名品，并所在人州贯头衔，都为一牒报选司，若有伪滥，先用缺，然后准式处分。"④ 担保人要把担保双方的姓名、阶品、籍贯和现任官职形成文书，上报

① ［宋］王溥：《唐会要》卷 82《甲库》元和八年五月吏部侍郎杨於陵奏言，上海古籍出版社 1991 年版，第 1794 页。
② ［宋］王溥：《唐会要》卷 75《选部下·附甲》，上海古籍出版社 1991 年版，第 1624—1625 页。
③ ［宋］王溥：《唐会要》卷 82《甲库》引大和九年十二月敕，上海古籍出版社 1991 年版，第 1795 页。
④ ［宋］王溥：《唐会要》卷 75《选部下·杂处置》，上海古籍出版社 1991 年版，第 1611 页。

吏部，如果保举不实，还要承担责任。从上文《新唐书》"远人无亲而置保"来看，保人一般应与选人有亲旧关系。

唐代后期，有现任中高级官员举荐选人的法令。受到举荐的选人无论在资格审查上，还是在考试标准上，都受到一定的优待。德宗贞元元年（785 年）正月二十五日敕："宜令清资常参官，每年于吏部选人中各举一人，堪任县令、录事参军者，所司依资注拟。便于甲历具所举官名衔，仍牒御史台。如到任理政优异，及无赃犯，事迹明著，所司举录官姓名闻，当议褒贬。"① 上述敕令只是说把举荐人的姓名、官职记录在选人的甲历上，并通报御史台，这实际上起到了担保人的作用，在资格审查中受到优待应该是顺理成章的。但敕令并没有谈到如何考试及是否免试的问题。而文宗大和七年（833 年），中书门下的奏议，则使我们了解到受到荐举的选人的考试情况。"今后请京兆、河南尹及天下刺史，各于本府、本道常选人中，拣勘择堪为县令、司录、录事参军人，具课绩才能闻荐。其诸州先申牒观察使，都加考核，申送吏部。至选集日，不要到选场更试书判。吏部尚书、侍郎引诣铨曹，试时务策一道，访以理民之术，自陈历任以来课绩，令其一一条对，其治识优长者，以为等第，使以大县注拟。"② 这种地方长吏对选人的荐举具有保荐的性质。此类保荐已把被荐选人的"课绩才能"以文书的方式报送观察使，经观察使审查考核后再报送吏部。这样，被举荐人便免于资格审查，甚至不必去选场参加常规的书判考试，直接由吏部尚书、侍郎进行简单的书面考试和口试，便可注拟官职了。

关于制科考试的审查，应该是最为宽松的。首先，制科考试的性质就是以非常之制待非常之才，非常之才就不可能用常规的举人与选人的资格来进行规范。如果说礼部常科举人的资历主要是学历，吏部常选的选人资历主要是出身和资历的话，那么，制科考试便没有相应的资历要求。只要有异才、异能，哪怕是白身、草泽，也可应举。其次，制科考试名义上由皇帝主考，实际上临时委派官吏主理，并无常司主管，这也客观上造成审查无从落实，故此，制科考试的审查，只能从略。

---

① ［宋］王溥：《唐会要》卷 75《选部下·杂处置》，上海古籍出版社 1991 年版，第 1614 页。

② ［宋］王溥：《唐会要》卷 75《选部下·杂处置》，上海古籍出版社 1991 年版，第 1619 页。

三、审查的主要机构——南曹

南曹始设于总章二年（669 年），是唐、五代铨选考试的资格审查部门和尚书省的人事档案管理部门。但是，由于它是新设立的机构，一直游离于中央政府的正式行政体系之外，有关唐、五代制度史的文献如《大唐六典》、《通典》、《唐会要》、《五代会要》、两《唐书》职官（百官）志、《旧五代史》职官志等均不列专条，缺乏系统的材料可资借鉴，所以长期以来为研究者所忽略。

1. 南曹的设置沿革

南曹是唐政府为适应吏部铨选考试的要求而设置的，其发展历程大致经历了五个阶段。

第一阶段自唐初至高宗总章二年，为"铨中自勘责"阶段。高祖武德时，由于人才匮乏，选人参与铨选的积极性不高，资格审查不够严格。据《新唐书》卷45《选举志下》记载："武德中，天下兵革初定，士不求禄，官不充员。有司移符州县，课人赴调，远方或赐衣续食，尤辞不行。至则授用，无所黜退。"① 资格审查不够严格的另外一个原因是选人的文书档案不够规范。"选限所促，选司多不究悉，……州府及招使多有赤牒授官。"② 到太宗贞观时，选人"求者渐多，亦颇加简汰"③，"每年赴集者将万余人"④。至高宗时，应选人数更多，以致出现大量的铨选舞弊现象。"是时仕者众，庸愚咸集，有伪主符告而矫为官者，有接承它名而参调者，有选人无亲而置保者。试之日，冒名代进，或旁坐假手，或借人外助，多非其实，……大率十人竞一官。"⑤ 当时吏部分三铨选人，尚书一人掌尚书铨，侍郎二人分掌中铨和东铨。对选人的资格审查是

---

① ［宋］欧阳修、宋祁：《新唐书》卷45《选举志下》，中华书局1975年版，第1174页。
② ［宋］杨亿、王钦若：《册府元龟》卷637《铨选部·公望》，中华书局1982年版，第7641页。
③ ［宋］欧阳修、宋祁：《新唐书》卷45《选举志下》，中华书局1975年版，第1174页。
④ ［宋］杨亿、王钦若：《册府元龟》卷637《铨选部·公望》，中华书局1982年版，第7641页。
⑤ ［宋］欧阳修、宋祁：《新唐书》卷45《选举志下》，中华书局1975年版，第1175页。

"铨中自勘责"①。即由三铨分别审查选人的报名材料。

第二阶段自总章二年至玄宗开元，为南曹的草创阶段。总章二年（669年），鉴于选人文书档案不够规范和大量出现的举场舞弊现象，司列少常伯（吏部侍郎）李敬玄奏请设置南曹，以把吏部三铨的资格审查统一起来。当时对选人人事档案的状样、版式设计和对吏部铨选考试的制度建设作出重大贡献的人是李敬玄的下属吏部员外郎张仁祎。据《旧唐书》卷81《李敬玄传》载："总章二年……（敬玄）兼检校司列少常伯。时员外郎张仁祎有时务才，敬玄以曹事委之。仁祎始造姓历，改状样、铨历等程式，处事勤劳，遂以心疾而卒。敬玄用仁祎之法，典选累年，铨综有绪。"② 张仁祎很有可能是最早主持南曹事务的长官之一。南曹设置于总章二年（669年），唐制规定吏部员外郎判南曹。由于张仁祎官至吏部郎中，未达公辅之位，所以两《唐书》无传。但据张仁祎《墓志铭》记载，他于咸亨元年（670年）任吏部员外郎，刚好是南曹设置的次年。他于仪凤二年（677年）拜吏部郎中，仪凤三年（678年）卒。③ 虽然没有发现张仁祎任判南曹的直接材料，但在南曹草创时任南曹的主管官员吏部员外郎七年，他对南曹设置和制度建设所作出的贡献是不能磨灭的。

南曹的设置情况，《唐会要》卷58《尚书省诸司中·吏部员外郎》条、《册府元龟》卷629《铨选部·总序》、《大唐六典》卷2《尚书吏部·吏部员外郎》条、《通典》卷23《职官五·吏部员外郎》条、《资治通鉴》卷215《天宝四载》胡注均有记载。其中以《唐会要》和《册府元龟》的记载较为详尽，兹录如下：

> 吏部员外郎，判废置一员，判南曹一员。南曹起于总章二年，司列少常伯李敬元（避玄宗讳改）奏置。未置以前，铨中自勘责。故事，两转厅，至建中元年（780年）侍郎邵说奏，各挟阙替。南曹郎王铟以后，遂不转厅。贞元十一年（795年）润八月一日，侍郎杜黄裳奏当司郎官判南曹废置，请准旧例转厅。敕旨依奏。初，武太后延载元年（649年）加一员，

① ［宋］王溥：《唐会要》卷58《尚书省诸司中·吏部员外郎》，上海古籍出版社1991年版，第1180页。

② ［后晋］刘昫等：《旧唐书》卷81《李敬玄传》，中华书局1975年版，第2754页。

③ 周绍良：《唐代墓志汇编》仪凤〇二九，上海古籍出版社1992年版，第644页。

以周质为之。圣历二年（699 年）八月省。开元十二年（724 年）四月十六日，敕兵、吏部各专定两人判南曹，以陈希烈、席豫为之。寻却一人判。贞元元年（785 年）九月十六日，又以两人判南曹，以库部员外郎崔锐、比部员外郎刘执经（权判），事毕日停。至十二年（796 年）润八月二日，又却以一员判也。①

其小铨，郎中、员外主之，谓之南曹。载初元年（689 年）加置，圣历三年（700 年）省。开元三年（715 年），兵、吏部各专定人判南曹。寻又一人专判。贞元元年（785 年），又以二人同判，十二年（796 年），又一人判。自唐至五代，正官或缺，并以他官权领。②

梳理上述两条材料传达的信息，大致有以下几层意思：

其一是南曹的设置时间，《会要》作于总章二年（669 年），《元龟》作于载初元年（689 年），相差 20 年。笔者以为，当从《会要》。因为据《大唐六典》《通典》《资治通鉴》所载，都与《会要》相同。至于《册府元龟》"载初元年加置，圣历三年省"的说法，可能是"载初元年加置判南曹一人，圣历三年省"之误，此处漏去或略去"判南曹一人"五字。因为原来没有南曹，不能称"加置"。另外，就现有材料看，南曹自总章二年设立后，就没有废置过，而判南曹官确是时多时少，时置时省。因此，"加置"的只能是判南曹官，而非南曹本身。

其二是南曹的主管官员和隶属关系。以开元十二年（724 年）为断限，在此之前南曹是吏部所属机构，一般由吏部委派员外郎二人中的一人主持南曹的工作。在此之后，是由兵部、吏部各委派员外郎二人或一人主持南曹的工作。至于判南曹官时多时少的原因，可能与南曹审查选人报名材料的任务时轻时重有关，一旦南曹审查任务加重，就多派员外郎去协助工作，而且不限兵部和吏部。尚书省诸司的员外郎都有可能出任判南曹，协助吏部、兵部员外郎工作。这也说明南曹在开元十二年之后，不是简单的吏部下属机构，而是直接隶属于

① ［宋］王溥：《唐会要》卷 58《尚书省诸司中·吏部员外郎》，上海古籍出版社 1991 年版，第 1180 页。

② ［宋］杨亿、王钦若：《册府元龟》卷 629《铨选部·条制一》，中华书局 1982 年版，第 7540 页。

尚书省的新增官署。

其三是南曹的工作程序。唐制，吏部和兵部分别分三铨选人，每铨都有相对独立的选厅。如果判南曹长官分别去三铨审查选人的人事档案，称为"转厅"，如果三铨的选人都来南曹审查材料，则称为"不转厅"。

其四是上述两条材料叙述南曹沿革的时间，都截止于贞元十二年（796年），此后的情况，则没有涉及。可以预见，贞元十二年以后，南曹的发展情况可能出现一些变化。

第三阶段自玄宗开元至德宗贞元，为南曹的发展阶段。南曹设置以后，地位日渐重要，功能和作用也在不断强化。玄宗开元时，是南曹发展的重要时期。其中有两件事显得尤其关键：一件是自开元十二年（724年），始定兵部、吏部分别委派员外郎判南曹，自此，文武选人的人事档案——甲历文书都由南曹管理，文武选人在铨选考试之前的资格审查都由南曹负责。《新唐书》卷45《选举志下》："玄宗即位，励精为治，……而兵、吏部各以员外郎一人判南曹，由是铨司之任轻矣。"① 这一变化，实际上是南曹分割了尚书、侍郎的部分选人权。另一件事是选人的文书甲历也有了统一的馆库收藏。在开元二十四年（736年）之前，贡举考试由吏部考功司管理，具体由考功员外郎负责。考场就设在考功贡院。开元二十四年之后，贡举由吏部移入礼部，由礼部侍郎主管，考功贡院便闲置起来。"（开元）二十八年（740年）八月，以考功贡院地置吏部南院，以置选人文书，或谓之选院。其选院本铨之内，自是移出之。"② 自此，三铨的甲历文书，都移至选院统一管理。至于选院与南曹的关系，《大唐六典》卷2《尚书吏部·吏部员外郎》条说："员外郎一人，掌选院，谓之南曹。"③ 宋人钱易也说："唐制，员外郎一人判南曹。在曹选街之南，故曰'南曹'"④。这说明，选院和南曹是一体的，南曹是集选人的人事档案收藏、管理和使用为一体的多功能官署。

第四阶段德宗贞元以后至五代，为南曹的规范化阶段。所谓规范化，有两

---

① ［宋］欧阳修、宋祁：《新唐书》卷45《选举志下》，中华书局1975年版，第1177页。
② ［宋］王溥：《唐会要》卷74《选部上·吏曹条制》，上海古籍出版社1991年版，第1598页。
③ ［唐］李林甫等：《大唐六典》卷2《尚书吏部·吏部员外郎》，三秦出版社1991年版，第38页。
④ ［宋］钱易：《南部新书》，中华书局2002年版，第37页。

层含义：一是南曹开始锁宿磨勘。锁宿磨勘又称锁曹磨勘，即南曹官员住宿在曹内，锁闭曹门，不与外人接触，专门审查选人的报名材料是否符合应试资格。关于南曹锁宿磨勘始于何时，史无明文，但至迟在德宗贞元十二年（796 年）已有此制。贞元十二年四月，御史中丞王颜弹奏吏部、兵部、礼部侍郎、郎中、员外郎等参与铨选的官员 12 人，自十一月一日至次年三月三十日，以在选限之内为由五月不与朝参。王颜认为，这些人在将近半年的时间内不参与朝参有违敕格。德宗下诏说"自今以后，吏部、兵部尚书、侍郎除试人铨注唱官并礼部侍郎，（吏部）、兵部南曹官试人及入宿日，其余朝参等官，并准式"①。此制在执行中虽有反复，但至元和元年（806 年）三月经御史中丞武元衡奏请"永为常式"②。德宗的诏书规定，上述参与铨选考试的官员，只有在"入宿"审查材料时或考试铨注选人时才可以不朝参。至于南曹官锁宿磨勘多长时间，五代时规定较为明确。据《五代会要》卷 22《吏曹裁制》载后周显德五年（958）闰七月吏部南曹状申所行事件："新起请十（一）月一日锁曹磨勘"③，"南曹十一月末开宿"④，锁宿时间大约一个月。锁宿磨勘的条件之一是南曹必须收藏相对完整齐全的选人人事档案，判南曹官不必"转厅"去铨司或其他甲库索取档案。自开元二十八年辟考功贡院为吏部南院（选院）以置选人文书以来，这一条件已经具备。

二是南曹启用了专门印章，使选人的资格审查更加规范化。文宗"开成二年（837 年）六月，吏部南曹奏，长定选格，加置南曹郎一人，别制印一面。敕旨依奏"⑤。南曹印"以'新置南曹之印'为文"⑥。南曹印章用途十分广泛，官员和选人的告身、选人的春关牒等人事档案材料都要加盖南曹印章，南曹审查合格的选人称为"判成"，判成的名单要加盖南曹印章张榜公布，并申报给铨司和中书门下。加盖印章是为了防止选人在告身上造假和在为官资历上作弊。五代后唐长兴元年（930 年）三月，明宗诏书说："其判成诸色选人，黄甲下

---

① ［宋］王溥：《唐会要》卷 24《朔望朝参》，上海古籍出版社 1991 年版，第 544 页。
② ［宋］王溥：《唐会要》卷 24《朔望朝参》，上海古籍出版社 1991 年版，第 545 页。
③ ［宋］王溥：《五代会要》卷 22《吏曹裁制》，中华书局 1998 年版，第 351 页。
④ ［宋］王溥：《五代会要》卷 22《选限》，中华书局 1998 年版，第 347 页。
⑤ ［宋］王溥：《唐会要》卷 75《选部上·吏曹条制》，上海古籍出版社 1991 年版，第 1602 页。
⑥ ［后晋］刘昫等：《旧唐书》卷 17《文宗下》，中华书局 1975 年版，第 570 页。

后，将历任文书、告身连粘，宜令吏部南曹逐缝使印，都于后面粘纸，具前后历任文书，都记多少纸数，兼具年月，给付本人。……公然折破印缝，不论与人不与人，将来求事，并令焚毁，其人当行极典。"①

第五阶段北宋前期，为南曹的嬗变阶段。宋代虽然沿置南曹，但性质发生了一定变化。宋代科举及第举子不再通过吏部铨选考试而直接授官，南曹进行例行磨勘作为官员迁转的依据。因此不在本文讨论范围。至北宋熙宁五年（1072 年）南曹并入流内铨。

（2）南曹的供职人员

南曹的供职人员主要有两类，主管官员和一般工作人员。主管官员称为判南曹，主要由吏部员外郎和兵部员外郎担任。也有尚书省诸司员外郎判南曹的情况。"自唐至五代，正官或缺，并以他官兼领。"② 正官（吏部员外郎、兵部员外郎）不缺，如南曹审查文书档案工作繁忙，也有他官（诸司员外郎）兼领的情况。诸司员外郎，从六品上，唐代为常参官，也是六品以下清官，处于国家行政体系的核心，地居清望，实为文官美职。笔者检索唐代文献，得部分唐代判南曹任职情况，列表如下：

唐代尚书省判南曹官的任职情况表

姓名	时间	职务	本官	材料来源
周质	延载元年	判南曹	未详	《唐会要》卷 58《尚书省诸司中》
陈希烈	开元十二年	判南曹	吏部员外郎	《唐会要》卷 58《尚书省诸司中》
席豫	开元十二年	判南曹	吏部员外郎	同上
刘同升	开元十二年	判南曹	兵部员外郎	《册府元龟》卷 630《铨选部·条制二》
原复	开元十二年	判南曹	兵部员外郎	同上
颜真卿	天宝十年	判南曹	兵部员外郎	《旧唐书》卷 128《颜真卿传》
裴遵庆	天宝中	判南曹	吏部员外郎	《旧唐书》卷 113《裴遵庆传》
刘滋	天宝中	判南曹	司勋员外郎	《旧唐书》卷 136《刘滋传》
李栖筠	乾元—大历	判南曹	吏部员外郎	《新唐书》卷 146《李栖筠传》

① ［宋］王溥：《五代会要》卷 22《杂处置》，中华书局 1998 年版，第 353 页。

② ［宋］杨亿、王钦若：《册府元龟》卷 629《铨选部·总序》，中华书局 1982 年版，第 7540 页。

续表

姓名	时间	职务	本官	材料来源
韩滉	大历中	判南曹	吏部员外郎	《旧唐书》卷 129《韩滉传》
令狐峘	大历中	判南曹	刑部员外郎	《新唐书》卷 115《令狐德棻传》
崔锐	贞元元年	判南曹	库部员外郎	《唐会要》卷 58《尚书省诸司中》
刘执经	贞元元年	判南曹	比部员外郎	同上
皇甫镈	贞元中	判南曹	吏部员外郎	《旧唐书》卷 135《皇甫镈传》
杨於陵	贞元八年	判南曹	吏部员外郎	《旧唐书》卷 164《杨於陵传》
杨虞卿	长庆八年	判南曹	吏部员外郎	《旧唐书》卷 176《杨虞卿传》
李回	大和中	判南曹	吏部员外郎	《旧唐书》卷 173《李回传》
刘崇望	乾符中	判南曹	吏部员外郎	《旧唐书》卷 179《刘崇望传》

从上表所列判南曹官任职情况，可以看出以下几点：

第一，从任职时间上看，检索到的判南曹官大多在开元十二年（724 年）以后，在此之前仅有周质一例，而且本官不详。这说明在开元十二年以前，南曹地位并不稳固，具有很强的临时性，其曹务由吏部员外郎二人中的一人负责，判南曹作为官名还未被广泛认同。

第二，从判南曹的任官性质来看，它还不是正式官员，只是临时差遣。唐代称临时掌管某官的职事或主持某部门的工作称为知某官、某部门事或判某官、某部门事。比如临时主持吏部铨选考试称知选事，主持礼部贡举考试称知贡举，主持户部财政收支称判度支，主持中书省文书撰制称知制诰等。①

第三，从判南曹的本官来看，吏部员外郎、司勋员外郎属于吏部；兵部员外郎、库部员外郎属于兵部；刑部员外郎和比部员外郎属于刑部。唐宋文献中经常出现的"吏部南曹"只是个习惯性的说法，因为南曹的办公地设在吏部，实质上，它是挂靠在吏部的尚书省直属机构。

南曹的一般工作人员主要是南曹令史。南曹令史定员 15 人。文宗时，曾对吏部三铨令史和南曹令史进行裁员。太和四年（830 年）"七月，吏部奏：'三铨正令史，每铨置七人。今请依太和元年（827 年）流外铨起请，置五人，减

---

① 张东光：《唐代任官形式中的知判问题》，载《郑州大学学报》（哲学社会科学版），2007 年第 2 期，第 86—90 页。

下二人。南曹令史一十五人，今请依太和元年流外铨起请节文减下三人。'奉敕宜依"①。准此可知，太和四年以前，南曹令史定员 15 人，以后定员 12 人。

南曹的一般工作人员除令史之外，还应该有主事、书令史、掌固等。《大唐六典》概述吏部诸司的人员设置如下：

吏部司，主事 4 人，令史 30 人，书令史 60 人，亭长 8 人，掌固 13 人；司封司，主事 2 人，令史 4 人，书令史 9 人，掌固 4 人；司勋司，主事 4 人，令史 33 人，书令史 67 人，掌固 4 人；考功司，主事 3 人，令史 15 人，书令史 30 人，掌固 4 人。②

如按照"每十令史置一主事，不满十者亦置一人"③ 的原则，南曹应有主事 2—3 人。按照书令史是令史二倍即一令史二书令史的原则，南曹书令史应有 24—30 人；掌固当在 2—4 人之间。

唐制，三省主事从九品上，令史、书令史、掌固均为流外，胥吏身份。令史为流外勋品，书令史为流外二品，掌固为流外三品。令史"自魏晋以来，用人常轻。……皇朝因之，诸台（省并曰令史）。……并分抄行署文书。……国初限八考以上入流。……并入流为职事"④。

南曹令史的出身在唐代后期可能发生了变化。德宗（建中）"二年（781年）七月，关播为给事中。旧例诸司甲库皆是省吏掌知，为弊颇久，播始定议，并以士人为之。至今称当"⑤。这一改革把甲库令史的任职资格由胥吏提高到有贡举出身的士人，对改善档案管理人员的素质有重要意义。唐代尚书、中书、门下三省的档案管理人员称为甲库令史，南曹令史与三省甲库令史在性质上是一样的，所以，这一改革也应该包括南曹令史在内。

---

① 〔宋〕杨亿、王钦若：《册府元龟》卷 631《铨选部·条制三》，中华书局 1982 年版，第 7568—7569 页。

② 〔唐〕李林甫等：《大唐六典》卷 2《尚书吏部》，三秦出版社 1991 年版，第 23 页。

③ 〔唐〕李林甫等：《大唐六典》卷 1《三师三公尚书都省》，三秦出版社 1991 年版，第 21 页。

④ 〔唐〕李林甫等：《大唐六典》卷 1《三师三公尚书都省》，三秦出版社 1991 年版，第 21 页。

⑤ 〔宋〕杨亿、王钦若：《册府元龟》卷 630《铨选部·条制二》，中华书局 1982 年版，第 7556 页。

四、南曹审查的主要文书

唐代是我国封建社会的鼎盛时期，各项典章制度都趋于完备。诚如元人柳赟《唐律疏议序》所说"盖姬周而下，文物仪章，莫备于唐"①。特别是唐代科举和铨选考试的制度化客观上要求人事档案文书更加完备和规范。因为中央级考试特别是铨选考试要在考试之前对考生进行资格审查，而审查的主要方法就是把考生报名时所持的各类证明身份的文书和保存在中央政府甲库中的人事档案材料对照勘核，以保证考生的质量。五代铨选基本沿袭唐制，但结合战乱频仍、文书失坠的时代特征也有所损益。据笔者初步考察，唐、五代时选人文书主要有解状、考状、保状、春关牒、告身、历子等。尽管这些文书档案种类繁多，内容不同，作用各异，授予对象也不尽相同，但都与铨选考试发生联系。

（1）解状。解状是唐代政府部门出具的有关铨选考试的考生——选人个人信息的文件。由州司上报给中央政府的考生文解作为甲历保存备查，发给考生个人的作为应试时的准考报名材料。其作用是考试之前进行资格审查时把报名材料和档案材料以及个人体貌特征加以对照勘核，以保证考生符合应试要求。参加吏部（含兵部）铨选考试的选人要到所属官司或地方州县去"投状"报名，由官司和州府把相关报名信息形成文状申报尚书省。唐制，每年"五月颁格于州县，示人科限而集之。初，皆投状于本郡或故任所，述罢免之由，而上尚书省，限十月至省"②。选人解状的内容，有选人的姓名、籍贯、家庭出身、家庭主要成员及社会关系、本人体貌特征等项。比如选人体貌特征记录的内容依宋人钱易所说："吏部常式，举选人家状，须云：'中形，黄白色，少有髭。'或武选人家状，须云：'长形，紫黑，多有髭。'"③ 解状还要陈述参加考试的理由，如出身人则说明符合哪种参选条件，前资官要说明何时因何故停替或罢免等等。州司上报的选人文解，都作为甲历保存在吏部甲历库，武选人文解则保存在兵部甲历库。同时还要复制若干副本，保存在中书省、门下省甲历库中。上述三库甲历有互检功能。开元二十八年（740 年）之后，选人文解等甲历还

①　[唐] 长孙无忌等：《唐律疏议》附录《唐律疏议序》，中华书局 1983 年版，第663 页。
②　[唐] 杜佑：《通典》卷15《选举三》，岳麓书社 1995 年版，第185 页。
③　[宋] 钱易：《南部新书》，中华书局 2002 年版，第24 页。

保存在南曹。在开元二十四年（736 年）之前，贡举考试由吏部考功司管理，具体由考功员外郎负责。考场就设在考功贡院。开元二十四年之后，贡举由吏部移入礼部，由礼部侍郎主管，考功贡院便闲置起来。"（开元）二十八年八月，以考功贡院地置吏部南院，以置选人文书，或谓之选院。其选院本铨之内，自是移出之。"① 南院、选院就是南曹。②

唐代选人解状主要用于每年冬集时对参加铨选考试的选人进行资格审查。所谓资格审查就是把选人报名时州司发给的解状与州司上报给尚书省的、保存在诸司甲历库中的选人文解的内容互相勘核对照，把本人的体貌特征与文解中所记特征勘核对照，以防有罪犯子弟、工商业者子弟、冒名顶替和各种资历造假的和其他不符合条件的人员参选，以保证铨选考试的质量。南曹审查合格者称"留"或"收"，不合格者称"放"或"驳放"。审查后经铨司考试并注拟官职。主持资格审查的官员主要是主持南曹工作的吏部员外郎和兵部员外郎。吏部"员外郎一人掌判选院，谓之南曹。其曹在选曹之南，故谓之南曹。每岁选人有解状、簿书、资历、考课，必由之核其实，乃上三铨，其三铨进甲则署焉"③。

唐后期至五代，由于战乱原因铨选舞弊情况严重，政府命南曹每年修订解状的版式、状样，悬挂在州司和南曹门前，供选人取解时参考。五代后晋开运三年（946 年）四月吏部侍郎王易简奏："伏以选门格敕，条件具存，藩府官僚，该详盖寡。所以凡给文解，莫晓程规。以致选人自赴京都，亲求解样。……伏见礼部贡院，逐年先出板榜，高立于省门，用示举人，俾知状样。臣欲请选人文解，委南曹详订解样，兼备录长定格取解条例，尽下诸州，如礼部贡院板样书写，立在州县门，每遇选人取解之时，各准条件遵行。仍依板样给解。"④ 版样同时也悬挂于选院，供在京选人参照。"选曹每年皆先立板榜，

---

① ［宋］王溥：《唐会要》卷 74《选部上吏·曹条例》，上海古籍出版社 1991 年版，第 1598 页。
② 张东光：《唐代尚书省的人事档案管理机构——南曹》，载《档案学通讯》，档案学通讯 2012 年第 5 期。
③ ［唐］李林甫等：《大唐六典》卷 2《尚书吏部》，三秦出版社 1991 年版，第 38 页。
④ ［宋］杨亿、王钦若：《册府元龟》卷 634《铨选部·条制六》，中华书局 1982 年版，第 7601 页。

悬之南院，选人所通文书，皆依版样，一字有误，即被剥落。"①

（2）考状。考状亦称考牒，是以人为单位按年度记录官员功过行能及考绩等第的文书。考状除了上报尚书省保存在吏部考功甲历库作为人事档案备查之外，也发给官员个人，作为考绩的证明材料。考课范围包括内外文武职事官、流外官、卫官，考课结果作为官员叙阶、升迁、奖惩和依法治罪的依据，同时也是铨选考试进行资格审查的重要材料。

选人每年考课形成的材料称为考功簿书，发给选人个人的就是考状或考牒。当州、当司长官对下属官员进行考核并出具简单考状，考状装订成簿书呈报给吏部考功司，考功郎中判京官考，员外郎判外官考。皇帝任命吏部长官、刑部长官、御史台长官二人为校考使，一人校京官考，一人校外官考。另外还有给事中和中书舍人担任监考使。考校完毕后考状发给所有应考者以为凭信。考状记录考课对象的功过行能、遣负刑犯和考课等第，并显示本人是否守满了待选年限。不够年限也被视为不符合应选资格。

唐代官员的资历是按散官官阶计算的，而官阶进叙的主要依据，就是考课。唐政府于贞观十一年（631 年）就敕令说："散位一切以门荫结品，然后由劳考进叙。凡入仕之后，迁代则以四考为限。四考中，进年劳一阶，每一考上中，进一阶，一考上上，进两阶。"② 流外官入流也要参加铨选考试，"每经三考，听转选；量其才能而进之，不则从旧任"③。流外官中的令史还有一定优待："每府史三考，令史两考得转选，续前劳也"。唐制，令史为流外勋品，唐初，令史"限八考以上入流"④。

五代时由于战乱兵霾，考绩废弛，官员和选人多无考牒，而把考绩等第和考数记录在解由和历子之上。后唐长兴二年（931 年）五月，中书省的奏章中说："据申选人纳到今任文书，多于解由及历子内批书考第。准天成四年（929年）四月二十一日敕，新格已前，即许施行，自新格已后，亦多有解由、历子内批竖考数。本处元本给到考牒，格前特许施行，甚为优假。格后更闻违越，须重条流。今日已前有此色选人，宜且与收竖。"五代天下乱离，国家得才不

---

① ［唐］封演：《封氏闻见记》卷三《铨曹》，四库全书本。

② ［宋］王溥：《唐会要》卷 81《考上》，上海古籍出版社 1991 年版，第 1776 页。

③ ［唐］李林甫等：《大唐六典》卷 2《尚书吏部》，三秦出版社 1991 年版，第 38 页。

④ ［唐］李林甫等：《大唐六典》卷 2《尚书吏部》，三秦出版社 1991 年版，第 21 页。

易，对官员和选人在解由和历子上批书考第现象采取了承认既成事实的态度，并于天成四年颁布铨选新格，要求考牒必须发给本人。即使如此，还是有选人在"解由、历子内批竖考数"，选司还是采取宽容的态度。但也强调，今后再有此种情况，"便同有过停官"①。同时针对考牒等选人文书的混乱局面采取整顿措施。"据申河北诸色官员，纳到告敕文书，例称本处无不校考，只有解由。河东、河北及凤翔已西，不知选格，须明告谕。仍令吏部南曹，各一本解由、考牒、解状式样，遍下逐处。此后并须文书备足，免误选人。如今日后公然更有违越，并准前殿选。"② 政府责成吏部南曹修订解由、考牒、解状等选人文书式样，并向州县颁布，要求而后的铨选考试，必须"文书备足"。

（3）保状。保状是唐代铨选考试的考生证明品行优良、出身清白，符合报考条件的文书，同时也是在考试之前进行资格审查的重要材料。保状有考生自相为保和以现任官员为保两种情况。担保人对被保人的应试资格和任官后的表现要负相关责任。通过铨选考试获得官职的选人在告身上要纪录担保人的姓名和官衔，以示郑重。

唐代参加铨选考试的选人要结款通保，形成保状。《通典》选举三《历代制下·唐制》："以同流者五五为联，以京官五人为保，一人为识，皆列名结款。不得有刑家之子、工贾殊类及假名承伪、隐冒升降之徒。"③ 选人保状实际上分两种，一种是合保，即选人自相为保，也称五五联保，5 人结成一组，互相为保。5 人的组成要以"同流"为原则。所谓"同流"是指出身相同的选人。唐代选人按出身大致可分为四类：贡举出身、门荫出身、流外入流和军功出身。自相为保的目的是要互相保证品行优良和出身清白，符合应选条件。"如同保人知保内有冒名滥进之谋，亦许陈首，若递相盖藏，被别人论告，并当驳放。"④ 另一种是以现任官员为保。即京官 5 人为某一个选人担保。还要京官一人以熟人关系为选人担保。以现任官员为保识人者，据开元四年（716 年）九月十二

---

① ［宋］杨亿、王钦若：《册府元龟》卷633《铨选部·条制五》，中华书局1982年版，第7589页。

② ［宋］杨亿、王钦若：《册府元龟》卷633《铨选部·条制五》，中华书局1982年版，第7589—7590页。

③ ［唐］杜佑：《通典》卷15《选举三》，岳麓书社1995年版，第185页。

④ ［宋］杨亿、王钦若：《册府元龟》卷632《铨选部·条制四》，中华书局1982年版，第7579页。

日敕："诸色选人纳纸保后五日内，其保识官各于当司具名品，并所在人州贯头衔，都为一牒，送选司。"① 如被保人任官有负犯，保识官也要承担责任。

唐代后期，李回任宰相时，为其故人王氏之子担保，由于没有保状而把自己的名字和官衔写在王氏子的告身上。② 王氏子在保状缺失的情况下，只由保识官在告身上签字的办法在五代时形成定制。在战乱动荡的背景下，文书档案很难齐备。"自天下离乱，将五十载，无人不遇兵革，无处不遭焚烧，性命脱免者尚或甚稀，文书保全者固应极少。"③ 铨试时常规性程序能省则省，只好由保识官在告身上签署名衔。长兴元年（930 年）五月敕文说："应除州县官，引见磨勘须召命官三员为保，然后奏拟，仍于告身之内书保官名衔。据本官所通三代并出身、无出身、历任告赤、诸任考数，若是本朝及伪朝所授者，祗于将来新告身内一一收竖。"④ 这段材料虽然很短，但传达的信息非常丰富。第一，保识官名额由唐代的 5 人减至 3 人，带有明显的资格审查从简的精神。第二，没有要求必须形成保状，只要保识官在告身上签署姓名、官衔就可以了。第三，包括三代名讳、本人出身等解状和春关牒上的内容和历任告敕上的内容、考牒上的内容都收录在新告身上。这种简化人事档案的办法带有明显的预防文书档案失坠的目的。但是，这样做的结果造成假名冒进等铨选舞弊情况愈发严重，同时也催生了后周时期选人文书审查制度的改革。

五代后周显德五年（958 年）闰七月吏部流内铨状申现行条件公事，南曹锁宿后"先榜示选人，预纳家状，其合保文状，使识官司使印，限开曹后两日内，赴铨送纳，须得齐足。如限内不纳到家状、保状、试纸人，便具姓名落下，不在续纳之限"⑤。保状与家状和试判纸都是引验阶段不可或缺的文件，如缺其中一种，便被落下。

（4）春关牒。春关牒出现在唐代中期以后，是贡举常科及第举子通过吏部关试以后由吏部发给的贡举常科及第证明。其作用是凭此证明可以参加吏部铨

① ［宋］王溥：《唐会要》卷 75《选部下·杂处置》，上海古籍出版社 1991 年版，第 1611 页。
② ［宋］王谠：《唐语林》，中华书局 1997 年版，第 342 页。
③ ［宋］杨亿、王钦若：《册府元龟》卷 632《铨选部·条制四》，中华书局 1982 年版，第 7580 页。
④ ［宋］王溥：《五代会要》卷 21《选事下》，中华书局 1998 年版，第 338—339 页。
⑤ ［宋］王溥：《五代会要》卷 21《选限》，中华书局 1998 年版，第 347—348 页。

选考试，释褐为官。自唐后期至五代，春关牒是吏部铨选考试资格审查的重要材料之一。明人胡震亨《唐音癸签》诂笺三《进士故实》条说："关试，吏部试也。进士放榜敕下后，礼部始关吏部，吏部试判两节，谓之关试，始属吏部焉。"① 通过关试授予春关始于何时，史无明文。但据宋人钱易《南部新书》卷乙："韦贯之及第年，建议曰：'今岁有司放榜，春关以前，请以新及第为名'。至今不改。"② 韦贯之进士及第之年，是在德宗建中四年（783 年）。可见，春关牒的出现不会晚于建中四年。

春关牒的内容大致包括三个部分：一是及第举子个人信息，二是常科考试的信息和主考礼部侍郎或他官知贡举签署并加盖贡院印信的信息，三是关试主考判南曹的吏部员外郎签署并加盖南曹印章的信息。举子个人信息主要来自其报考时的解状中。州司解送的报名材料就是解状。举子解状的内容包括"乡贯及三代名讳"、本人体貌特征、州县乡贡考试合格的学历证明和乡贡考试的试卷等。礼部把贡举及第人移交给吏部要形成新的人事档案形式——春关状。春关状内容包括及第人姓名、籍贯、年龄、三代名讳等解状上已有信息，还要有及第年月、科名、等地、名次、知贡举人姓名、职务等新增信息。知贡举人签名并加盖贡院印信。礼部知贡举是春关牒生成的第一责任人。五代后唐明宗天成四年（929 年），"中书舍人知贡举刘詹进纳春关状，内漏失五经四人姓名，罚一月俸"③。这位马虎的知贡举在向吏部移交材料时竟然漏掉了四个及第举子的相关信息。知贡举移交给吏部的所谓春关状只是个大名单，经南曹关试后，再由南曹令史、书令史修写春关牒。所谓修写只是把大名单上每个举子信息单独抄写一份，再写上试判两道的判题，由主考判南曹的吏部员外郎签署并加盖南曹印章，发给举子，就是春关牒。

春关牒的作用，主要是作为举子们贡举及第的证明，凭此证明可以参加吏部铨选考试。李肇《国史补》卷下："籍而入选，谓之春关。"④ 意思是凭此文书可以登记报名参加铨选考试。五代时由于战乱原因导致春关牒等人事档案丢

---

① ［明］胡震亨：《唐音癸签》，中华书局 1959 年版，第 162 页。

② ［宋］钱易：《南部新书》卷乙，中华书局 2002 年版，第 18 页。

③ ［宋］杨亿、王钦若：《册府元龟》卷 651《贡举部·谬滥》，中华书局 1982 年版，第 7803 页。

④ ［唐］李肇：《唐国史补》卷下，上海古籍出版社 1979 年版，第 55—56 页。

失，影响铨选考试的资格审查。政府一般会采取一定的办法补救。一种办法是找人担保，补发春关牒。后唐天成三年（928年）"十二月戊午，礼部贡院以诸色及第人失坠出身，请同年一人充保，次年二人充保，即重给春关"①。另一种办法是负责资格审查的官员多做一些核实工作。后唐长兴二年（931年）四月敕文说："举选人众，例是艰辛，曾因兵火之余，多无敕甲。不有特开之路，皆为永弃之人。其失坠春关冬集者，宜令所司取本人状，当及第之时，何人知举，同年及第人数几何。如实，即更勘本贯得同举否。"② 如核实无误，即准参加冬集。看来，五代时官方对春关牒等人事档案的态度还是从实际出发的。

（5）告身。告身是为官的凭证，在唐代是授予范围最为广泛、授予对象最为复杂的选人文书。下自出身之人上至公卿皆给告身。铨选考试报名时，告身是符合报名条件的重要证明材料，经铨司注拟为官后还要发给新的告身，作为履任新职的凭证。唐代有出身的选人和三铨注拟的官员都给告身。"各给以符，而印其上，谓之告身。其文曰：'尚书吏部告身之印。'自出身之人至于公卿，皆给之。武官则受于兵部，兵部武选亦然。"③ 告身是为官的凭信，出身人虽无职事官，但及第举子经吏部南曹关试发给春关牒后获得散官，各色门荫出身者经礼部相关审查后也授散官，散官和符合条件的流外入流者也给告身。门荫出身的选人告身由礼部授给，流外选人告身由吏部流外铨授给。执事官告身又有册授、制授、敕授、旨授、奏授之别，情形十分复杂。但学术界对告身研究相对较多，兹不赘述。

铨试合格的选人要按"同流"者进行"团奏"，经皇帝御览批准后形成"团甲"。所谓"同流"者即把铨试合格的选人按贡举出身、门荫出身、流外入流或军功出身分类，同类选人形成"团甲"。"团甲"要保存在中央政府诸司甲历库作为人事档案备查，由书令史修写告身后发给本人。修写材料按官员的不同性质和级别有不同要求，还要进行一定的装裱。其朱、胶、纸、轴等费用要受官者自出，五代时常常有贫寒选人无法获得告身。据《新五代史·刘岳传》

---

① ［宋］杨亿、王钦若：《册府元龟》卷641《贡举部·条制三》，中华书局1982年版，第7692页。

② ［宋］杨亿、王钦若：《册府元龟》卷633《铨选部·条制五》，中华书局1982年版，第7589页。

③ ［唐］杜佑：《通典》卷15《选举三》，岳麓书社1995年版，第185页。

载，"故事，吏部文武官告身，皆输朱、胶、纸、轴钱然后给。其品高者则赐之。贫者不能输钱，往往但得敕牒而无告身"①。

五代时因兵霾战乱选人失坠告身情况比较普遍，选司只好勘验甲库中的敕甲和和同敕甲人的告身，然后重新补发。后唐天成三年（928 年）正月吏部上奏："伏请重给告身。令先与简敕甲，如无敕甲可简，即仰取同敕甲人告身勘验同，即与出给。"② 因为告身是吏部南曹对选人进行资格审查的最重要文书，也是造假情形最多的文书。如上文保状部分所言，告身上还要书写保识人姓名和官衔，有的甚至把解状、春关牒、考牒上的相关信息都写在告身上。后唐明宗长兴元年（930 年）七月吏部南曹奏："磨勘南郊行事官前守濮州范县主簿李范，是同光三年不纳告身人数，准式终身不齿。今又冒名于四方馆行事。前河南府长水县主簿赵知远，使兄为父荫行事者。"明宗闻奏下敕旨说："赵知远以兄为父，未之前闻。"③ 告身造假的处分也最为严格，甚至"终身不齿"。

（6）历子。唐代后期至五代，由于战乱的原因造成参加铨选考试的考生——选人文书丢失现象十分严重，所以又出现了一些新的文书档案形式作为补充。主要有解由、历子等，而以历子最为重要。历子是唐代后期至五代通过铨选考试获得官职的人员由吏部发给的赴任证明，类似于现代的派遣证。主要记录履任时间、履任期间的治绩、卸任后由上级签署的意见等信息，作为参加下一届铨选考试的资格证明。

历子最早出现在唐开元时的南选中。开元八年（720 年）九月敕："应南选人，岭南每府同一解。岭北州及黔府管内州，每州同一解。各令所管勘责出身、由历、选数、考课、优劳等级，作簿书，先申省。省司勘应选人曹名、考第一事以上，明造历子。选使与本司对勘定讫，便结阶定品，署印牒付选使。"④ 南选是唐代铨选考试的特殊形式，选人不必亲赴京城，经南曹审查、铨司试判注拟，一切程序都由地方政府、铨司和补选使完成。地方政府负责出具、审核、

---

① ［宋］欧阳修：《新五代史》《刘岳传》，中华书局 1974 年版，第 631—632 页。
② ［宋］杨亿、王钦若：《册府元龟》卷 632《铨选部·条制四》，中华书局 1982 年版，第 7582 页。
③ ［宋］杨亿、王钦若：《册府元龟》卷 633《铨选部·条制五》，中华书局 1982 年版，第 7587 页。
④ ［宋］王溥：《唐会要》卷 75《选部下·南选》，上海古籍出版社 1991 年版，第 1621 页。

申报选人文书，补选使和铨司负责注拟官职，生成告身和历子，由补选使把告身和历子带到岭南及黔府诸州，分付得官选人。历子用作记录履任时间、履任期间治绩，并由地方长吏批署意见，以备考课之用。五代时由于考绩废弛，多无考牒，地方长吏只好把考牒上的信息如考等、考数等批书在历子上。后唐长兴二年五月制定的规则是："此后选人如有解由及批得历子分明无考牒者，殿一选；有（批）得历子无解由、考牒殿两选；如只有解由、考牒不批得历子殿三选。如无三件文书便同有过停官。"① 看来，在铨司审查的选人诸项文书中，历子最为重要，特别是经选人所在州司长官审批、签署过的历子。因为历子在一定程度上兼具考牒和解由的功能。

第五节　考试内容及教材建设

一、唐代各类考试的考试内容

唐代的考试内容，在上文科目设置专题中已有所涉及。概要言之，包括经学（分儒学、道学两种）、史学、书学、算学、医学等基础学科知识和诗赋、文章等应用文辞知识。毋庸讳言，经学知识特别是儒家经典，是考试内容的核心和主干部分。

汉代以来的经学，是对儒家经典的经文训释和思想阐发的综合之学。其内容包含极其丰富的历史、哲学、伦理学、语言文字学、历史文献学和考据学的知识，甚至也涉及了一定的自然科学知识。把这些知识作为考试内容，用来检测考生的知识和智能，作为甄别人才优劣的工具和手段，应该是在当时条件下所能作出的最为可行的选择。何况这些知识在相当程度上只是作为手段和材料来论证儒家倡导的"人伦大义"的。而这种"人伦大义"也正是官方有意要灌输给考生的。

汉代以来的"六经"除《乐经》失传外，到唐代还有"五经"，即《诗经》

① ［宋］杨亿、王钦若：《册府元龟》卷633《铨选部·条制五》，中华书局1982年版，第7589页。

《尚书》《仪礼》《易经》《春秋》，再加上《春秋公羊传》《春秋谷梁传》《周礼》和《礼记》，一共是"九经"。这"九经"大部分是孔子手订的，或是贯彻了孔子的伦理精神。"九经"所要解决的问题是如何处理好社会成员中个体与群体的关系，以及个体之间的关系，以使社会和谐安定。其中最突出的特点就是伦理本位精神。

1. 《诗经》

《诗经》是西周以来的诗歌，本有 3000 多篇，经孔子删定后只留 305 篇，统称 300 篇。依据乐调的不同，这个诗歌选集又分为"风""雅""颂"三类。而贯穿《诗经》的核心思想是合乎"礼"的伦理道德精神——"思无邪"。孔子说："《诗》三百，一言以弊之，曰思无邪。"① 在孔子看来，学习《诗经》具有十分重要的作用。"《诗》可以兴，可以观，可以群，可以怨，迩之事父，远之事君"②。就是说，学习《诗经》并不只是为了抒发个人情感和志向（兴），观察社会，了解人生（观），也可以增强集体意识和合作精神（群）。学习《诗经》还要理论联系实际，即运用到社会实践当中。"诵《诗》三百，授之以政，不达；使于四方，不能专对，虽多，亦奚以为？"③

2. 《尚书》

《尚书》也称《书》，是春秋以前的官方政治历史资料汇编，记载了夏、商、周三代的重要史实。相传有百篇，唐代有 58 篇。学习《尚书》不只是为了丰富历史知识，更重要的在于把握先王是如何以伦理精神来治理国家的。让生员们从中学得治国做人的经验。孔子说："《书》云：'孝乎唯孝，友于兄弟，施于有政'，是亦为政，奚其为政？"④ 显然，学习《尚书》主要是为了学会其中的治国为政和孝悌人伦的道理。

3. 《仪礼》

《仪礼》，又称《礼》，古称《士礼》，与《周礼》《礼记》合称"三礼"，是对先秦，主要是周代贵族的礼仪规范所作的总结。孔子对夏礼、殷礼和周礼都作过认真研究，最后作出"从周"的理性选择。但孔子把"周礼"注入了

---

① 《论语·为政》，见［清］阮元：《十三经注疏》，中华书局 1980 年版，第 2416 页。
② 《论语·阳货》，见［清］阮元：《十三经注疏》，中华书局 1980 年版，第 2525 页。
③ 《论语·子路》，见［清］阮元：《十三经注疏》，中华书局 1980 年版，第 2507 页。
④ 《论语·为政》，见［清］阮元：《十三经注疏》，中华书局 1980 年版，第 2463 页。

"仁"的基本精神，"人而不仁，如礼何?"① 反对礼的表面化和虚伪化。为此，孔子精心选择了"士"必须学习的"礼制"17篇，简称《士礼》。学习《礼》，是要生员领会其中做人的根本，"不学礼，无以立"②。

4. 《周易》

《周易》也称《易》。成书较早，相传伏羲氏作八卦，"文王演《周易》"。孔子晚年研读《易经》，相继撰写了一些传注，统称为《易传》。其中包含许多古圣先贤对自然、社会和人生的卓越见解。士子们学习《易经》，可以提高对客观事物的认识观察能力。

5. 《春秋》

《春秋》，本是鲁国编年史。经孔子笔削后，该书蕴含着浓厚的伦理政治色彩。孔子所采用的笔法是"微言大义"，在字里行间隐藏着"正名分""寓褒贬""明善恶"的良苦用心。把它作为教材，对培养儒家所希望的德治人才，具有十分重要的意义。

6. 《论语》《孝经》

《论语》和《孝经》在唐代还没有被列入儒家经典之列，但这两部书在唐代学校教育和科举考试中的地位，是不容低估的。实际上具有公共的政治伦理和道德修养教材的意义。

以上述儒家伦理本位的教材体系作为科举考试的主要内容，其用意是不言而喻的。唐玄宗的诏令表述为"弘长儒学"，而实际上是为了培养和选拔符合封建统治需要的德治人才。

应该承认，唐代的科举考试内容，因其科目设置和考试方式的多样性，较比其以后历代来说，应该是最为丰富的。但是，在今天看来，自然科学的知识还是太少了。除了算学考试之外，其他考试便没有系统的自然科学知识的一席之地。当然，我们不能苛求古人，包括唐代在内的中国古代社会，是以农业经济为主要生产部门的社会，农业经济本身对知识的需求就是十分有限的。它只要一些经验性的天文历法、数学和农学知识就足够了。从理论上说，一定社会的文化教育，特别是考试内容的选择，如果把发展国力、发展生产、向大自然

---

① 《论语·八佾》，见［清］阮元：《十三经注疏》，中华书局1980年版，第2466页。
② 《论语·季氏》，见［清］阮元：《十三经注疏》，中华书局1980年版，第2522页。

索取物质财富的知识和理论排除在外的话，无论如何也不能说是成功的。但是，如果和具体的历史条件结合起来，这种选择也是可以理解的和能够接受的。因为在唐代发展生产对知识的需求与封建政治对知识的需求相比，简直太微不足道了。

二、唐代的教材建设

任何考试为了保证其可操作性，并在公平、公正的原则下进行，就必须逐步走向标准化、规范化和程式化。科举考试也不例外。它除了需要考试内容、考试方法和考试程序相对稳定，也需要评价标准的相对稳定。因此，教材的稳定、规范和统一，也是考试管理的重要组成部分。

唐代的教材，如果按其内容分，有儒学、史学、道学、法学、书学、算学、医药学七大类；如果按层次分，可以有普通教材和童蒙教材两大类；如果按其作用分，可以有基础教材和辅助教材两大类。以下按儒学、史学、道学、法学、书学、算学、医药学、童蒙教材、辅助教材九类，介绍唐代的教材建设。

（一）儒学教材

1. 汇集儒家经典的研究成果而综合统一的教材——《五经正义》

如上所述，儒学教材是唐代各类学校教材的核心和主干部分，也是唐代教材建设的重点对象。唐朝初年，战乱的因素使经籍亡散，国家没有统一固定的教材。唐太宗贞观二年（628 年），秘书监魏征奏引学者核定全国四部书籍，全国各地也纷纷收书、献书，"数年之间，秘府必（毕）备"①。但是，千年来，儒家经籍注说繁多，释义各异，教师和学生在教学实践中缺乏统一的教材，给教育事业和科举考试的顺利发展造成很大的困难。为了清除思想意识领域里诸家纷争的差异，制定统一的教材是刻不容缓之举。贞观初，唐太宗命颜师古考订五经，纠正文字的讹谬。贞观十年（636 年），太宗又命国子祭酒孔颖达与颜师古、司马璋、王恭、王琰等，汇集儒学各家注释，删繁就简，去伪存真，辨

---

① ［宋］王溥：《唐会要》卷35《经籍》，上海古籍出版社1991年版，第751页。

析义理，纠偏划一，撰成《五经义赞》170卷，诏改为《五经正义》而颁行天下。① 这是我国历史上第一次汇集儒家经典的研究成果而综合统一的教材。但《五经正义》颁行未久，习者尚少，而且在教学过程中《五经正义》仍有许多错讹之处。于是，高宗永徽二年（651年）敕长孙无忌及国子监三馆博士、宏文学士等重新加以审定。"至四年，改毕进上，诏颁天下。令国子监各学、州县经学及天下习儒者共习之。"② 明经科考试，亦以此为衡量标准和依据。唐玄宗时，置丽正书院，集四部书。同时，儒学十二经的教材有了统一的规定。去掉一些注疏，专以《五经正义》作为教学与考试的范本。

2. 儒学经典

据《大唐六典》卷21《国子监》，唐代前期的儒学法定教材为："《周易》，郑玄、王弼注；《尚书》，孔安国注；三礼（《周礼》《仪礼》《礼记》）《毛诗》，郑玄注；《左传》，服虔、杜预注；《公羊》，何休注；《谷梁》，范甯注；《论语》，郑玄、何晏注；《孝经》《老子》并开元御注。"

安史之乱以后，唐代社会发生了重大变化，政治和经济受到极大的冲击和破坏，文献典籍也在相当程度上受到影响。经籍亡散，教无所依，材非一统，经典不正，取舍莫准。代宗大历七年（772年）六月，诏国子监官员刊校经本，由国子司业张参等，辨齐鲁之音，考古文今字，详定五经，书于国子监讲堂的东西厢墙壁上，作为教学、考试的依凭。③ 文宗大和初年，国子祭酒齐暤、司业韦公肃，令国子监内善书法者，将张参等所定五经缮写于坚木上，悬于论堂墙壁，礼部郎中刘禹锡作记。④ 大和七年（833年），宰相兼国子祭酒郑覃奏置五经博士，大和九年（835年），又奏"准后汉故事，勒石于太学，永代作则，以正其阙"⑤。并引起居郎周墀、水部员外郎崔球、监察御史张况宗等，校订九经文字，于开成二年（837年）冬立石经160卷于国子监。加上《论语》《孝

---

① ［宋］杨亿、王钦若：《册府元龟》卷606《学校部·注释二》，中华书局1982年版，第7276页。

② ［宋］杨亿、王钦若：《册府元龟》卷608《学校部·刊校》，中华书局1982年版，第7303页。

③ 见宋大川：《唐代教材研究》，载《河北学刊》，1990年第2期。

④ ［宋］李昉：《文苑英华》卷816《记》20《学校》，《国学新修五经壁本记》，中华书局1982年版，第4308页。

⑤ ［后晋］刘昫等：《旧唐书》卷173《郑覃传》，中华书局1975年版，第4491页。

经》《尔雅》合 12 经。但此时 12 经与《大唐六典》所记相比，有了一些变化。

《周易》9 卷，王弼注，上经下传共 2 卷，韩康伯注，系辞说卦共 2 卷。《尚书》13 卷，孔氏传并序。《毛诗》20 卷，郑玄笺。《周礼》11 卷，郑玄注。《仪礼》17 卷，郑玄注。《礼记》20 卷，郑玄注。《春秋左氏传》30 卷，杜预集解并序。《公羊传》12 卷，何休注。《谷梁传》，范甯集解。《孝经》1 卷，唐玄宗御注。《论语》10 卷，何晏集解。《尔雅》3 卷，郭璞注。《月令》1 卷，李林甫等注。与《大唐六典》所载相比，《周易》去掉郑玄注而加上韩康伯注；习《礼记》者，须加《月令》1 卷；《春秋左氏传》只保留杜预的注疏，《论语》去掉郑玄注，留何晏集解；去掉《老子》，代之以《尔雅》。

（3）教学讲义

唐代中央与地方儒学学校的博士、助教、学士、直学士们，在以《五经正义》作为正式的固定儒学教材的同时，也把教学与研究结合起来，阐发自己的心得和见解。许多人著书立说，对儒学经典进行阐释发挥。据《册府元龟》卷606《学校部·注释》所记，唐代儒师们撰写的教学讲义及研究成果如下：

《周易》：《周易正义》14 卷，孔颖达撰。《周易文句义疏》24 卷，陆德明撰。《周易文外大义》2 卷，陆德明撰。《周易新注本义》14 卷，薛仁贵撰。《周易大衍记》3 卷，唐玄宗御撰。《周易注》10 卷，王玄度撰。《周易开题论序疏》10 卷，梁蕃撰。《周易文句义疏》20 卷，《周易释序义》3 卷，梁蕃撰。

《尚书》：《尚书纠谬》10 卷，王玄感撰。《尚书正义》20 卷，孔颖达撰。《尚书义疏》20 卷，刘燉撰。《尚书注》，王玄度撰①。

《毛诗》：《毛诗正义》30 卷，孔颖达撰。《毛诗纂义》10 卷，许叔牙撰。《毛诗注》，王玄度撰。

《周礼》：《周礼义决》3 卷，王玄度撰。《三礼要记》30 卷，韦叔夏撰。《三礼图》12 卷，张谧撰。

《礼记》：《礼记正义》70 卷，孔颖达撰。《礼记绳衍》，王玄度撰。

《春秋》：《春秋振滞》20 卷，王玄感撰。《三传异同》3 卷，冯伉撰。《春秋三传总例》20 卷，韦表微撰。《春秋正义》30 卷，孔颖达撰。《春秋公羊违义》3 卷，刘晏撰，刘晏注。《左传义疏》60 卷，徐文远撰。

---

① 见宋大川：《唐代教材研究》，载《河北学刊》，1990 年第 2 期。

《孝经》：《孝经注》1卷，玄宗御撰。《孝经疏》3卷，元行冲撰。《孝经注》，王玄感撰。

2. 道学教材

李唐皇帝攀附老子（李耳）为其先祖，故而特别尊崇道学。玄宗二十九年（741年）设置了道学学校崇玄学，中央礼部常科也置明道学，以选拔道学人才。

早在唐初，国子博士陆德明就撰《老子疏》10卷，《庄子疏》15卷。开元时，玄宗御注《老子》，作为科举考试的标准教材。明道科设置后，明确其教材为《道德经》《庄子》《文子》《列子》。天宝元年（742年）五月，中书门下请改《庄子》为《南华经》《文子》为《通玄经》，《列子》为《冲虚经》。同时，又以《庚桑子》为《洞灵真经》，与以上四经共为道学五经。又因《洞灵真经》人间少本，"道士全无习者"，"并《冲虚》《通玄》等二经亦恐文字不定"，其"《洞灵》等三经，望付所司，各写十本，校订讫，付诸道采访使颁行"①。

3. 史学教材

在唐代，"国子学有以文史直者"②，即国子学有专门讲授历史的学官。弘文生、崇文生的考试，有专门测试《史记》、两《汉书》和《三国志》的项目。唐代后期，无论是贡举常科还是吏部科目选，都有专门的史科。史科考试内容为司马迁的《史记》、班固的《前汉书》和范晔的《后汉书》。

《史记》三家注完成于唐代的就有两家，司马贞的《索引》和张守节的《正义》。《汉书》的颜师古注至今仍是《汉书》流传最广的注本。《后汉书》最为流行的李贤注也完成于唐代。此外，还有王玄感的《史记注》与《汉书注》，作为科举考试的标准教材。

4. 法学教材

唐代法学的基本教材是《唐律》。《唐律》修于贞观年间，是我国封建社会最成熟的法典，也是现存最早最完整的法典。《唐律》之所以能保存至今，与科举考试中明法科的设置不无关系。

---

① ［宋］王溥：《唐会要》卷77《贡举下·崇玄生附道举》，上海古籍出版社1991年版，第1660—1661页。

② ［宋］王溥：《唐会要》卷76《贡举中·三传附三史》，上海古籍出版社1991年版，第1655页。

唐代明法科设置之后，考生在策文中阐述律义，各自发挥，没有统一的标准。有鉴于此，唐高宗永徽三年（652 年）下诏"律学未有定疏，每年所举明法，遂无凭准。宜广召解律人条义疏奏闻"①。太尉长孙无忌承担了这个艰巨的任务，聚集一批精通《唐律》的官员精加修订。永徽四年（653 年）十一月，撰成《律疏》30 卷，即流传至今的《唐律疏议》，下诏颁行天下。至此，明法科考试也有了依凭。

律学以律、令为专业，兼习格、式。唐代的律、令、格、式是法制文书的主体，范围极广，几乎涉及社会政治、经济生活的各个方面。据《大唐六典》卷 6《尚书刑部》载，"律以正刑定罪，令以设范立制，格以禁违正邪，式以轨物程事"。律与令的关系是，律具有国家根本大法的性质，令是从诏令中选取长久可行著为定令的。格与式的关系是，格主要是禁人违犯的条例，式是要人遵守的章程。有关律、令、格、式的文献除了《唐律》得以完整保存下来之外，令、格、式多已亡佚。保存在《唐律疏议》《大唐六典》《通典》《唐会要》等文献中的令、格、式已不是完整的原貌。

5. 书学教材

书学教材在《大唐六典》等唐代典籍中规定甚为详明。《说文解字》15 卷，许慎撰；《字林》10 卷，吕忱撰；还有《石林三体书》等为主要教材。另外还有《字统》20 卷，杨承庆撰；《字海》100 卷，大圣天后撰；《文字释训》30 卷，释宝志撰；《括字苑》13 卷，冯翰撰②。

6. 算学教材

数学教材的选择原则是以当代或近代（南北朝）撰注者为主。北周的甄鸾是著名的数学家，对前代的算术有很深的研究，撰述了许多重要的数学著作，并对一些数学著作作过精确详细的注疏。因此，唐代的算学教材多以甄著、甄注为主要选择。唐代数学家、天文学家李淳风也为数学典籍的整理编纂作出过重要贡献。他曾"奉诏与算学博士梁述、助教王真儒等是证《五曹》《孙子》等书，刊定注解，立于学官"③。李淳风等人注解的算学著作编成《算经十书》，作为数学考试的依据。

① ［后晋］刘昫等：《旧唐书》卷 50《刑法志》，中华书局 1975 年版，第 2141 页。
② ［后晋］刘昫等：《旧唐书》卷 46《经籍志》，中华书局 1975 年版，第 1984 页。
③ ［宋］欧阳修、宋祁：《新唐书》卷 204《李淳风传》，中华书局 1975 年版，第 5798 页。

公共教材两种：《数术记遗》1卷，徐岳撰，甄鸾注。《三等数》1卷，董泉撰，甄鸾注。

第一专业的教材八种：《五曹算经》5卷，甄鸾撰，李淳风注。《孙子算经》3卷，甄鸾撰，李淳风注。《九章算术》1卷，徐岳撰①，另说3卷，徐岳撰，甄鸾重述。《海岛算经》1卷，甄鸾撰，李淳风注②。《日本国见在书目》为2卷，祖冲之注。《张丘建算经》，《旧唐书》为1卷，甄鸾撰；《新唐书》为甄鸾注；《直斋书录解题》为2卷，甄鸾注；《文献通考·经籍考》为3卷，甄鸾注，李淳风注释，刘孝孙细草。《夏侯阳算经》3卷，甄鸾注。《周髀算经》1卷，《旧唐书》为1卷，甄鸾注；清人阮元《畴人传》为汉代赵君卿注；《崇文总目》《玉海》《文献通考》均为3卷，赵君卿注，甄鸾重述，李淳风等注释。《五经算术》，《通志》为1卷，甄鸾撰；《玉海》为2卷，甄鸾注，李淳风注释。

第二专业的教材两种：《缀术》5卷，祖冲之撰，李淳风注。《辑古算术》4卷，王孝通撰，李淳风注。

7. 医药学教材

医药学生员是唐代职业技术学校生员中唯一参加科举考试的，故此其教材建设也受到唐政府的重视。其教材大略有《本草》《名堂》《脉诀》《素问》《黄帝内经》《甲乙脉经》等为医学生教材；《黄帝针经》《赤乌神针》等为药学生的教材；《名医别录》《新修本草》（《唐本草》）等为药园生教材。

8. 童蒙教材

蒙学教材是唐代初级教育的教材，并不与科举考试直接发生联系。但是，每个参与举业的生员都有童蒙教育的经历，故其教材对举子们的知识结构和文化素养也有潜移默化的影响。

常见于敦煌遗书的童蒙教材有：《急就章》，史猷撰，颜师古注；《开蒙要训》，马仁寿撰；《千字文》，钟繇撰，李暹注，周兴嗣次韵；《兔园册府》，30卷，杜嗣先撰；《文场秀》，孟宪子撰。另有《蒙求》《六甲》《武王家训》《太公家教》《弁才家教》《秦妇吟》《王焚志诗集》等。

---

① ［后晋］刘昫等：《旧唐书》卷47《经籍志》，中华书局1975年版，第2037—2039页。
② ［宋］王应麟：《玉海》卷44《艺文》，江苏古籍社、上海书店1990年版，第822页。

9. 辅助教材

所谓辅助教材，是指唐代直接为应试编纂的考试资料汇编，后世称这些书为类书。涉猎过古代文化史的人，都知道唐代大规模地编纂过类书，无论从数量上还是质量上，唐代类书都超过以往历代，这实际上与科举考试有直接关系。据《新唐书·艺文志》的著录统计，唐代类书共有49家，56部，8500多卷。主要有：

《文思博要》，1200卷，房玄龄奉诏主编。房玄龄为唐初名相，18岁中（隋开皇）进士。他是按照"贯综坟籍"、培养通才的目标来编纂这部类书的。

《北堂书抄》，160卷，虞世南撰，摘录群书的名言俊句，以供学子采撷辞藻之需。

《艺文类聚》，100卷，欧阳询撰，分48门摘录古籍。事实居前，诗文列后，供学子作文时参考。

《初学记》，30卷，张说主编，徐坚等撰。参与撰写者多为进士出身的官员，为玄宗皇子而作，目的是培养政务通才。

《白氏六帖》，又名《白氏经史事类》，白居易撰。其底稿为白居易年轻时为准备进士科考时自编自用的类书。

上述这些书摘录群书，类似于今天做的摘要卡片。此种应试办法曾被讥讽为"但务钞略"。小型的用于教学的类书被嘲笑为"兔园册"。但这确从另一个侧面反应了科举考试需要广博的知识面。应举之难，由此可见一斑。另外，唐代科举考试导致全社会的尚文之风，各种应用文辞受到普遍重视。因此，南朝梁昭明太子萧统所编的《文选》便成了举子们炙手可热的辅助性教材。唐人李善还为《文选》作注，使之更为规范。

第六节　考试方法与评价标准的宏观调控

一、科举考试多种考试方法的综合运用

唐代科举考试的考试方法，最为机动灵活，可以说是集历代科举考试之大

成。其考试方法的选择，主要是根据不同性质、不同科目和不同应试对象的特点而定。主要有面试，现场操作，帖经，问义（口义、墨义），策问（时务策、方略策、经史策），诗赋，杂文等多种形式。

1. 面试

面试由考官和应试者面对面地进行。此种考试主要不是检验应试者的知识与智能，而是观察其体魄、仪表、口才、气质与神采，看应试者上述方面是否符合某种专项工作或特殊职位的要求。比如吏部选试考试中的所谓"查其身言"，就是观察选人在体魄、仪表和语言上是否符合为官临民的要求。

在常科武举考试中也有试语言，主考与应试者当面交谈，看应试者是否有神采，是否适合统领士卒的将帅岗位。

面试的优点是具有"眼见为实"的长处，考官对应试者一目了然，往往可以获得最直接、最可靠的信息。但是，其缺点也是十分明显的。首先，面试的现场具有不可复制性，没有可供复查的物质对象；其次，面试的客观评价标准与区分度也很难把握。考官个人感情的好恶往往左右考试结果，也不利于舞弊的防范。因此，它只能在特殊的选才科目里，面对特殊的应试对象才能推行，一般性的标准化、规范化的考试，弃用这种方法。

2. 现场操作考试

此种考试具有很强的实践性，把考场与实际生活联系起来。比如吏部选试中的"试判入等"考试和常科武举考试中的骑射、举重等考试。这类考试，难度大，可操作性强，而且考试结果与实际工作岗位联系密切，实用性也很强。其缺点是适应面太窄，有时偶然因素也很起作用，不适合于常规性的标准化和规范化的考试。

3. 帖经

帖经是在唐代科举考试中乃至学校考试中应用最为广泛的考试方法之一。据《通典》卷15《选举三》所记，"帖经者，以所习经掩其两端，中间开唯一行，裁纸为帖，凡帖三字，随时增损，可否不一，或得四、得五、得六者为通"。即任取经书1页，将左右两边遮掩，中间仅露出1行，用纸帖住其中3—5字不等，要求应试者将所帖之字说出或写出，与今填空题颇为类似。是唐代常科贡举考试的重要方法之一。明经、进士、明法、明书、明算各科考试，均考帖经。在明经科考试中，尤为重视。

这种帖经考试方式的产生与应用，与唐代的文化教育政策密切关联。唐代把儒家思想作为封建统治的主要思想工具，实行"重振儒术""弘长儒学"的文教政策。为了避免那些不读儒经、不辨章句的投机分子借助科举考试混入统治集团内部，帖经考试不能不说是一个很好的方式。

帖经考试重在记诵能力。但是，经书毕竟有限，无论是学馆生徒还是乡贡举子，自发蒙教育开始，便诵读经书，至成年应举，至少已苦读 10 年。因此，一般的平帖（帖正文）试题，是很难分出人才优劣的。为了提高帖经考试的区分度，考官们便挖空心思地提高帖经考题的难度。其方法大致有三：一是"经注兼帖"，即不仅帖正文，也帖注文，这就大大增加了记诵内容的分量。二是搜寻孤章绝句，"取年头岁尾，孤经绝句"①。因这些词句难以参互，易相混淆，以此迷惑考生。三是"倒拔"，"甚者或上抵其注，下余一二字，使寻之难知，谓之'倒拔'"②。以此方法"倒拔"出偏、难、怪题，这样就使本来易于应付的帖经考试大大增加了难度。而应试者为了应付帖经考试，便搜索偏僻题目，把经书中孤绝幽隐的句子编成便于记诵的歌诀，称作"帖括"。这样，平时只背诵帖括的只言片语，而对本经的大义反而荒疏了，往往在问义的考试中茫然不知所对。为了改变这种不良学风，玄宗下令，"礼部举人，比来试人，颇非允当，帖经首尾，不出前后，复取者也之乎颇相类之处下帖，为弊已久，须是厘革。礼部起今，每帖前后各出一行，相类之处，并不须帖"③。根据此令，礼部常科中帖经考试开始实行"开三行"，并不在断绝疑似之处帖题，以后遂相沿为例。

事实上，帖经考试只能测试出考生对经书的记诵能力和熟悉程度，对于其认识能力、理解能力、思辨能力和应变能力，帖经考试是无能为力的。因之，它在各科考试中的作用不尽相同。明经等科相对重视帖经考试，而在进士科考试中，从来也没有成为决定最后取舍的关键考试。

4. 问义

问义，是对经义的阐述回答，类似于现在的问答题。应试者根据题目要求，

---

① ［后晋］刘昫等：《旧唐书》卷 185《杨瑒传》，中华书局 1975 年版，第 4820 页。

② ［唐］杜佑：《通典》卷 15《选举三·历代制下》，岳麓书社 1995 年版，第 182 页。

③ ［宋］杨亿、王钦若：《册府元龟》卷 640《贡举部·条制二》，中华书局 1982 年版，第 7673 页。

叙述经书中的史实与大义。以笔答称为"墨义",以口答称为"口义"。唐代在贡举常科,甚至在吏部选试中,多考试问义。明经、进士、明书、明算以及开元礼、三传、三史等科的考试中,都有问义。

"口义"即口试,其法始设之初就明确规定,问义应当众进行,而且问义结束时即宣布考试成绩。以此来限制考官以个人好恶决定取舍,让众人对考试进行监督。但是在具体实践中推行得并不理想。问义往往由考官单独面对考生进行,这样在没有公众监督的情况下,就会有作弊的机会。因而朝野上下对此考试方法议论颇多,落第者对此常怀猜疑与不满。发榜之后,聚众喧闹,指责考官取舍不公之事屡有发生。为此,天宝十一年(752年),唐政府重申命令:"举人帖及口试,并宜对众考完,便唱通否"①。由于口试问义是由考官当众临时提问,与帖经相比,这种考试难度较大。如应试者对义理没有深入理解,没有现场组织的综合能力,便不能融会贯通,作出流畅、准确而有深度的回答。因而,问义有助于应试生员对儒家经典的深入研究。

在唐代中期以后,对问义是采取笔试还是采取口试,曾颇有争议。一部分考官认为,口试比较灵活,便于随时发问,"不限条数,疑则问之"②,可以更真实地了解考生的实际水平。特别是对某一具体问题理解的深度。而另一部分官员则认为,口试没有文字记录,缺乏复审复查的依凭,又不公开进行,容易造成考官舞弊徇情。这些力主笔试的官员的目的,在于革除流弊,对考官加以监督,对考试结果加以复查,使取舍能相对客观公平。比如建中二年(781年),中书舍人、知礼部贡举赵赞曾奏请"以所问录于纸上,各令直书直文"③。而后,在科举考试中"墨义"与"口义"仍交替进行。至大和七年(833年)唐政府重申采用口试。于是,争论渐息,口试一直沿用到唐朝灭亡。

5. 策问

策问是设题指事,由应试者做文章,颇类似于现今的命题作文。根据题目要求不同,又分为方略策、时务策、经史策等类型。如唐前期,秀才科考试方

---

① [宋]杨亿、王钦若:《册府元龟》卷640《贡举部·条制二》,中华书局1982年版,第7673页。

② [唐]李林甫等:《大唐六典》卷2《尚书吏部·考功员外郎》,三秦出版社1991年版,第49页。

③ [宋]杨亿、王钦若:《册府元龟》卷640《贡举部》,中华书局1982年版,第7678页。

略策，进士科试时务策，明经科试经史策。至唐后期在礼部常科、吏部科目选和制科考试中，普遍采用策问形式。

策问是有相当难度的、须要表现出考生创造力的政治文化试题。它要求考生熟读经史，善于观察、思考社会现实问题，对一些重大的历史现象和社会现象有独到见解。也要有较高的写作技巧、华丽的文采和鲜明的思想主张。这样的试题，如果没有坚实的语言功底、广博的学识、敏锐的观察能力和较强的思辨能力是无法很好地完成的。

但是，策问考试也和其他考试一样，沿袭即久，题目未免陈旧。以世代相因之题来解决繁杂多变的社会问题，常常显得脱离实际。而且，生员们为了应付对策，就把前人的对策编缀起来，加以背诵，以便在遇到类似的策问试题时，可以改头换面，依样画葫芦加以模仿套用。这样，便造成考生"不寻史传，唯读旧策"的弊端，以致选才非人。虽然策问考试存在许多弊端，并不时有人要求革除，但它毕竟是一种比较切合实际的考试方法，并且难度相当大，容易拉开区分度，便于筛选、鉴别。同时，也很难找到更好的方式代替它，因而一直被保留下来。文宗大和年间（827—835 年），廷议对对策争论较大，几经停复，最后确定在策问 5 道试题中经史 3 道、时务 2 道，贯彻经史与时务兼顾的原则，成为唐后期各类科举考试最基本的项目之一。

6. 杂文与诗赋

杂文属于应用文辞，包括箴、铭、表、赋之类的公文。高宗永隆二年（681 年），考功员外郎刘思立建议进士科"加试杂文两道"，从此，进士科考试偏重文辞的倾向日益明显。到玄宗天宝时，杂文转用诗赋，其后，常科之进士科，甚至制科举，皆考试诗赋。

唐代科举考试的诗体，称为"试帖诗"，也谓之"省题诗"或"省试诗"。"试帖诗"格律、体裁有较严格的规定。讲究文辞华美，端庄典雅，声韵协调，形式多为五言六韵十二句排律诗，间有五言八韵或四韵（十六句或八句）诗。通常，"试帖诗"首两句见题，中间八句或十二句两两对仗，最后两句作结。从唐代"试帖诗"中，可以明显看到明清八股文之权舆。如天宝四年（745 年），河南举子殷寅试进士诗题为《玄元皇帝应见贺圣祚无疆》及第。其诗云："应历生周日，修词表汉年。复兹秦岭上，更似霍山前。昔赞神功起，今符圣祚延。已题金简字，仍访玉堂仙。睿祖光元始，曾孙体又玄。言因六梦接，庆叶九灵传。北阕心超矣,南山固寿然。无由同拜庆,窃忭贺陶甄。"①

唐代科举考试所试之赋,乃为诗之变体,是骈体文的进一步诗化。要求对偶、用典,并限以韵。"唐人称应试之赋为甲赋,盖因令甲所颁,故有此称。以别于居常所作古赋。"② 所谓甲赋,通常限以八韵,成文为360—380 字。如贞元八年(792 年)韩愈考进士所试之《永明赋》,以"玄化无宰,至精感通"为韵,及第。③ 贞元十九年(803 年),贾𫗧考进士所试《中和节百辟献农书赋》,以"嘉节初吉,修是农政"为韵,及第。④ 以上韩、贾二人之赋引用典故,词采华丽,堪称佳作。

由于诗赋讲究声律文体,主司考官易于批阅,应试生员亦易为之,所以科举试诗赋盛极一时,甚至成为当时全社会知识群体的文化风尚。在以诗取士的影响下,唐诗获得了空前的发展,又反过来影响诗赋取士的兴盛。以诗赋取士要求考生有丰富的知识积累和较高的文学修养,还要有较好的表达能力。对录取标准而言,不仅要看所作诗赋是否合于格律体裁,还要看语言是否精练、老到,更要看是否富于想象力和感染力。

但是,诗赋考试,沿袭即久,无论是主考方、应考方,都出现了只追求文章形式和辞藻华丽的偏向。"以声律为学,多昧古今",对经史百家置之不顾,对现实政治漠不关心。因此,在唐代后期,对诗赋考试加以改进的呼声很高,虽然诗赋考试在常科与制科的考试中作为基本形式之一被保留下来,但其主体地位已逐渐让位于经史策。

二、科举考试多种评价标准述评

科举考试的评价标准的本质是人才标准,而一定社会的人才标准总是该社会价值标准的根源和基础,因而,科举考试的评价标准,像指挥棒一样左右着全社会的评价标准。科举考试重文,那么,"士无贤不肖,耻不以文章达";科

---

① [宋] 李昉:《文苑英华》卷 180,中华书局 1966 年版,第 880 页。
② [清] 周中孚:《郑堂札记》卷 1,《丛书集成初编》0358 册,商务印书馆 1991 年版,第 5 页。
③ 《东雅堂昌黎集·外集》卷 1,四库全书 1075 册,第 490 页。
④ [清] 徐松:《登科记考》卷 15,中华书局 1984 年版,第 568 页。

举考试重诗，那么，五尺童子能言"乐天、徽之诗"。

唐代的科举考试，常科中的进士科是龙头老大，它的评价标准事实上左右着其他各科的评价标准，甚至是全社会的人才标准。就连吏部选试的评价标准也最终服膺于进士科。概而言之，唐代进士科考试评价标准的演变大抵经历了重时务策、重杂文、重诗赋、重经史策的过程。而吏部选试的评价标准大抵经历了重书判、重词华、重荐举、重经史的过程。礼部常科的选才标准之争本质上是重文学与重经史之争，吏部选试的取材标准之争本质上是重知识积累还是重实践能力之争。

进士科取士标准的变化，上文已有所述及，大抵前期重时务策与杂文，中期重诗赋，后期重经史。时务策与杂文主要考察生员对时事政治的见解和实践能力。"文须洞识文律，策须义理惬当为通。"① 从鉴别人才的角度讲，这种标准应该是可行的。但缺点是不便于操作。命题范围狭窄，不容易出新。长时间推行，容易出现题目重复，易于考生揣摩准备，模拟旧策。另外，在取舍标准上，虽有"文取华实并举"② 的原则要求，但实际操作中很难掌握。也正因此，在开元以后，才出现"主司褒贬，实在诗赋"的取士格局。明人胡震亨《唐音癸签》卷18《进士科故实》说："唐进士重诗赋者，以策论惟剿旧文，帖经只抄义条，不若诗赋可以尽其才。又世俗偷薄，上下交疑，此则按其声病，可塞有司之责。虽知文华少实，舍是益汗漫无所守耳。"

诗赋的优点主要在于体裁、格式、韵律都有固定的要求，阅卷容易掌握标准，而且命题可以广泛取材，不至于重复雷同。"盖以成格可守，所取得人故也。"③ 从知识和智能检验的角度而言，命题作诗，也不失为好的方法。顾炎武《经义论策》评论说："唐宋用诗赋，虽曰雕虫小技，而非通古知今之人不能作。"诗赋可以言志，可以状物，可以抒情，可以说理，只有才情并茂，善于思维，熟练掌握了格律技巧的人，才可能临场在限定的时间内作好。诚如钱穆先生所言："诗赋出题无尽，工拙易见。虽曰风花雪月，不仅可窥其吐属之深浅，

---

① ［唐］李林甫等：《大唐六典》卷2《吏部尚书·考功员外郎》，三秦出版社1991年版，第48页。

② ［唐］李林甫等：《大唐六典》卷4《尚书礼部·礼部侍郎》，三秦出版社1991年版，第83页。

③ ［宋］王溥：《唐会要》卷76《贡举中·进士》大和八年条，上海古籍出版社1991年版，第1636页。

亦可测其胸襟之高卑，……诗赋在当时不失为一项最好的智力检测与心理测验的标准。"①

诚然，诗赋取士相较当时其他取士原则和取士方法来说，更接近于标准化考试，它为主考与应考双方都带来一定的方便，而且在一定的程度上，也能起到检验知识和智能的作用。但是，诗赋取士最大的问题在于，考试宗旨与取士标准的严重背离。因为科举考试不是选拔文学家、艺术家，而是选拔合格的封建统治人才。正是基于这一点，杜佑才批评"文词取士，是审才之末者"②。封建统治需要的是对儒家经典有深入了解的德治人才，而不是只会吟诵风花雪月的骚客文人。何况诗赋考试推行既久，明显地出现了追求辞藻华丽的偏向，以至求巧丽，妨正习，挠淳和，长佻薄，为弊至甚。③ 这种倾向已事实上和考试检验基础教育质量的目的相背离。唐后期，"用经义为进退"的取士原则就是在这样的背景下出台的。吏部选试的取士标准，大体经历了重书判、重文词、重经史几个阶段。其中，荐举一直处于重要的地位。在唐前期吏部常选的"身、言、书、判"四者中，实际上书判考试远比体格、相貌和口才重要。而选试试书判是因袭北周和隋代以来的做法，而在高宗时加以进一步制度化。书是考查书法，判是考察如何处理狱讼。判即判牍，是判决司法案件的文书。原取州县疑难案牍，让预选者断决，以观其吏才能否。这实际上是检验选人实践能力的考试。从理论上说应该是选官考试的较好的方法。但是，实际操作起来会有相应的困难。州县疑难案牍毕竟有限，而随着选人的"猥多"，这种实践考试方法就失去了可行性。为了解决选人与官缺问题上"僧多粥少"的矛盾，吏部主选官故意出难题黜落选人。于是采择经籍古义，假设甲乙对讼，使之判断。如此一来，拟判考试便失去了其实践意义。

开元以后逐渐兴起的宏词与拔萃二科，也受到礼部常科文词取士标准的影响。不仅是宏词科，就连拔萃科"试判三条"也以文词是否优美定取舍。因为宏词与拔萃二科的应试者，有相当部分是在礼部常科中获得出身的。所以考试必须提高难度，拉开区分度。而文词取士恰好符合提高难度、扩大区分度的要

---

① 《中国历史上之考试制度》，见钱穆：《国史新论》，台湾东大图书公司 1984 年版，第 105 页。

② ［唐］杜佑：《通典》卷 18《选举六》，岳麓书社 1995 年版，第 235 页。

③ ［唐］杜佑：《通典》卷 17《选举五》，岳麓书社 1995 年版，第 218 页。

求。比如宏词科所试诗赋，不仅有对偶、压韵等格律上的要求，甚至不准用字重复。大中十二年（858年），中书舍人李藩为主考，当时博学宏词科录取陈琬等3名前进士出身的选人，及将诗、赋、论试卷送给宣宗皇帝御览后，宣宗召李藩问道："所赋诗中重用字，何如?"李藩答道："钱起《湘灵鼓瑟》诗有重用字，乃是庶几。"宣宗说："此诗似不及起。"于是3人都被"落下"①。

但是，宏词与拔萃二科在符合提高难度、拉开区分度的要求的同时，却背离了选拔人才的宗旨。"文词取士，是审才之末者"，而"书判又文词之末者"。故此，唐后期把礼部选试的科目全盘引入吏部，连同"用经义为进退"的原则精神，也一起引进。

荐举在唐代吏部选试中的地位，上文已有所述及。荐举与考试在取士标准上的矛盾事实上表现为重知识积累还是重实践能力的冲突。天宝九载（750年）三月十三日敕："吏部取人，必限书判，且文学政事，本自异科，求备一人，百中无一。况古来良宰，岂必文人，又限循资，尤难奖擢。自今以后，简县令，但才堪政理，方圆取人，不得限以书判，及循资格注拟。"②"文学政事，本自异科"，"古来良宰，岂必文人"，是对唐代文词取士标准最为有力的诘问，善于政事的"良宰"与文采华美实无必然联系，甚至满腹经纶也未必能御政临民。

但是，在今天看来，用考试的方式选拔人才，较比此前其他的选才方式的进步之处，主要不在于其取才标准的合理性，而在于选拔方式的客观性。标准化、规范化的考试，可能和合理的人才标准越来越远，但却和公平、公正越来越近。比如主管官员对其下属的荐举，无论其取才标准多么合理，但也无法避免裙带请托、偏私等不正当因素的介入。而更为要紧的是，如何避免荐主在"公荐"旗号掩盖下行私荐之实，网罗亲信私人势力，"天子门生"与"荐主门生"对中央集权造成的影响是不言自明的。

---

① ［宋］王溥：《唐会要》卷76《贡举中·制科举》，上海古籍出版社1991年版，第1651页。

② ［宋］王溥：《唐会要》卷75《选部下·杂处置》，上海古籍出版社1991年版，第1612页。

第七节　考试舞弊的防范与惩处

一、科举考试的舞弊方式

唐代是贵族地主政治向品官地主政治的过渡时期。科举制度尚属初创，远远没有达到标准化、规范化的程度。贵族政治也无时不在对考试的公平、公正施加影响。唐代科举考试的突出特点是，试卷成绩对考试结果来说，常常不是决定性的。因此，唐代科举考试的舞弊大多不在科场之内，而在科场之外。这在礼部常科的考试中，表现得尤为明显。

一般来说，礼部常科的舞弊方式主要是"行卷"与"请托"，吏部选试的舞弊方式主要是在出身与资历上造假、冒名，而制科考试的舞弊情况则相对较少。

1. 常科考试的舞弊方式

（1）"行卷"

"行卷"。请名流为自己的作品制造声誉，以利录取。应试举子在参加省试之前，将自己平时的作品写成卷轴，送给政坛权要或学界名流，以求得其赏识并向主考官推荐。在唐代常科考试不糊名，卷面成绩在录取中有时并不起决定作用。这就为"行卷"之风的盛行提供了可能。唐朝前期，"行卷"一般是投献给私人的，自高宗以后，则变成既投私人，又投主考官的"公卷"。唐中期以后，常科"行卷"已成了普遍现象。

客观地说，"行卷"有一定的积极作用。它可以避免因考试的偶然性黜落确有才华的举子。通过"行卷"方式把自己的才华与水平全面地展现出来，要比"一张试卷定终身"更具有选才的合理性。通过"行卷"也确可择得贤才。如人所熟知的白居易"行卷"于顾况，其"野火烧不尽，春风吹又生"的名句也确实打动了这位名流，经顾况赏识，白居易声名鹊起，27 岁便一举登第。① 杜牧的《阿房宫赋》得到太学博士吴武陵的赞赏，吴将杜文推荐给主考官崔郾，杜牧以第五名中第。《唐摭言》卷 6《公荐》载有韩愈荐奇僧儒的故事，比较详细地描述了奇僧儒如何纳卷，韩愈与皇甫又如何为其扬名的情况。韩愈甚至因此而获得提携后进的美名。② 但是，如果只凭"行卷"而使考试流于形式，那至少有两个弊端难以防范。一是"行卷"生员抄袭他人作品弄虚作假；二是接受"行卷"的权贵徇私受贿。而事实上，"行卷"主要是为高门权要子弟迅速获得出身开了方便之门。唐代后期，"行卷"往往与"通榜"相结合。所谓"通榜"是主考官请有地位、声威且与自己有关系的人来共同决定录取名单。"通榜"者没有看过试卷，他提出的名单主要是依据"行卷"来定夺。《唐摭言》卷 8《通榜条》记载了许多"通榜"的事例。其中一条最为典型：宣宗大中十年（856 年），郑颢知贡举，托崔雍为一榜，雍一口答应，但迟迟不见送名单来。到了公布名单的前一天晚上，郑颢仍不见崔雍的名单，只好自己连夜拟就。至深夜，崔雍派一小童送一蜡丸给郑颢，即崔雍推荐的录取名单。"颢得之大喜，狼忙札之，一无更易。"像郑颢这样完全靠"通榜"取人的现象，应该是个别的。但"行卷"对录取与否所起的作用，也是不容否认的。可以设想，一个寒门子弟和一个权要子弟，在"行卷"和"通榜"中所获得的机会是无论如何也无法均等的。令狐绹为相，其子令狐滈纳卷，"求请者诡党风趋，妄动者群邪云集"③，形象地反映了权贵子弟在"行卷"时所处的优势地位。

（2）"请托"

"请托"即通过关系，打通关节，以谋求录取。"请托"与"行卷"不同，"行卷"是举子将自己的作品送人评阅，祈望得到名流赏识后向主考官推荐。一般来说，那些有真才实学而无政治背景的孤寒子弟，通过"行卷"方式，也可获得满意的结果。而"请托"则不同，它不需要任何作品，只凭出身、财富和关系去打通关节，求得录取。如果说"行卷"还有一定的积极意义的话，那么，

---

①　[唐]王定保：《唐摭言》卷 7《知己》，学津讨源 14 册，上海古籍出版社 1978 年版，第 526 页。

②　[唐]李肇：《国史补》卷下《韩愈引后进》，上海古籍出版社 1979 年版，第 440 页。

③　[后晋]刘昫等：《旧唐书》卷 172《令狐绹传》，中华书局 1975 年版，第 4468 页。

"请托"则是彻头彻尾的舞弊行为。"贵者以势托，富者以财托，亲故以情托。"如果是无势、无财又无关系的普通举子，便只好"请托"无门了。

"请托"者多为朝廷权要，很多情况下，主考官是无法抗拒的。如杨国忠欲为其子求明经第，试官达奚珣以其成绩不合格而欲落之。杨国忠极为恼怒，达奚珣在杨国忠的压力下只好取其子为明经上第。文宗开成三年（838年），礼部侍郎高锴知贡举，举子裴思谦打通了宦官仇士良的关节，要求高锴录取他为状元，受到高锴指责。第二年，裴思谦拿着仇士良的书信，直入贡院，未经考试，便要求高锴录取他为状元，否则不准放榜。高锴"不得已，乃遂从之"。长庆六年（821年），礼部侍郎钱徽任主考，没有满足宰相段文昌和翰林学士李绅的"请托"，却录取了朋友之子，遭到段、李的弹劾。钱徽录取的14名进士被复试落下10人。钱徽也因此被贬为江州刺史。①

对于科举考试中的"请托"之风，也有一些正直的主考官不顾个人得失加以抵制。德宗贞元十九年（803年），礼部侍郎权德舆知贡举，德宗佞臣、京兆尹李实"托私荐士，不能如意。后遂大录二十人迫德舆曰：'可依此第之，不尔必出外官，悔无及也'"②。在李实的淫威面前，权德舆尽管承受了很大的压力，但还是没有按照李实的名单录取。咸通十二年（871年），高湜知贡举，"时士多由权要干请，湜不能裁。既而抵帽于地曰：'吾决以至公取之，得谴固吾分'。乃取公乘亿、许棠、聂夷中等"③。也有的主考官因公正录取抵制了"请托"遭到贬谪。咸通十年（869年），王凝以礼部侍郎知贡举，"凝性坚正，贡闱取士，拔其寒俊，而权豪请托不行，为其所怒，出为商州刺史"④。

唐后期常科考试中，"请托"风之盛，是以后历代都不曾有过的。"举者不以亲，则以势，不以贿，则以交。"这与唐代的考试管理制度不完善有很大的关系。如宋代科举考试中的命题考官隔离制，试场锁院制度，试卷的糊名、弥封、誊录制度，在唐代都没有规范地建立起来。

2. 吏部选试的舞弊方式

吏部选试有如下特点：其一，对资格要求比较严格，必须是有出身或某种

---

① ［后晋］刘昫等：《旧唐书》卷168《钱徽传》，中华书局1975年版，第4384页。
② ［后晋］刘昫等：《旧唐书》卷135《李实传》，中华书局1975年版，第3731—3732页。
③ ［宋］欧阳修、宋祁：《新唐书》卷177《高锴传》，中华书局1975年版，第5276页。
④ ［后晋］刘昫等：《旧唐书》卷165《王凝传》，中华书局1975年版，第4299页。

资历的人才能参加选试；其二，常选的身、言、书、判考试标准化程度太低，很难有明确的区分度；其三，荐举和奏官在其中占有重要地位。这些特点决定了其舞弊方式主要以冒名顶替、变易资历和驱驰权要、打通关节为主，而以考场舞弊为辅。

（1）冒名顶替、变易资历

采用此种舞弊方式者，以前资官和门荫结品者为甚。唐朝前期，当选人多与官缺少的矛盾日见突出的时候，吏部选人"庸愚咸集，有伪主符告而矫为官者，有承接他名而参调者，有远人无亲而置保者"①。大多在出身和资历上作假。安史之乱以后，由于保存在中央的选人人事档案散失殆尽，冒冒更加猖獗。"分见官者，谓之擘名，承已死者，谓之接脚"②。乘官府甲历混乱之机，谎报出身、资历，甚至伪造出身，"妄论资次"。唐代后期，吏部选试中科目选日渐重要，凡选人参加科目选及第者，可不受待选年数限制超授官职。于是，一些"既无出身又无官"、本该应礼部常科者，纷纷假冒资历应吏部科目选。故当时人有感于举选身名之滥而叹曰："因此逾滥，其事百端。故俗间相传云：'入试非正身，十有三四；赴官非正身，十有二三。'"此为举选环节中"弊之尤者"③。

（2）驱驰权要、打通关节

此种作弊方式不仅存在于礼部贡举考试中，吏部选试也同样存在。武后时，幸臣二张（易之、昌宗）之弟昌仪，早朝途中受选人薛某贿金，于是授意天官（吏部）侍郎张锡，不想张锡失其状，只好按昌仪的意思，"但姓薛者既与之"，以至当年参加铨选姓薛者60余人，都得到官职。④ 苗晋卿于天宝二年（743年）掌选，为取悦御史中丞张倚，特将其子张奭录为第一，玄宗闻之亲试入等者64人，登第者十无一二。平日不读书的张奭，"手持试纸，竟日不能下一字，谓之'曳白'"⑤，以至传为选场笑柄。唐代中期以后荐举人才不仅是中高级官吏的义务，也是一种权力。如果举荐的人朝野称美，也是博取名声的机会。荐举的盛

---

① ［宋］欧阳修、宋祁：《新唐书》卷45《选举志》下，中华书局1975年版，第1175页。
② ［宋］王溥：《唐会要》卷74《选部上·论选事》，上海古籍出版社1991年版，第1578页。
③ ［唐］杜佑：《通典》卷17《选举五》，岳麓书社1995年版，第219页。
④ ［宋］司马光等：《资治通鉴》卷206，中华书局1956年版，第5647页。
⑤ ［后晋］刘昫等：《旧唐书》卷113《苗晋卿传》，中华书局1975年版，第3350页。

行也客观上为驱驰权要开了方便之门。

（3）考场舞弊

考场舞弊多发生在吏部选试的考场上。据《新唐书》卷45《选举下》载，选人于"试之日，冒名代进，或旁坐假手，或借人外助，多非其实"。可见其考场秩序之一斑。因为荐举"请托"对于选人在铨选考试中能否被录取固然十分关键，但如出现复试选人，甚至"曳白"落选的场面，不仅功亏一篑，受到惩处，甚至传为笑柄。所以绞尽脑汁，考场作弊。

考场舞弊的方法有三：一是冒名顶替，找枪手代考；二是假临座之手；三是内外勾结，"借人外助"。如上所述，民间俗语云"入试非正身，十有三四"，说明假冒比例相当高。如韦陟为吏部侍郎时，"常病选人冒名接脚。阙员概少，取士良难。正调者被挤，伪集者冒进，陟肛肠疾恶，风采严正。选人疑其有瑕，案声盘诘，无不首伏。每岁皆赎得数百员阙，以待淹滞"①。韦陟是个"风采严正"主试官，他整顿选试纪律，打击冒名顶替，由此也可反证冒名顶替之猖獗。邻座假手之弊也十分严重。史称"方优者一兼四五，自制者十不二三"②。与李商隐齐名的晚唐诗人温庭筠，就是个著名的"枪手"，史载他文思神速，多为人作文。③ 温庭筠屡赴科场均遭黜落，怀才不遇，曾于宣宗大中末年选试有司，"上书千于言，然私占授者已八人"。借人外助，主要是交通胥吏，偷换试卷，这也是唐代试场搜检之法不严所致。

二、科举考试的舞弊防范

唐代科举考试的舞弊防范，除了上文已述的立法惩弊、加强资格审查和政治审查外，主要有以下措施：制定考场规则；在礼部常科考试中实行复核制；在吏部选试和制科考试中实行"糊名制"，在常科考试中实行考官亲属回避制度，即"别头试"。

1. 建立考场规则

考场规则是保证考试秩序正常的必要条件。唐代的科举考试，特别是礼部

---

① ［后晋］刘昫等：《旧唐书》卷92《韦陟传》，中华书局1975年版，第2959页。
② ［唐］杜佑：《通典》卷18《选举六》，岳麓书社1995年版，第229页。
③ ［宋］欧阳修、宋祁：《新唐书》卷91《温彦博传》，中华书局1975年版，第3787页。

常科，有较为严密的考场规则。这也是考场舞弊吏部选试甚于礼部常科的根本原因。概言之，考场规则有以下数端：

（1）考场设置

考场一般设在贡院，前期在吏部，后期在礼部。吏部贡院内用荆席围隔成小的考区，阅试之日，考生由胥吏唱名，依次入内，坐在廊下答题。礼部贡院警戒更为森严，四周围起棘篱，以防内外串通作弊。"礼部阅试之日，皆严设卫兵，荐棘围之，搜索衣服，叽呵出入，以防假滥焉。"① 卫兵站岗、荆棘围墙、搜索衣服、叽呵出入，考场之森严，已展示无遗。

（2）规定可带入物品

原则上说，唐之科举考试，可以将《切韵》一类工具书带入贡院，其他书籍则不准带入。此外，"水炭脂炬餐饩，皆士人自将"，即取暖、饮食、照明用品由考生自带。

（3）规定考试时间

唐前期的科举考试，大抵不限时间，可以从早至晚，甚至通宵达旦。从规定可带入物品，即可窥见一斑。在穆宗以后，虽仍允许夜暮后继烛续试，但以三条蜡烛燃尽为限。三烛燃尽，则必须交卷。中晚唐时有谣谚曰："三条烛尽，烧残举子之心。八韵赋成，笑破侍郎之口。"②

（4）制定锁院制

宋代科举考试实行锁院制度，已为众所周知。但唐代贡举考试中的锁院制，却常被忽略。钱易《南部新书》卷戊载，大中元年（847年），魏扶知礼闱，题诗云："梧桐落叶满庭阴，锁闭朱门试院深。"又见朝鲜《类苑丛宝》卷19《试题诗·破嘲》所载略同，并明言此诗为"入贡院题诗"。

2．建立复试制度

礼部常举的复试制度有一个发展过程。最早出现在开元二十五年（737年），常科考试刚刚由吏部移入礼部，当年有敕令说进士所试杂文，"送中书门

---

① ［唐］杜佑：《通典》卷15《选举三·历代制下》，岳麓书社1995年版，第183页。
② 《渑水燕谈录》卷6《贡举》，见刘海锋：《科举考试的教育视角》，湖北教育出版社1996年版。

下详覆"①。但这一敕令在执行过程中并不严格。只是在朝野上下对录取结果反映强烈的时候，才偶尔采用。如上所述，唐代后期礼部贡举的"请托"之风很盛，复试的制度化与对此风的防范有直接关系。

复试的制度化缘于长庆元年（821年）礼部侍郎钱徽知贡举时，发生的一次录取争端。当时，宰相段文昌接受了已故刑部侍郎杨凭之子杨浑之的书画贿赂，便将杨浑之面托钱徽，继尔又以私书保荐。翰林学士李绅亦托举子周汉宾于钱徽。而钱徽对这两位权要的"请托"并不买账。"及榜出，浑之、汉宾皆不中选。"但钱徽却录取了老朋友杨汝士的弟弟杨殷士和李宗闵的子婿苏巢。此举激怒了段、李二位权要，段文昌于出镇蜀川之前内殿面君，弹劾钱徽所取进士14人"皆子第艺薄，不当在选中"。穆宗以此事咨询于元稹和李绅，李绅本对钱徽不满，而元稹又与李宗闵有隙，所以，"二人对与文昌同"。穆宗于是命中书舍人王起、主客郎中知制诰白居易重试。穆宗下诏，孔温业、赵存约、窦询直所试粗通与及第，裴撰特赐及第，而郑朗、苏巢、杨殷士等10人并落下。②

此次考试的录取纠纷表明，"请托"在进士科考试中起相当重要的作用。此次争执的双方并无是非之分，只是因录取时"请托"各方利益分配不均导致内讧。钱徽遭贬只是此次内讧的牺牲品。但此次争端的意义在于由此导致的复试制度化。由于"贡举猥滥，势门子弟，交相酬酢。寒门俊选，十弃六七。及元桢（稹）、李绅在翰林，深怒其事，故有复试之科"③。

此后，中书门下复核制有两次重大的变革，即复核与放榜在时间顺序上的调整。此前，中书门下复核，一般在礼部录取放榜之后进行。礼部放榜已造成广泛的社会影响，如再由中书"覆落"，这样反复无常，会对国家取才的严肃性与权威性造成损害。为此，长庆三年（823年），礼部侍郎王起上奏说："礼部放榜，已是成名，中书重复，尚未及第。重复之中，万一不定，则放榜之后，远近误传，其于事理，实为非便。"因此，王起要求，"今年进士及第者，本司

---

① ［宋］王溥：《唐会要》卷76《贡举中·进士》，上海古籍出版社1991年版，第1635页。

② ［后晋］刘昫等：《旧唐书》卷168《钱徽传》，中华书局1975年版，第4383—4384页。

③ ［宋］杨亿、王钦若：《册府元龟》卷640《条制二》，中华书局1982年版，第7681页。

考试讫，其诗赋，先送中书门下详覆，候敕却下本司，然后准旧例大字放榜"①。长庆三年的改革，主要是把中书门下复核的时间调整到礼部放榜之前，此可避免放榜之后再更改录取名单造成的不必要的纷争。但是，这一改革又事实上把矛盾上交给宰相，宰相又成了"请托"舞弊的焦点。如"进士未放榜前，礼部侍郎遍到宰相私第，先呈及第人名，谓之呈榜。比闻多有改换，颇致流言。宰相稍有寄情，有司固无畏忌，取士之滥，莫不繇斯"②。

于是，在大和八年（843 年）又进行了第二次改革。又把中书门下复核调整到放榜之后。大和八年正月，中书门下奏："委任有司，固当精慎。宰相先知取舍，事匪至公。今年以后，请便令放榜，不用先呈人名。其及第人所试杂文及乡贯、三代名讳，并当日送中书门下，使合定例"③。这种复核，类似于录取后到中书门下备案。

复核制度主要针对"衣冠士子"。唐后期，在"请托"之风盛行的背景下，每榜进士中衣冠子弟都占相当大的比例。如大中十四年（860 年），中书舍人裴坦知贡举，奏放进士 30 人。"然中第者皆衣冠士子。是岁有郑义则，故户部尚书瀚之孙；裴弘，故相休之子；魏当，故相扶之子；令狐滈，故相绹之子。余不能遍举，皆以门阀取之。惟陈河一人孤贫，负艺第于榜末。"④ 一榜进士，录取 30 人，仅 1 人为孤寒士子，靠艺业登第，仅位列榜末，余皆为衣冠子弟。复试主要是"覆落"那些衣冠子弟中艺业尤差者。

据《唐会要》卷 76《贡举中·进士》载，会昌四年（844 年）左仆射、太常卿王起知贡举，放及第 25 人，续奏 5 人，堪放及第：杨质、窦缄、杨严、郑扑、源重。经复试，仅放杨严 1 人及第，余并落下。会昌五年（845 年），谏议大夫陈商权知贡举，放及第 37 人，经户部侍郎、翰林学士向敏中重试，"覆落"7 人。当然，也有经复试完全合格的情况。大中元年（847 年）正月，礼部侍郎魏扶放及第 23 人，续奏堪放及第 3 人：封彦卿、崔琢、郑延休。因 3 人皆有文学之名，且其父皆在重任。"不敢选，取其所试诗赋封进，奏进止。令翰林学

① ［宋］王溥：《唐会要》卷 76《贡举中·进士》，上海古籍出版社 1991 年版，第 1635 页。

② ［宋］杨亿、王钦若：《册府元龟》卷 641《条制三》，中华书局 1982 年版，第 7685 页。

③ ［宋］王溥：《唐会要》卷 76《贡举中·进士》，上海古籍出版社 1991 年版，第 1636 页。

④ ［宋］杨亿、王钦若：《册府元龟》卷 651《谬滥》，中华书局 1982 年版，第 7802 页。

士、户部侍郎知制诰韦琮等考，尽合程度……奉进止，并付所司放及第。"可见，复试制度对衣冠子弟特别是现任朝廷要员的子弟是十分慎重的。

3. 糊名考试制度

糊名考试盛行于宋朝。但在唐代也曾推行此制，但仅限于制科考试和吏部选试，而在常科考试中，则没有实行过糊名考试。

制科考试在资格审查上和舞弊防范上都没有常科考试那样严格。但糊名考试却最早出现在制科考试当中。《通典》卷15《选举三·历代制下》载："其制诏举人，不有常科，皆标其目而搜扬之。试之日，或在殿廷，天子亲临观之。试已，糊其名于中，考之文策，高者特授以美官，其次予出身。"《册府元龟》《唐会要》等唐代文献也有类似记载。

糊名考试始设时间，有关文献均无确载。据有关学者考证，当始设于唐太宗贞观年间①。现在可以断定的是，到武则天临朝称制时，制科考试仍实行糊名考试。张说在"永昌中，武后策贤良方正，诏吏部尚书李景湛糊名校复。说对第一，后署乙等，授太子校书郎，迁左补缺"②。张说是通过制科的贤良方正举入仕的，同科登第的还有张柬之、孔季、林元泰等③。这次贤良方正考试在"校复"中使用了糊名方式，当属无疑。

糊名考试还实行在吏部选试中。《新唐书》卷45《选举志》下载："初，（吏部）试选人皆糊名，令学士考判。武后以为非委任之方。而其务收人心，士无贤不肖，多所进奖。"《唐会要》卷75《贡举上·杂处置》还记录了一条武则天在天册元年（695年）十月二十日发布的关于废除铨选考试中实行糊名之法的诏敕。可见，铨选考试中的糊名考试废除于武则天时，当属无疑。

但是，糊名考试始设于何时，并无确载。根据吏部选试的发展形势分析，当始设于贞观至永徽之际。因此时选人多、官缺少的矛盾已充分暴露出来。而且冒名顶替、弄虚作假的舞弊现象也多有发生。在此时增设糊名考试当与情势相符。而武则天"务收人心"，不问贤愚大量选官，废除糊名考试，也是在情理之中的。

糊名考试在玄宗开元十五年（727年）又予以恢复。开元十五年九月敕令：

---

① 杨希义：《唐代科举和铨选制度中的糊名暗考》，载《学术月刊》，1991年第3期。
② ［宋］欧阳修、宋祁：《新唐书》卷125《张说传》，中华书局2000年版，第4404页。
③ ［清］徐松：《登科记考》卷3，中华书局1984年版，第92页。

"今年吏部选人，宜依例糊名试判，临时考策奏闻"①。至于开元以后铨选中糊名之法的实行情况，史书缺载。但从后来铨选中出现的日益增多的作弊案件分析，其糊名之法亦是时行时废，未成定制。但唐时铨选考试中的糊名之法亦不失为北宋科举中盛行的弥封、誊录之滥觞。

4. "别头试"

"别头试"实际上是贡举考试中的考官避亲制度。该制始于何时，现有文献中无明确记载。《唐会要》卷58《尚书省诸司中·考功员外郎》条载，开元二十九年（741年）礼部侍郎韦陟奏："准旧例，掌举官亲族，皆于本司差郎中一人考试，有及第者，尚书覆定，然后附奏。臣今本司缺尚书，纵差郎官，是臣麾下，事在嫌疑，所望厘革。伏望天恩，许臣移送吏部，差考功员外郎试拣，侍郎奏闻，任所在闻奏，即望浮议止息。"玄宗批准了这一奏章。

以上资料给我们提供了这样的信息，第一，贡举考试的考官回避亲族制度是"旧例"，在其没有移入礼部之前就业已存在。方法是如贡举考试主考官考功员外郎遇有亲族参加考试，便差吏部郎中一人专试其亲族，如堪及第再由吏部尚书复试。第二，贡举考试移入礼部之后，礼部侍郎成为主考官，如有侍郎亲族参加考试，礼部又无尚书的情况下，便出现了难题，差礼部郎官考试，是侍郎下属，仍不能避免嫌疑，止息浮议。所以只好移至尚书省，由考功员外郎主考，吏部侍郎复试。为了主考官回避亲族，把本应由礼部完成的考试移入吏部进行，由考功员外郎主考，称为"别头试"。"礼部侍郎故移试考功，谓之别头。"②

"别头试"在实行过程中曾一度被废止。贞元十六年（800年），中书舍人高郢知贡举，奏罢"别头试"，还得到朝议的肯定。③ 这可能是因为主考官中书舍人高郢本不是礼部官员，如其亲族参加考试完全可以在礼部进行，没有必要移入吏部了。但是，必须指出，"别头试"的废止并不是主考官亲族回避制度的废止。因为如主考官为他官知贡举，或是礼部侍郎亲任主考而礼部尚书不缺，回避考试都可以照常在礼部进行。

"别头试"于贞元十六年废止不久，又于元和十三年（818年）恢复。元和

---

① ［宋］王溥：《唐会要》卷75《选部下·杂处置》，上海古籍出版社1991年版，第1612页。

② ［宋］欧阳修、宋祁：《新唐书》卷44《选举上》，中华书局1975年版，第1165页。

③ ［宋］欧阳修、宋祁：《新唐书》卷44《选举上》，中华书局1975年版，第1165页。

十三年十月，权知礼部侍郎庚承宣奏："臣有亲属应明经、进士举者，请准旧例送考功试"，获准。由此，停止了18年的考功"别头试"，"至今始复"①。

可以断定，唐代贡举考试中的考官亲族回避制度，是一直实行的常规性制度。无论贡举在吏部还是在礼部进行，都是如此。尽管"别头"考试时置时省，都不妨碍避亲制度的存在。因为不能设想以唐代台谏体制之健全会容忍主考官直接录取自己亲属的行为。

三、科举考试舞弊的惩处

唐代对考试舞弊的惩处，其基本原则是"凡贡举非其人者，废举者，校试不以实者，皆有罚"。《唐律疏议》卷9《职制》，对处罚办法有具体规定：

"诸贡举非其人，应贡举而不贡举者，一人徒一年，二人加一等，罪止徒三年。"所谓贡举非其人，是指德行乖僻，不如举状者。所谓应贡举而不贡举者，是指才堪利用、蔽而不举者。

"若考校、课试不以实及选官乖于举状，以故不称职者，减一等。"考校，指内外文武官僚年终应考校功过者。课试，指贡举之人艺业技能依令课试有数。

就现有材料来看，唐代对考试舞弊的惩处，以处分谬滥主考官为主，而舞弊的举子与选人受到惩处者并不多见。主考官受到惩处，一般是接受贿赂请托，或敷衍渎职，致使举选谬滥者。《册府元龟》卷651《谬滥》记因此而受惩处的主考官多例。

玄宗开元八年（720年）考功员外郎李纳，以举人不实贬沁州司马。时北军勋臣葛福顺，有子举明经，玄宗闻之亲试其子，"墙面不知所对"，所以主考官李纳被贬。

德宗贞元十一年（795年），礼部侍郎吕渭知贡举，结附户部侍郎判度支裴延龄。延龄之子裴操举进士，文辞不工，渭擢之及第，为正人嗤鄙。渭连知三举，后因入阁遗失请托文记，遂出为潭州刺史。吕渭徇情枉法，接受请托，如不是偶然疏忽被抓住证据，恐怕还要"连知"四举，足见其惩处之

---

① ［宋］王溥：《唐会要》卷76《贡举中·缘举杂录》，上海古籍出版社1991年版，第1640页。

不严。

穆宗元和十五年（820 年）正月即位。当年礼部侍郎李建知贡举。录取多非其人，又惑于请托，故朝野颇多议论。竟以人情不洽，遽改为刑部侍郎。李建由礼部侍郎改为刑部侍郎，从品秩看为平调，但从事权上看，实为遭贬。

唐代也有主考官因泄漏题目而遭处罚的。大中元年（847 年），"吏部宏词科举人漏泄题目，为御史台所劾。侍郎裴稔改国子祭酒，郎中周敬复罚两月俸料，考试官刑部郎中唐扶出为虔州刺史，监察御史冯颛罚一月俸料，其登科十人并落下"①。泄漏试题又找不到直接责任人的情况下，所有试官都要受罚。

对舞弊考生的处罚，一般是剥夺一次或若干次的录取资格，而且还要株连保人。天宝十载（751 年）九月辛卯，玄宗"御勤政楼，试怀才抱器举人。命有司供食。有举人私怀文策，坐殿三举，并贬所保之官"②。

唐代的科举考试在整个科举考试发展史上来看，尚属初创时期，其各种管理方式和措施还远远没有规范化和制度化。但它开创的许多规则和办法都为尔后历代科举考试所仿效，所采纳。唐以后历代在考试科目和具体条规上虽然不尽相同，但均未超出唐代的框架范围。如进士科的"三场试""别头试"；考试内容以经义和文学为主；贡院的设置、放榜的方式、乡试和省试后的庆祝活动、金榜题名等，均创始于唐代。地区举额分配制度、殿试制度、作弊处罚的方式，在唐代也已初步出现。如会昌五年的《举格节文》已明确规定了各州府的举人名额；唐后期的制科考试和晚唐时举行的殿廷复试进士的做法已初步具有殿试的性质；玄宗时对私怀文策的制科举人"坐殿三举"的做法可视作后世对作弊举子停举数科的惩罚的开端；其糊名考试、锁院制度、举子互为结保、试帖诗等也都源于唐代。因此，从考试管理的角度而言，唐代是科举考试的奠基时期。

唐代科举制脱胎于南北朝以前的察举推荐制，所以带有一定的荐举制残余，如进士科允许"通榜"和"公荐"，而不是完全按成绩录取。特别是科场"请

① ［宋］王溥：《唐会要》卷 76《贡举中·制科举》，上海古籍出版社 1991 年版，第 1651 页。
② ［宋］杨亿、王钦若：《册府元龟》卷 643《考试一》，中华书局 1982 年版，第 7711 页。

托"和权贵把持科举的现象还很严重。这些都在尔后的科举考试中逐渐得到克服。从唐代科举考试管理的整体格局来看，呈现以下几个明显的发展趋势：第一，科举与铨选逐渐合一；第二，考试内容和评价标准逐渐重经义；第三，入仕群体的主流正从门荫入仕为主向科举入仕为主转化。这些都预示着科举考试正在走向新的发展阶段。

第三章　职官的任用

任官形式是行政管理制度和人事管理制度的重要组成部分，而唐代的任官形式又处在一个承上启下的发展阶段，对汉魏以来的任官形式加以规范整合，也对宋代以后的任官形式产生深远的影响。一般来说，古代的任官形式是在官称或职事的前面或后面加上某种特定称谓，以表达不同的任用性质。以唐代为例，有行、守、兼、试、摄、知、判、检校、直、同、参议、勾当等加在前面；也有员外、员外同正、内供奉、里行和各类使职加在后面。这些任官称谓都有着各自不同的适用范围和任用性质，在唐史研究中是颇为复杂而棘手的问题。它们在正史职官志和政书职官门往往不列专条①，无集中而系统的材料可资借鉴。更为令人困惑的是，在不同时代、不同场合，同一称谓的任用性质可能大相径庭，而不同称谓的任用性质可能十分接近。作为任官形式，上述称谓的背后都隐藏着十分深广的社会内容，因而是颇具研究价值的问题。但是，长期以来，这一问题的研究并未引起足够的重视，古人仅仅把任官称谓作为历史掌故来作概念化的诠释，其散见于一些训释名物的类书、记述朝廷典故和官场闻见的笔记和考史、论史的札记中。② 就当代学者的研究现状看，依各类任官形式的重要程度及其研究的难度不同，表现得极不平衡。据笔者所见，按研究的深入程度依次为：（1）各类使职；（2）散官（职事官称前加行守兼等称谓）、勋官、封爵；（3）检校、员外（含员外同正）、试官；（4）知、判等差遣；（5）内供奉、里行等适用面较窄的任用形式。当前的研究存在的问题在于：第一，

---

① 使职、员外官除外。如《唐会要》便有诸使门和员外官条。
② 如林駉：《古今源流至论·续集》卷8《兼官》《权行守试》，高承《事物纪源》，戴埴《鼠璞·权行守试》，钱大昕《潜研堂文集》卷34《答袁简斋书》等。

从任官称谓的概念出发所作的研究多，从任官形式的性质出发所作的研究少；第二，对某一任官形式特别是任官称谓的发展沿革阐释多，而对这种形式和称谓背后深广的社会内容揭示少；第三，在对任官形式的解释上，运用历史学的理论、方法多，比如地主阶级内部的矛盾运动、唐代政治经济形势的变化等，而运用管理学的理论、方法少，比如行政管理、人事管理自身的矛盾运动规律等。这样，就使我们的研究成果在深入程度上、在历史借鉴的针对性和可操作性上，都打了一定的折扣。

本章拟把任官形式分成三类讨论：一是正命官，即吏部依一定的程序诠选的、在正员官缺之内的、朝廷正式以制书形式任命的官；二是试摄官，即非正式任命又实履其任的官；三是假借官，即任职的主要意义不在于履行某种职权，而在于获取某种实际上或名义上的特权的官。最后，从管理学的角度，对上述任官形式作简单阐释，不当之处，尚望赐教。

第一节　散　官

在唐代学者中，明确地把任官形式分为正命与非正命的，是杜佑。《通典·职官典》官制总序对各种任官形式概述说："试者，未为正命。凡正官皆称行、守"，而"检校、试、摄、判、知之官"，"皆是诏除，而非正命"。如果从结衔中任官称谓的角度讲，我们似乎可以这样理解杜佑的话：在结衔中加有任官称谓的，"凡正官皆称行、守"，而加其他称谓的，都不是正官。职事官结衔时，在官称前加行、守字样，是唐宋以后官制的一大特色，它旨在说明散官阶和职事官品的比照关系。当然在结衔中未加行、守的则说明品阶相同。唐代所有正式任命的职事官，都必须与散官发生联系，而未与散官发生联系的职事官，作为职官实体，是不完整的。所以，本章正命官的部分，侧重讨论散官的性质和意义。从广义而言，勋官与封爵也是任官形式，但因二者与职事官联系较为松散，将在后一章讨论。

表1 唐代文散官名称阶品表

（本表据《大唐六典》卷2《尚书吏部》、《新唐书》卷46《百官一》。唐代前期散官名称屡有变化，此制约为开元时之制）

散官名称	阶品	散官名称	阶品
开府仪同三司	从一品	朝议郎	正六品上
特进	正二品	承议郎	正六品下
光禄大夫	从二品	奉议郎	从六品上
金紫光禄大夫	正三品	通直郎	从六品下
银青光禄大夫	从三品	朝请郎	正七品上
正义大夫	正四品上	宣德郎	正七品下
通议大夫	正四品下	朝散郎	从七品上
太中大夫	从四品上	宣议郎	从七品下
中大夫	从四品下	给事郎	正八品上
中散大夫	正五品上	徵事郎	正八品下
朝议大夫	正五品下	承奉郎	从八品上
朝请大夫	从五品上	承务郎	从八品下
朝散大夫	从五品下	儒林郎	正九品上
		登仕郎	正九品下
		文林郎	从九品上
		将仕郎	从九品下

表2 唐代武散官名称品阶表

（据《新唐书》卷46《百官一》）

散官名称	阶品	散官名称	阶品
骠骑大将军	从一品	怀化司阶	正六品下
辅国将军	正二品	振威校尉	从六品上
镇军大将军	从二品	振威副尉	从六品下
冠军大将军	正三品上	归德司阶	从六品下 正七品上
怀化大将军	正三品上	致果校尉	正七品下
怀化将军	正三品下	致果副尉	正七品下
云麾将军	从三品上	怀化中侯	从七品上
归德大将军	从三品上	翊麾校尉	从七品下
归德将军	从三品下	翊麾副尉	从七品下

（续表）

散官名称	阶品	散官名称	阶品
忠武将军	正四品上	归德中侯	正八品上
壮武将军	正四品下	宣节校尉	正八品下
怀化中郎将	正四品下	宣节副尉	正八品下
宣威将军	从四品上	怀化司戈	从八品上
明威将军	从四品下	御侮校尉	从八品下
归德中郎将	从四品下	御侮副尉	从八品下
定远将军	正五品上	归德司戈	正九品上
宁远将军	正五品下	仁勇校尉	正九品下
怀化郎将	正五品下	仁勇副尉	正九品下
游骑将军	从五品上	怀化执戟长上	从九品上
游击将军	从五品下	培戎校尉	从九品下
归德郎将	从五品下	培戎副尉	从九品下
昭武校尉	正六品上	归德执戟长上	
昭武副尉	正六品下		

一、散官的性质与得途

散官官阶制度，经魏晋南北朝数百年酝酿，终于在唐初成为定制。中外学者对唐及唐以前散官制度的渊源、流变、定型，多所考辨，线索已基本廓清。大体来说，唐初散官制的定型，表现在如下方面：

其一，散官的阶品与官称确定下来。文散官自从一品开府仪同三司至从九品下将仕郎共二十九阶，武散官自从一品骠骑大将军至从九品下陪戎副尉二十九阶（后为四十五阶，见表1、表2）。其中一、二、三品分正从，四至九品正从又分上下。这些阶品与名号主要是整合了魏晋南北朝以来的文散官包括诸大夫、东西省散官和散号将军及戎秩等建立起来的，一直沿袭到北宋元封改官制之前，除官称小有变化外，基本精神未变。实际上是在职事官系列之外，又建立了一套完整的、规范的官阶系列。

其二，散官与职事官的比照关系确定下来。（1）凡职事官必须和散官发生联系，"凡九品以上职事皆带散位，谓之本品"①，散官一经与职事官发生联系，散品即转化为本品，以本品作为衡量其身份、地位高下的基本尺度。但散官也可作为职官实体而独立存在。（2）散官阶越高，与职事官的联系越紧密，品阶低的散官（六品以下），如未能与职事官发生联系，则地位十分"猥贱"，须于吏部番上以待简选，从而加入职事官行列。（3）在官员的结衔上，以兼、行、守字样协调散官阶与职事官品不一致的矛盾，使官员的结衔进一步规范化。武德令职事"欠一阶不至"为兼，贞观令职事高者称守，卑者称行，欠一阶者依旧为兼。因兼与行、守发生重复，又与两职事之兼发生错乱，高宗咸亨二年（671 年）以后，不再称兼。②

散官作为职官实体的组成部分，它到底承载着什么？要解决这一问题，还必须从散官的得途入手。据《大唐六典》卷二《尚书吏部》吏部郎中条和《唐会要》卷八一《阶》，获取散官的途径主要有六：一为封爵。凡嗣王、郡王、亲王诸子封郡王者，国公、县公、侯、伯、子、男初出身者，自从四品上至从七品下叙阶。二为亲戚。凡皇帝袒免以上，皇太后、皇后小功缌麻以上，皇太子妃周亲以上亲属和郡主、县主配偶及子皆自正六品上依次叙阶。三为勋庸。凡上柱国至武骑尉十二级勋官皆自正六品上至从九品上依次叙阶。四为资荫。凡五品以上职事官、散官、赠官子孙，三品以上曾孙，县公以上封爵子孙，县男以上子、勋官二品以上子，皆自正七品以上依次叙阶。五为秀孝。大致分三种情况，一是贡举常科出身者，如秀才、进士、明法等，皆自正八品上至从九品下叙阶；二是通经加阶，明经通二经以上、现任官员及后叙加阶者，每通一经加一阶；三是"孝义旌表门闾者"，初出身从九品上叙阶。六为劳考，凡现任内外六品以下职事官，可根据考核绩效进阶。四考满，皆中中考进一阶，二中上考进两阶，一上下考进两阶。

以上六条，实际上包括得阶之途与进阶之法两层含义。前四条为得阶之途，第六条为进阶之法，而第五条则具有双重意义。如果我们把官员的社会价值大划为以往积累和现实劳绩两个方面，便会发现散官主要承载的是以往积累的部分，而职事官主要承载的是现实劳绩的部分。进一步说，以往积累又可以大划

---

① ［后晋］刘昫等：《旧唐书》卷 42《职官一》，中华书局 1975 年版，第 1784 页。
② ［后晋］刘昫等：《旧唐书》卷 42《职官一》，中华书局 1975 年版，第 1786 页。

为两个方面，一是家族的积累。包括祖辈、父辈的积累和姻亲的积累。二是个人的积累。包括文化知识的积累、功阀的积累和仕履的积累。上述六条，较为全面地反映了官员以往积累的内容，以不同的方式对官员不同的社会价值加以承认，这就是散官的本质。

二、散官的待遇

散官作为社会对官员的承认形式，到底意味着什么？关于唐代散官的意义，时人和后人的认识颇相抵牾。时人陆贽认为"其勋、散、爵号三者所系，大抵止于服色资荫"，"无俸禄之资，无摄管之柄，无见敬之贵，无免役之优"①。而清人钱大昕则认为"唐时臣僚章服，不论职事官之崇卑，唯论散官之品秩。虽宰相之尊，而散官未及三品，犹以赐紫系衔，……非赐不得衣紫。唐人之重散官如此"②。二人皆有感而发，所言皆得要领，之所以有异，是参照物不同。陆贽是以唐后期的散官比照前期的散官，而钱氏是以唐之散官比照宋明之散官。这实际上反映了散官意义逐步式微的事实。依笔者考察，唐代散官的立法意义，至少有以下九条③。

其一是俸禄问题。一般认为，唐代官员俸禄依职事官，章服依散官。但这只是笼统的说法。由于时限不同，支付方式不同，俸禄所依据的对象也不同。《册府元龟》卷五〇五《邦计部·俸禄一》："乾封元年八月十二日，诏京文武官应给防阁、庶仆、俸料始依职事品，其课及赐各依本品"。这一诏令实际上传达出这样两个信息：第一，乾封元年（666年）八月前，在京文武官员的防阁、庶仆、俸料是依本品的；第二，即使是乾封元年八月以后，俸禄中的"课"与"赐"的部分仍依本品。本品是散官与职事官发生联系之后，散官阶的转化形式，依本品，就是依散官阶，尽管散官阶只有与职事官发生联系之后才有俸禄

---

① ［清］董诰、阮元、徐松等：《全唐文》卷469《又论进瓜果人拟官状》，中华书局1983年版，第4797页。
② ［清］钱大昕：《十架斋养心录》卷10《唐人服色视散官》，上海书店1983年版，第230页。
③ 黄清莲先生把与散官相联系的待遇概括为薪俸、给田、免课、刑法、班序、车舆、衣服六项，见《唐代散官试论》，《中央研究院历史语言研究所集刊》第58本1分。

上的意义。另外，高级散官如开府仪同三司、特进，虽不职事，仍给俸禄。①

其二，章服。上引陆贽、钱大昕言，已可证唐官员章服依散官。陈寅恪先生在《元白诗笺证稿·琵琶引》中，具体考证了白居易的官服依散官品，而非依职事品。但是，唐之散官只有在和职事官发生联系、散官品转化为本品之后，才具有章服的意义。所谓"衣服依散品"应为"衣服依本品"。这一点，已有学者考之甚详②，兹不赘述。

其三，用荫。上引陆贽所言，勋、散、爵号，三者所系，大抵止于服色资荫。可见，用荫，也是散官应获得的特权之一。按唐制，职事官、散官、赠官五品以上，封爵县男以上，勋官二品以上，都有用荫特权。三品以上可荫曾孙、五品以上可荫孙③。唐代前期，在用荫上，散官和职事官的权利是对等的，但至唐代后期，散官的用荫特权受到限制。《唐会要》卷八一《用荫》："大中十四年十二月，郑熏为吏部侍郎，时有德音，官至朝散大夫（从五品下），许封赠；至正议大夫（正四品上），荫一子；至光禄大夫（从二品），门设棨戟。"按开元四年（716年）十二月敕，朝散大夫（从五品下）以上可荫孙，而大中十四年正议大夫（正四品上）才可荫子，散官之贬值，可见一斑。

其四，叙爵。官员获取爵位是依职事官还是依散官，连唐人都不甚明了。元和十三年（818年）六月制书："近日有司起请中，往往有言其叙爵须限职事三品官，此乃深昧典章，紊乱纲纪。""旧例皆云三品以上，赐爵三品，为银青光禄大夫、云麾将军已上。若职事官虽是三品，散官四品以下，并不得叙爵。但有三品以上散官，虽四品职事宫，并合叙爵"④。叙爵依散官而非依职事官，这是十分明确的。

其五，命妇封赠。唐时妇女以其夫、子贵，可获得封号。唐前期职事官、散宫、封爵及勋官，都可令其母妻获得封号。也就是说，散官与职事官在母、妻封赠上，具有对等特权。"王母妻为妃，一品及国公母妻为国夫人，三品已上母妻为郡夫人，四品母妻，为郡君，五品若勋官，三品有封，母妻为县君，散

---

① 《新唐书》卷55《食货志》："开府仪同三司、特进、光禄大夫（俸料）同职事官，公廨杂用不给"，"员外官、检校、判、试、知给禄料食粮之半，散官、勋官、卫官减四分之一，致仕五品以上给半禄，解官充侍亦如之"。

② 马小红：《试论唐代散官制度》，载《晋阳学刊》，1984年4期。

③ ［宋］王溥：《唐会要》卷81《用荫》，上海古籍出版社1991年版，1774页。

④ ［宋］王溥：《唐会要》卷81《阶》，上海古籍出版社1991年版，第1772页。

官并同职事。"① 唐后期命妇封赠依其夫及子散官品，不依职事品。元和十三年六月制书："内外官母妻各视其夫及子散官品令，不得约职事官品。文武五品阶为县君，四品阶为郡君，三品已上阶为郡夫人即止。其国夫人，须待特恩，不在叙列。"②

其六，班序。文武百官的朝参位次，是颇为复杂而敏感的问题。大体来说，班序以官品为依据，其品包括职事品、封爵品、散官品、勋官品四种情况。但上述四种官品在班序中的尊卑明显不同。《唐会要》卷二五《文武百官朝谒班序》在概述五品以上官班后，引天宝三年（744 年）《礼部式》说："若职事与散官、勋官合班，则文散官在当阶职事者之下，武散官次之，勋官又次之。"在班序上，散官优于勋官但逊于职事官。

其七，赎免罪。散官的司法特权略逊于职事官但优于勋官与封爵。（1）"八议"之六"议贵"。享有议贵特权的包括职事官三品以上，散官二品以上，爵一品者。③（2）上请。享此特权者包括文武职事四品以下，散官三品以下、勋官及爵二品以下、五品以上。④（3）减章。享此特权者包括六品、七品文武职事官，散官，卫官，勋官等。⑤（4）刑具优待。唐制，死罪囚犯，枷而纽，妇人及徒、流囚犯枷而不纽。官品及勋、散之阶第七（武骑尉、宣议郎）以上，锁而不枷。⑥

其八，将从。官员的车驾随从也是反映其特权的角度之一。唐散官的将从特权，略同于职事官，但是呈削减走向。《唐会要》引《六典》及礼部式："诸文武官赴朝，诸府道从职事一品及开府仪同三司，听七骑，二品及特进，听五骑，三品及散官三骑。……其散官及以理去官，五品已上，将从不得过两骑，若京城外，不在此限"⑦这大致是开元以前的将从制度，但至元和六年六月敕文，这一情况发生了变化："详度诸司制度条件，……今约品秩，职事官一品职七骑，二品及中书门下三品五骑，三品及中书门下、御史台五品、尚书省四品

---

① ［唐］李林甫等：《大唐六典》卷 2《尚书吏部》，三秦出版社 1991 年版。
② ［宋］王溥：《唐会要》卷 81《阶》，上海古籍出版社 1991 年版，第 1773 页。
③ ［唐］长孙无忌等：《唐律疏议》卷 1，中华书局 1985 年版，第 18 页。
④ ［唐］长孙无忌等：《唐律疏议》卷 2，中华书局 1985 年版，第 33 页。
⑤ ［唐］长孙无忌等：《唐律疏议》卷 2，中华书局 1985 年版，第 34 页。
⑥ ［唐］李林甫等：《大唐六典》卷 6《尚书刑部》，三秦出版社 1991 年版，第 144 页。
⑦ ［宋］王溥：《唐会要》卷 31《舆服上·杂录》，上海古籍出版社 1991 年版，第 669 页。

三骑，四品五品两骑，其散官及以理去官者，五品已上，将从不得过两骑。"①
虽然上述二敕所针对的对象不同，前者是外官赴朝的将从，而后者是朝官的将
从，但仍明显地表现出其所依据的对象有轻散官重职事、轻品阶重实任的倾向。

　　其九，永业田。散官如未与职事官相联系，则无职分田。但其永业田"散
官五品以上同职事给"，自从一品五十顷到从五品五顷不等。②

　　通过对上述九项散官意义的分析，我们至少可以得到两点启示：一是散官
的实际意义从总体上说呈逐渐弱化的趋势；二是从局部看，有些项目如叙爵和
命妇封赠，其意义却在进一步强化，如何理解这一现象呢？

三、散官的发展演变

　　弱化的趋势同高宗、武后以后出现的泛阶制及肃宗、代宗以后出现的滥阶
制有关。泛阶制始自乾封元年（666 年）③，至武则天当政时达于极致。它是在
每岁逢赦和重大朝会、宴集时对考核合格的职事官普遍加阶、对通经者追加加
阶的办法，实际上是武后利用人事管理权"大收物议"的组成部分。其结果有
二：一是使官员求阶的心态发生变化，"不希考第取达，唯拟遭遇便迁"，"或言
少一品未脱碧衣，待一阶方被朱服。遂乃早求笏带，先辨衫袍"，助长了侥幸心
理。二是使现任职事官所带散阶普遍提高，"绯服众于青袍，象板多于木笏"④。
笔者大致检索了《全唐文》《文苑英华》和唐代词臣文集中的任官文书以及
《唐代墓志汇编》中墓主、墓主亲属的任职情况及撰书者的结衔情况，发现武则
天当政时官员结衔加"行"字者较比此前至少增加两成。开元以后，泛阶制虽
依然存在，但频度降低了，而且在劳考上的要求也更严格了。

　　滥阶制主要出现于肃宗至德以后的行营统帅幕府和藩镇幕府中，以武散官
为甚。因当时府库无积蓄，朝廷只好以官爵赏功。武将出征，皆给空名告身，
或以信牒授官，战败后再以官爵收散卒，结果使"凡应幕入军者，一切金紫"，
以致有"朝仕僮仆衣金紫、称大官而执贱役者"。战时军中"官爵轻而泉货

---

① ［宋］王溥：《唐会要》卷 31《舆服上·杂录》，上海古籍出版社 1991 年版，第 669 页。
② ［唐］李林甫等：《大唐六典》卷 3《尚书户部》，三秦出版社 1991 年版，第 67 页。
③ ［宋］王溥：《唐会要》卷 81《阶》，上海古籍出版社 1991 年版，第 1768 页。
④ ［宋］王溥：《唐会要》卷 81《阶》，上海古籍出版社 1991 年版，第 1770 页。

重"，"大将军告身一通才易一醉"①。

然而，泛阶制与滥阶制尚不足以对散官的本质属性构成威胁。它只是在散官所承载的以往积累中过分地、畸型地、泡沫化地强调了个人积累而弱化了家族积累，散官承载内容的性质并没有变。开元、天宝以后又对泛阶制加以约束和规范，而滥阶制仅存在于战时的军中，对散官性质尚不构成全局性的影响。真正对散官意义构成沉重打击的，是伴随使职差遣的正官化而逐渐形成的职事官的寄禄官化和假借官化，散官承载的内容逐渐被职事官化了的使职差遣和假借官化、寄禄官化了的职事官分割去了，关于这一点，本章在试摄官、假借官部分将进一步分析。

关于局部强化的现象，乍看起来令人颇为费解，因为与散官实际意义发展的总体走向不一致。散官在俸禄上的意义被职事官、使职差遣全面剥夺了，在章服上的意义也被职事官和使职差遣以赐绯紫、佩鱼袋的形式部分地分割了。为什么有些项目上却呈现逐渐强化的趋势呢？事实上，一个完整的职官实体，是官员对社会的责任形式和社会对官员的承认形式的统一体；而无论是责任形式还是承认形式，又都是相对恒量和相对变量的统一体。在责任形式中，以往积累类似相对恒量，现实劳绩更近似于相对变量；在承认形式中，禄俸、将从、鱼符、鱼袋等适宜于相对变量，而服色、资荫、叙爵、命妇封赠、永业田等更适宜于相对恒量，责任形式与承认形式中恒量与变量的协调是我们认识散官意义变化的重要视角。

第二节　试摄官

任官形式是行政管理和人事管理的重要组成部分。而唐代的任官形式又处在一个承上启下的发展阶段：对汉魏以来的任官形式加以规范整合，也对宋代以后的任官形式产生深远影响。长期以来，学者们对唐代任官形式的研究着力于使职差遣、散官勋爵方面，而对试摄官，尚无系统的专论。本书所谓试摄官，是指在使职差遣之外的、非正式任命但又实履其任的官。唐代官员的结衔，一

① ［宋］司马光等：《资治通鉴》卷 219 至德元载夏五月，中华书局 1956 年版，第 6962 页。

般是在官称或职事的前面或后面加某种特定称谓，以表达不同的任用性质。比如有行、守、检校、知、判、试等加在前面，员外、员外同正、内供奉、里行及某使加在后面。其中，前面加行、守的是正命官，行、守表示散官阶和职事官品的比照关系；加某使的是使职，表示担任和所在曹司无关的新的职事。本节讨论的检校、知、判、员外、员外同正、试、内供奉、里行等表示资历与现任岗位的关系，一般都是与官称搭配的、非正式任命的、性质界于试用和代理之间的任用形式，通称之为试摄官。上述称谓的试摄官，都有着各自不同的适用范围和任用性质，在唐史研究中是颇为复杂而棘手的问题。它们在正史职官志、政书职官门往往不列专条①，无集中而系统的资料可资借鉴。更为令人困惑的是，在不同时代、不同场合，同一称谓的任用性质可能大相径庭，而不同称谓的任用性质可能十分接近，甚至同一称谓又有是否履任的区别。各类称谓背后又都隐藏着深广的社会内容，因而是颇具研究价值的问题。前代学者习惯于对这些称谓做概念化的阐释，散见于一些训释名物的类书、记述朝廷典故和官场闻见的笔记和考史论史的札记中。② 今人对各类任官形式的研究也多是从任官称谓出发的单篇论文③，尚无从任官性质出发的较系统的专论。本节拟对唐代任官形式中的检校、知、判、员外、员外同正、试、内供奉、里行等任用形式的适用范围、任用性质、发展方向及待遇等做综合性考察和对比研究，并进一步分析其管理学意义，不当之处，尚望赐教。

一、试摄官的适用范围和任用性质

在唐代学者中，明确地把任官形式分为正命与非正命的是杜佑。《通典·职

---

① 员外官除外。《唐会要》有员外官条。

② 如林駉《古今源流至论·续集》卷8《兼官》《试守权行》；高承《事物纪源》；戴埴《鼠璞·权行守试》；钱大昕《潜研堂文集》卷34《答袁简斋书》；岳珂《愧郯录》卷7《散阶勋官寄禄功臣检校试衔》；洪迈《容斋随笔·五笔》卷2《西汉以来加官》等。

③ 参见杜文玉：《论唐代员外官与试官》，载《陕西师大学报》（哲社版），1993 年第 3 期；张东光：《唐代的内供奉官》，载《社会科学辑刊》，2005 年第 1 期；张东光：《唐代御史台的里行官》，载《辽宁大学学报》（哲社版），2005 年第 2 期；张东光：《唐代的检校官》，载《晋阳学刊》，2006 年第 2 期；张东光：《唐代任官形式中的知判问题》，载《郑州大学学报》（社会科学版），2007 年第 1 期。

官典》官制总序对各种任官形式概述说："试者，未为正命"，"凡正官皆称行守"。而"检校、试、摄、判、知之官"，"皆是诏除，而非正命"。如果从结衔中任官称谓的角度讲，可以这样理解杜佑的话：在结衔中有任官称谓的，"凡行、守皆为正官"，而结衔中加检校、试、摄、判、知等字样的，都不是正官。此类既非正式任命又实履其任的官，还有内供奉、里行等任用形式。以下分别加以讨论。

1. 检校

检校的字面意义为检查、考校，用于任官称谓，始于南北朝时。《南史·刘穆之传》："穆之中子式之，字延叔，为宣城、淮南二郡太守，犯脏货，扬州刺史王弘遣从事检校之。"此时检校仅与职事结合，尚未与官称结合，类似于差遣。唐代的检校从任官称谓的角度讲，大致有三种情况：一是检校某职事。《全唐文》卷二《检校益州夔州狱讼诏》，即有御史大夫无逸检校益州狱讼，赵郡公孝恭检校夔州狱讼。二是检校某机构，如鱼朝恩检校国子监。① 三是检校某官，这是唐代检校官的主要形式，也是本节讨论的重点。

唐代检校某官从性质上说有实任和假借两种。关于实任的检校官，清人钱大昕在《答表简斋书》中已有专门论述："夫检校、兼、守、判、知之名，皆起于唐。但唐所谓检校者，虽非正授，却办本职事。如检校侍中、检校中书令、检校纳言、检校左相之类，皆列于宰相表，与真授无别。而宇文士及检校梁州都督、魏元忠检校并州长史，亦是实履其任。盖内外各官皆得有检校，若今署事矣。"钱氏关于唐代检校官实任的论断是正确的，检校官起于唐的结论虽略显匆忙，但大体也是可以接受的，只是唐"内外各官皆得有检校"的说法则过于笼统。实际上，检校官作为任官形式有一定的适用范围，否则，多种任官称谓混用就没有必要了。尽管唐制对这一范围并无具体、成文的界定，但如果我们检索唐代任官文书和官员的结衔文书，对检校官任职情况加以排比，便可发现其任用范围是有规可循的。据笔者考察，检校在各部门的适用范围如下：

（1）门下、中书二省和御史台三品以上；（2）尚书省诸司员外郎（从六品上）以上；（3）秘书省秘书丞（从五品上）、著作郎（从五品上）以上；（4）

---

① ［清］董诰、阮元、徐松等：《全唐文》卷412《授鱼朝恩国子监制》，中华书局1983年版，第4222页。

殿中省殿中丞（从五品上）以上；（5）太常寺太常丞（从五品上）以上；（6）大理寺大理正（从五品下）以上；（7）国子监国子博士（正五品上）以上；（8）光禄、卫尉、宗正、太仆、鸿胪、司农、太府等寺少卿（从四品上）以上；（9）少府监少府少监（从四品下）以上；（10）匠作监匠作少匠（从四品下）以上；（11）军器监军器少监、司天监太史少监、都水监都水使者（正五品上）以上；（12）东宫官太子洗马（从五品下）以上；（13）亲王府、公主府司马（从四品下）以上；（14）地方官都督府司马（下都督府司马从五品下）以上；上州司马（从五品下）以上；中州别驾（正五品下）以上；下州别驾（从五品上）以上；京县县令（正五品上）以上。（15）武官诸军卫郎将（正五品上）以上；诸军府下府折冲都尉（正五品下）以上；上府果毅都尉（从五品下）以上。上述范围大多有任官实例为证。①

依上所述，唐代检校官的适用范围有如下特点：其一，适用范围广。内外文武诸司，几乎涵盖所有中央及地方机构。其二，品秩高。一般为五品以上官的特殊任用形式才得称检校。其三，依其供职机构的性质不同，其范围的下限表现出一定的不平衡，一般在四品、五品、六品之间，而以五品最为普遍。除供奉官、尚书省官之外，其余诸司五品以下官的特殊任用形式称试，不称检校。其四，检校一般不与使职搭配，使职假借五品以上（尚书省六品以上）朝衔，才称检校。

实履其任的检校官任职期间的任用性质是个颇为复杂的问题。依笔者浅见，大致可作出如下界定：上文所论之检校某职事、检校某机构者，可视为差遣；检校某官者，如未及转为正员即改任他官或有故停替，检校期间的任用性质为权摄，即代理；如检校某官，又在其岗位上转为正员官，检校期间的任用性质可视为试用。检校某职事、检校某机构者在唐代检校官中毕竟是少数。因此，绝大多数检校官的性质界于试用与代理之间。这也符合唐人的任官本意。在《全唐文》任官文书中，有许多检校官转为正员官的任职实例，并且在制书中也明确了检校官的任用性质。如张说由检校中书令正拜中书令，苏颋撰写的制词说："正名之谓，群议斯集。"② 李乂以检校刑部尚书兼知制诰正授刑部尚书，

① 张东光：《唐代的检校官》，载《晋阳学刊》，2006 年第 2 期。
② ［清］董诰、阮元、徐松等：《全唐文》卷 250《授张说中书令制》，中华书局 1983 年版，第 2527 页。

制词中也称"俾回迹于西垣，宜正名于北斗"①。李规以检校尚书户部郎中正拜户部郎中，郑叔则以检校尚书吏部员外郎正拜尚书吏部员外郎，在常衮撰写的制词中，也有类似试官转正的说法。至于试用的时间，一般为一年，这在制词中也有反映。彭景直以检校尚书礼部郎中正拜尚书礼部郎中，苏颋撰写的制词说："俾即真于满岁，更唯允于卿月。"②

从检校官的发展方向看，基本上是一个由试摄官向假借官的转化过程。以肃宗至德（756—757 年）为断限，前期的检校官多为试摄官，后期的检校官多为假借官。《新唐书·宰相表》所列检校宰相23 例，都出现在至德以前，至德以后，尚未发现一例。笔者对唐代任官文书和官员结衔文书中的检校官作了较为详尽的排比，其结果也与《新唐书·宰相表》所反映的情况基本一致（见表3、表4、表5）。这是唐代使职差遣正官化、职事官假借化的重要表现。

表3　唐代假借官资的检校官的任用实例

姓名	职事、差遣、使职	检校官称	资料来源
卫伯玉	荆南节度使、江陵尹	工部尚书	《全唐文》卷46
马璘	泾原节度使	工部尚书	《全唐文》卷46
仆固怀恩	朔方行营节度使	工部尚书	《全唐文》卷47
李佖	陕虢观察使	礼部尚书	《全唐文》卷50
范希朝	西京行营节度使	尚书左仆射	《全唐文》卷50
嘉王(李)运	诸王	司空	《全唐文》卷50
韦皋	西川节度大使	司徒	《全唐文》卷55
杜佑	宰相、诸道盐铁等使	司空、司徒	《全唐文》卷55
范希朝	神策军节度使	右仆射	《全唐文》卷55
高崇文	剑南西川节度使、剑南东川节度副大使知节度事	左仆射	《全唐文》卷56
杜黄裳	河中节度使	司空	《全唐文》卷56

① ［清］董诰、阮元、徐松等：《全唐文》卷250《授李义刑部尚书制》，中华书局1983 年版，第2533 页。

② ［清］董诰、阮元、徐松等：《全唐文》卷251《授彭景直礼部郎中制》，中华书局1983 年版，第2535 页。

（续表）

姓名	职事、差遣、使职	检校官称	资料来源
乌重允	河阳节度使	太子宾客、御史大夫	《全唐文》卷56
武元衡	西川节度使、成都尹	吏部尚书	《全唐文》卷56
王承宗	镇州大都督府长史	工部尚书	《全唐文》卷56
李吉甫	淮南节度副大使知节度事、扬州大都督府长史	兵部尚书	《全唐文》卷56
田兴	都知兵马使、同节度副使	秘书监	《全唐文》卷57
田兴	魏博节度使、魏州大都督府长史	工部尚书	《全唐文》卷57
张宏靖	河中节度使、河中尹	礼部尚书	《全唐文》卷57
李逢吉	太原节度使	吏部尚书	《全唐文》卷57
李逢吉	剑南东川节度副大使知节度事	兵部尚书、御史大夫	《全唐文》卷57
李愬	唐隋邓等州节度使	左散骑常侍	《全唐文》卷58
李愬	山南东道节度使	左仆射	《全唐文》卷58
李光颜	忠武军节度使	司空	《全唐文》卷58
李夷简	淮南节度副大使知节度事	左仆射	《全唐文》卷58
刘悟	义成军节度使	工部尚书	《全唐文》卷58
裴度	使相、太原尹、北都留守、河东节度使	左仆射	《全唐文》卷58
田宏正	魏博节度使、使相、魏州大都督府长史	司徒	《全唐文》卷59
吴少诚	同平章事	司空	《全唐文》卷63
李光颜	同平章事、邠州节度使	司空	《全唐文》卷64
裴度	河东节度使	左仆射	《全唐文》卷64
田布	魏博节度使	工部尚书	《全唐文》卷65
牛僧儒	武昌军节度使、鄂州刺史	礼部尚书	《全唐文》卷68

（续表）

姓名	职事、差遣、使职	检校官称	资料来源
王播	淮南节度副大使知节度事、诸道盐铁转运使、扬州大都督府长史	司徒	《全唐文》卷69
崔玄礼	天平军节度使	户部尚书	《全唐文》卷69
牛僧儒	武昌军节度使	吏部尚书	《全唐文》卷69
李宗闵	兴元尹、使相、山南西道节度使	礼部尚书	《全唐文》卷69
贾餗	浙西道都团练	礼部尚书	《全唐文》卷69
高承恭	右金吾卫大将军、安北都户、镇武麟胜军节度使	刑部尚书	《全唐文》卷70
李德裕	使相、江陵尹、荆南节度使	司徒	《全唐文》卷79
崔珙	凤翔陇州节度使	左仆射	《全唐文》卷79
郑涯	义武军节度使	礼部尚书	《全唐文》卷79
蔡京	岭南西道节度使	左散骑常侍	《全唐文》卷83
杨收	宣歙观察使	工部尚书	《全唐文》卷83
萧隐之	东都和籴等使	太仆少卿	《全唐文》卷308
许诚言	金吾大将军	太仆卿	《全唐文》卷367
崔圆	淮南节度使	左仆射	《全唐文》卷410
李忠臣	淮西节度使	右仆射	《全唐文》卷410
令狐彰	滑亳等州节度使	右仆射	《全唐文》卷410
田神功	汴宋等州节度使	右仆射	《全唐文》卷410
刘晏	转运、常平、钱、盐铁使	户部尚书	《全唐文》卷411
莫藏用	税青苗使判官	仓部员外郎	《全唐文》卷411
魏少遊	京兆尹	御史大夫	《全唐文》卷412
李晟	神策军节度使	左仆射	《全唐文》卷461
杜（佑）	东都留守、防御使	吏部尚书	《全唐文》卷497
张（公）	安南都户、经略使	国子祭酒	《全唐文》卷589
李立则	知盐铁东都留后	虞部员外郎	《全唐文》卷649

（续表）

姓名	职事、差遣、使职	检校官称	资料来源
张屺	卢龙军节度判官	刑部郎中	《全唐文》卷 649
卢蒙	知汴州院官	仓部员外郎	《全唐文》卷 649
田克	宥州刺史	太子宾客、国子祭酒	《全唐文》卷 749
刘源长	观察支使	刑部郎中	《全唐文》卷 832
张道枢	节度推官	工部员外郎	《全唐文》卷 832
韩伎	观察推官	工部员外郎	《全唐文》卷 832
高颀	招讨推官	水部员外郎	《全唐文》卷 832
辛云京	河东节度使	左仆射	《唐代墓志汇编》大历 069
樊泽	山南东道节度使	礼部尚书	《唐代墓志汇编》贞元 093
卜璀	襄州节度押衙	太子詹事	《唐代墓志汇编》长庆 015
李逢吉	山南东道节度使	司徒	《唐代墓志汇编》大和 014
李德裕	义成军节度使	户部尚书	《唐代墓志汇编》大和 025
崔玄礼	东都留守、防御使	左仆射	《唐代墓志汇编》大和 039
高霞寓	幽州节度押衙	太子宾客	《唐代墓志汇编》大和 066
刘逸	平卢军讨击副使	太子宾客	《唐代墓志汇编》大和 070
环×	鄜坊丹延等州节度军前讨击使	太子宾客	《唐代墓志汇编》大和 073
杨孝直	山南东道节度押衙	太子宾客	《唐代墓志汇编》大和 090
刘×	平卢军节度押衙	国子祭酒	《唐代墓志汇编》大和 095
韦廑	武宁军节度判官	祠部郎中	《唐代墓志汇编》开成 011
李×	东都留守防御押衙	太子宾客	《唐代墓志汇编》开成 034
赵×	山南东道节度总管	太子宾客	《唐代墓志汇编》开成 047
孙简	河中节度使	礼部尚书	《唐代墓志汇编》会昌 010
宋×	沧州节度押衙	太子詹事	《唐代墓志汇编》会昌 054
张亮	河阳军节度押衙	太子宾客	《唐代墓志汇编》大中 006

（续表）

姓名	职事、差遣、使职	检校官称	资料来源
崔玄礼	东都留守	左仆射	《唐代墓志汇编》大中 010
张×	东畿汝防御使都押衙	太子宾客	《唐代墓志汇编》大中 056
冯审中	河东节度押衙	国子祭酒	《唐代墓志汇编》大中 069
薛眈	宣武军节度副使	兵部郎中	《唐代墓志汇编》大中 073
朱敬之	东都留守宴设使	太子中允	《唐代墓志汇编》大中 075
华×	忠武军节度押衙	太子詹事	《唐代墓志汇编》大中 082
王元逵	成德军节度使	司徒	《唐代墓志汇编》大中 096
韩旭	襄州别驾	户部郎中	《唐代墓志汇编》大中 102
孙景商	天平军节度使	礼部尚书	《唐代墓志汇编》大中 120
卢缄	剑南西川节度判官	驾部郎中	《唐代墓志汇编》大中 128
李俭	幽州押奚、契丹两蕃副使	秘书少监	《唐代墓志汇编》大中 129
李业	天平军节度使	兵部尚书	《唐代墓志汇编》大中 131
陈谕	权知沂州长史	太子宾客	《唐代墓志汇编》大中 133
陆砚	蓟州刺史、静寨军营田使	国子祭酒	《唐代墓志汇编》大中 141
张×	东都留守防御押衙	太子宾客	《唐代墓志汇编》咸通 010
王晟	幽州节度随使押衙	国子祭酒	《唐代墓志汇编》咸通 031
张谅	天雄军节度都知兵马使	国子祭酒	《唐代墓志汇编》咸通 037
李庆复	袁王府咨议参军	国子祭酒	《唐代墓志汇编》咸通 037
令狐扰	知度支陕州事	比部郎中	《唐代墓志汇编》咸通 062
李守×	×州防御使	国子祭酒	《唐代墓志汇编》咸通 070
韩俊	淮南节度讨击使	太子宾客	《唐代墓志汇编》咸通 077
魏×	留守右厢都押衙、黄州长史	太子宾客	《唐代墓志汇编》咸通 086
曹弘立	×州押衙	太子詹事	《唐代墓志汇编》咸通 092

（续表）

姓名	职事、差遣、使职	检校官称	资料来源
闫好问	宿州司马、妫、瀛、莫三州刺史	太子宾客	《唐代墓志汇编》咸通 106
郭×	蔡州司马	国子祭酒	《唐代墓志汇编》乾符 005
崔璘	蔚州司马	国子祭酒	《唐代墓志汇编》乾符 006
支欣	剑南东川节度副使	屯田员外郎	《唐代墓志汇编》乾符 009
杨知言	义昌军节度副使	秘书省著作郎	《唐代墓志汇编》乾符 010

表 4　唐代实履其任的检校官的任职实例

姓名	检校官（试摄）	资料来源
张延师	检校羽林军	《全唐文》卷 14
卢怀慎	检校黄门监	《全唐文》卷 27
崔　融	检校麟台著作郎	《全唐文》卷 242
杨　泚	检校通事舍人	《全唐文》卷 242
豆卢钦望	检校司礼（太常）卿	《全唐文》卷 242
宋元爽	检校司膳（光禄）少卿	《全唐文》卷 242
敬晖	检校营膳少卿	《全唐文》卷 242
乌薄利	检校源州都督	《全唐文》卷 242
张士贵	检校桂州都督、夏州都督	《唐代墓志汇编》显庆 056
武懿宗	检校洛州长史	《全唐文》卷 242
尉迟敬德	检校夏州都督	《唐代墓志汇编》显庆 100
武重规	检校并州长史	《全唐文》卷 242
长孙群	检校刑部尚书、荆州长史	《唐代墓志汇编》上元 008
杜从则	检校尚方（少府）少监	《全唐文》卷 242
王德真	检校中书侍郎、相王府司马	《唐代墓志汇编》调露 023
吉义府	检校河源军营田游击将军	《全唐文》卷 242
郑仙客	检校长安县令	《全唐文》卷 242
李承嘉	检校太原县令	《全唐文》卷 242
沙吒忠义	检校左羽林卫	《全唐文》卷 242

（续表）

姓名	检校官（试摄）	资料来源
裴思谅	检校左羽林卫	《全唐文》卷 242
张说	检校中书令	《全唐文》卷 250
王晙	检校并州大都督府长史	《全唐文》卷 250
李乂	检校刑部尚书	《全唐文》卷 250
卢藏用	检校礼部侍郎	《全唐文》卷 251
慕容珣	检校主爵郎中	《全唐文》卷 251
彭景直	检校礼部郎中	《全唐文》卷 251
郑博雅	检校太子洗马	《全唐文》卷 251
王践睦	检校太子左赞善大夫	《全唐文》卷 251
裴耀卿	检校考功员外郎	《全唐文》卷 251
王希隽	检校太仆卿	《全唐文》卷 251
胡皓	检校秘书丞	《全唐文》卷 251
李延昌	检校左金吾卫大将军	《全唐文》卷 252
郭虔瓘	检校右骁卫将军	《全唐文》卷 252
郭知运	检校伊州刺史	《全唐文》卷 252
张安	兼检校陇右诸州营田	《唐代墓志汇编》长安 069
王振	检校定安公主府司马	《唐代墓志汇编》景龙 023
周仁轨	并州大都督府长史	《全唐文》卷 252
杨敬述	检校右羽林将军	《全唐文》卷 252
许辅虔	检校右羽林将军	《全唐文》卷 252
杜宾客	检校左监门卫将军	《全唐文》卷 252
宋璟	检校吏部尚书	《全唐文》卷 252
崔子源	检校岐王府长史	《全唐文》卷 252
白知慎	检校将作少匠	《全唐文》卷 252
崔隐甫	检校洛阳县令	《全唐文》卷 253
徐安贞	检校工部侍郎	《全唐文》卷 308
裴宽	检校御史大夫	《全唐文》卷 308
许诚言	检校太仆卿	《全唐文》卷 367
郗昂	检校司勋郎中	《全唐文》卷 410
李规	检校户部郎中	《全唐文》卷 411
郑叔则	检校吏部员外郎	《全唐文》卷 411
蒋涣	检校刑部尚书	《全唐文》卷 412

（续表）

姓名	检校官（试摄）	资料来源
鱼朝恩	检校鸿胪礼宾、检校国子监	《全唐文》卷 412
阿史那贞忠	检校羽林军	《唐代墓志汇编》上元 014
泉男生	检校右羽林军	《唐代墓志汇编》调露 023
郭正一	检校中书侍郎	《唐代墓志汇编》永淳 025
杨　顺	检校左金吾卫郎将	《唐代墓志汇编》长寿 022
黑齿常之	检校左羽林军	《唐代墓志汇编》圣历 022
李文奖	检校太子右赞善大夫	《唐代墓志汇编》开元 141
房　孚	检校上阳内作判官	《唐代墓志汇编》开元 331
雍维良	检校大理正	《唐代墓志汇编》开元 350
徐安贞	检校工部侍郎	《唐代墓志汇编》开元 420
崔玄隐	检校比部员外郎	《唐代墓志汇编》开元 501
崔佑甫	检校吏部郎中	《唐代墓志汇编》大历 014
独孤恼	检校仓部员外郎	《唐代墓志汇编》大历 069
马怀素	检校吏部侍郎	《唐代墓志汇编》开元 074
杨执一	检校右金吾卫大将军	《唐代墓志汇编》开元 263

表 5　唐代检校某职事的检校官的任用实例

无逸	检校益州狱讼	《全唐文》卷 2
效恭	检校夔州狱讼	《全唐文》卷 2
李处直	东都留司检校	《全唐文》卷 251
姚崇	检校诸军大使	《全唐文》卷 252
李义甫	检校诸军副大使	《全唐文》卷 252
窦元泰	长检校本族子弟事	《全唐文》卷 252
鱼朝恩	兼检校鸿胪礼宾卿	《全唐文》卷 412
鱼朝恩	兼检校国子监	《全唐文》卷 412
契苾嵩	都督检校部落	《唐代墓志汇编》开元三一四

2. 知、判

先谈知。知用于任官形式的意义是临时主持某一专项事务或某一部门的职事。汉代即偶有知尚书事者，但还比较少见。魏晋南北朝的任官形式中大量存在典知、参知、兼知等名目。《三国志·吴书·孙綝传注》引《吴历》："綝求中书两郎、典知荆州诸军事。"

《南史》卷26《袁顗传》载顗以吏部尚书与沈庆之、徐爰等"参知选事"。同书卷19《谢朓传》载朓以尚书吏部郎兼知卫尉事。南北朝时，也有单称知者。《南齐书·萧子良传》："世祖不豫……遗诏子良辅政，高宗知尚书事。"上述"知某事"还不能算是官称，"知"一般是加在官称或职事前面，是皇帝下敕旨对官员临时主持某一专项事务或某一部门职事的特许。如梁武帝时，"裴子野以中书侍郎鸿胪卿兼中书通事舍人别敕知诏诰"①，即是梁武帝临时敕令裴子野负责文书撰述之事，这种经皇帝敕令特许的临时性职务，是唐宋时期差遣的萌芽。就唐代"知"的使用形式而言，有加在职事前面、官称前面、机构前面三种情况，而以加在官称前面为多。而就其适用范围而言，大致包括以下九种情况：

（1）太子、元老。唐太子监国、元老预政一般称知军国事、知军国重事、知军国大事等。（2）宰相。宰相称知大体有两种情况，一是实任宰相官称前加知，二是他官加参知政事、参知机务等名目。（3）节镇、使佐、三司巡院官。这些职务本身就是国家行政体制之外的使职及其幕佐，并非朝廷正式任命的官，但有时在这些职务前也加"知"。唐开元以后由亲王遥领节度使，称节度大使，而在军节度则称节度副大使知节度事。另外，肃宗乾元以后，盐铁、度支、户部三司使在诸道设置巡院为分支机构，其分巡院官也多有称知者。（4）诸省、寺、监长贰。（5）六部长贰。（6）诸军卫和神策军。（7）地方长吏。长史、京兆尹、刺史、县令等均有加知者。值得注意的是，唐代后期，知某州事、知某县事大量出现。（8）知制诰和知贡举。（9）其他中央诸司职务。包括供奉官知中书舍人事、知御史中丞，尚书省郎官，文化教育部门职务如集贤院知院事、知史馆、知国子博士等。②

综合上述，知的任用特征大致有：其一，适用范围广，内外文武诸司，都发现有任职实例。其二，品秩高。包括太子、元老、宰相、诸司长官在内，都可称知。虽然我们还无法对其下限作出准确界定，但至少还没有在拾遗补缺、

---

① ［唐］杜佑：《通典》卷21《职官三·中书舍人》，岳麓书社1995年版，第300页。
② 张东光：《唐代任官形式中的知判问题》，载《郑州大学学报》（哲学社会科学版），2007年第1期。

卫佐、校书、州县下佐中发现任职实例。第三，也是最为重要的，是知多出现于新生的部门或重要的职事，如知军国事、知军国重事、知军国大事、参知政事、参知机务、知神策军兵马事、知贡举、知制诰等。其四，知在节镇、使佐甚至三司巡院官中也都适用，这表明知较比其他任用形式更具有灵活性。

知的性质，依其所搭配的对象不同，变化很大，大致可分为如下几类：一是知某职事事，如未即转成该职事正式官职，则具有差遣性质。如参知政事、参知机务、知制诰、知贡举等，均是以本官主持他务，本官仅具有寄禄的性质。二是任两个以上职事，其中某一职事前加知者。唐代文献中此类任职情形颇多，如行礼部侍郎权知吏部侍郎、中书舍人权知礼部侍郎，则类似于兼职。有的直称兼知，如守中书舍人兼知吏部侍郎事。其三，如知某职事事、知某官事后即转为该职事或该官的正式官职，其任用性质则近于试用。知某职事者如知制诰。他官知制诰如正式任命为中书舍人，唐人认为是"试可即真"。达奚珣以守职方郎中兼试知制诰除中书舍人，孙逖撰写制词说："宜就列于即真，俾正名于近侍。"① 李元成由守考功郎中试知制诰兼知史馆事授守中书舍人兼知史馆事，制词说："宜拜命于即真，俾甄才于试可。"② 知某官事者如李正卿以权知陵州刺史正授陵州刺史、牛元翼以权知深州刺史正授深州刺史、乐璘以权知朔州刺史正授朔州刺史，白居易撰写的制词也有类似说法。③ 试用期限一般为一年。如裴度以司勋郎中知制诰正拜中书舍人，白居易制词说，"台郎满岁，班引当迁，纶阁之职，所宜真授"④。知的任用性质，明显地存在由试摄向差遣转化，甚至向正官转化的倾向。这一转化的典型例证，在中央是知制诰对中书舍人的取代，在地方是知州、知县对刺史、县令的取代。如果说前此出现的知刺史、知县令更近于试用的话，知州事、知县事就更近于差遣了。至迟在北宋时，上述知制诰、知州事、知县事已成正官，而后者作为正式地方官一直沿用至清（见表6）。

---

① ［清］董诰、阮元、徐松等：《全唐文》卷308《授达奚珣中书舍人制》，中华书局1983年版，第3127页。

② ［清］董诰、阮元、徐松等：《全唐文》卷308《授李元成中书舍人制》，中华书局1983年版，第3127页。

③ ［清］董诰、阮元、徐松等：《全唐文》卷659《授李正卿等刺史制》，中华书局1983年版，第6703。

④ ［清］董诰、阮元、徐松等：《全唐文》卷660《授裴度中书舍人制》，中华书局1983年版，第6712页。

表6 唐代知某官、某职事、某使、某差遣任职实例

姓名	知某官、某职事、某使、某差遣	资料来源
太子承乾	知军国事	《全唐文》卷5
豆卢钦望	知军国重事	《全唐文》卷17
崔日用	参知机务	《全唐文》卷17
裴耀卿	集贤学士副知院事	《全唐文》卷23
杨国忠	权知太府卿	《全唐文》卷25
哥舒翰	河西节度副使知节度事	《全唐文》卷25
第五琦	户部侍郎同平章事权知门下省事	《全唐文》卷42
高崇文	剑南东川节度副大使知节度事	《全唐文》卷56
李吉甫	淮南节度副大使知节度事	《全唐文》卷56
田 兴	魏博军步射都知兵马使	《全唐文》卷57
李逢吉	中书舍人权知贡举	《全唐文》卷58
刘 悟	淄青都知兵马使	《全唐文》卷58
韩 宏	宣武军节度副大使知节度事	《全唐文》卷59
王 播	淮南节度副大使知节度事	《全唐文》卷69
蔡 京	权知太仆卿	《全唐文》卷83
王 铎	权知义成军节度使	《全唐文》卷86
刘幽求	左仆射知军国大事	《全唐文》卷250
崔日用	尚书兵部侍郎兼知雍州长史	《全唐文》卷250
卢藏用	守中书舍人兼知吏部侍郎事	《全唐文》卷251
崔 沔	御史中丞知东都留台事	《全唐文》卷251
崔 缜	福建等州节度下都知馆驿官	《全唐文》卷252
郑 璇	知河南县令	《全唐文》卷253
樊 侣	知蜀川防御副使	《全唐文》卷253
尹 愔	谏议大夫兼知史馆事	《全唐文》卷308
杨慎矜	太子右赞善大夫专知太府出纳、权知御史中丞事	《全唐文》卷308
达奚珣	职方郎中兼试知制诰	《全唐文》卷308

（续表）

姓名	知某官、某职事、某使、某差遣	资料来源
李元成	考功郎中兼试知制诰、兼知史馆事	《全唐文》卷 308
张绍贞	剑南节度副大使知节度事	《全唐文》卷 308
韦陟	行礼部侍郎权知吏部侍郎	《全唐文》卷 308
达奚珣	中书舍人权知礼部侍郎	《全唐文》卷 308
杜希望	陇右节度副使知留后事	《全唐文》卷 309
杜鸿渐	知中书舍人事	《全唐文》卷 366
崔猗	知中书舍人事	《全唐文》卷 366
崔炎	权知绛州县令	《全唐文》卷 366
鱼朝恩	兼知处置神策军兵马事	《全唐文》卷 412
朱希彩	幽州节度副大使知节度事	《全唐文》卷 412
韩愈	权知国子博士	《全唐文》卷 639
姚文寿	知内侍省事	《全唐文》卷 639
徐智岌	知内侍省	《全唐文》卷 674
崔棱	权知户部侍郎判度支	《全唐文》卷 648
李正卿	权知陵州刺史	《全唐文》卷 659
牛元翼	权知深州刺史	《全唐文》卷 659
乐璘	权知朔州刺史	《全唐文》卷 659
裴度	司勋郎中知制诰	《全唐文》卷 660
杨嗣复	权知兵部郎中、库部郎中知制诰	《全唐文》卷 662
张平叔	京兆少尹知府事	《全唐文》卷 662
裴谂	司封郎中知制诰	《全唐文》卷 726
杨思勖	左骁卫大将军知内侍事	《唐代墓志汇编》开元 515
曹景林	左龙武军将军知军事	《唐代墓志汇编》建中 015
李良	右神威军将军知军事	《唐代墓志汇编》贞元 101
崔澹	淄州长史知军州事	《唐代墓志汇编》元和 028
陈讷	太仆少卿知东都少府监事	《唐代墓志汇编》元和 031
李辅光	内侍省内给知省事	《唐代墓志汇编》元和 083
赵良裔	权知处州司马	《唐代墓志汇编》元和 142

（续表）

姓名	知某官、某职事、某使、某差遣	资料来源
崔倰	权知户部侍郎	《唐代墓志汇编》元和 149
卜璀	诸州营田都知兵马使	《唐代墓志汇编》长庆 015
郑绅	权知漳州刺史	《唐代墓志汇编》宝历 007
梁守谦	右卫上将军知内侍省事	《唐代墓志汇编》大和 012
卢枞	知盐铁垣曲分巡院事	《唐代墓志汇编》大和 031
卢伯卿	知盐铁转运盐城监事	《唐代墓志汇编》开成 049
柳仲郢	权知京兆尹	《唐代墓志汇编》开成 049
支谟	权知司农寺丞	《唐代墓志汇编》咸通 020
吴承泌	左领军卫上将军知内侍省事	《唐代墓志汇编》乾宁 005
李弘亮	行瀛州平舒县主簿知蓟州渔阳县事	《唐代墓志汇编》元和 125
韦安石	知讷言事	《新唐书》宰相表
李峤	知内史事	《新唐书》宰相表

再谈判。判的书面意义为裁断、主决文书。唐代被大量地运用于任官形式。大体来说，也有判某机构、判某官事、判某职事事几种情况。其适用范围包括如下几类：

（1）宰相、三省长贰。（2）六部长贰。（3）诸寺、监长贰。（4）尚书省丞郎、郎官。（5）其他中央、地方诸司职务，大略有中央学术文化机构、东宫官、武官、唐后期行营统帅幕府、地方都督府等，都有判的任职实例。（6）判度支。①

判的任用特点主要有二：一是适用范围没有知广泛，在供奉官中较为少见，特别是五品以下供奉官尚未见任用实例；在地方官中较为少见，特别是州县官中尚未见任职实例；在节镇、使佐、三司巡院官中尚未见任职实例。二是适用于品秩较高的职务和较重要的职事。如宰相、尚书省员外郎以上官及诸监、寺长官，重要职事如判度支。

判的任用性质与知相近，其中判某职事者类似于差遣，如判度支；其任两个以上职事者判职类似于兼职，如礼部侍郎判尚书左丞、侍御史内供奉判右司

---

① 张东光：《唐代任官形式中的知判问题》，载《郑州大学学报》（哲学社会科学版），2007 年第 1 期。

员外郎、起居舍人判左司员外郎等；其判某官后正授某官者，判职期间近于试用。如柳浑以起居舍人判左司员外郎授行左司员外郎，苏颋撰制词说："宜同满岁之选，式副为郎之举。"① 类似情况还有陈惠满以行尚书祠部员外郎兼判仓部员外郎授行仓部员外郎、赵宗儒以守太子少傅兼判太常卿事授检校尚书左仆射兼太常卿②等。

判的发展方向也与知相近，大体是由试摄向差遣转化。随着使职差遣制的盛行，职事官也在寄禄官化和假借官化。逐渐寄禄官化了的职事官与差遣之间，客观上也需要一个参照物，知、判便逐渐承担了这一参照物的角色。就像散官与职事官之间以行、守为参照物一样。本官（寄禄官）高于所差职务，称判某官事，低于、等于所差职务，则称知某官事。知、判这一参照物地位的确立，是一个漫长的过程，就现有资料，我们还无法对其确立给出准确的时间断限。从唐代判的任官实践看，作为试摄官的判，并不标明本官与差官在品秩上的比照关系，所判职务高于本官品秩的，也不鲜见。但作为差遣的判，却明显地有着标识本官与差官品秩上比照关系的意义。比如判度支。度支本度支郎中（从五品上）所掌，如改由他官主持，其结衔便是个饶有兴味的问题。开元二十二年、二十三年（734、735 年），萧炅、李元祐分别以太府少卿（从四品上）知度支事；天宝七年（748 年）杨钊以给事中（正五品上）兼御史中丞权判度支。这表明开元、天宝间判似乎尚无某种参照物的意义。但至贞元时，判的意义有了变化。贞元八年（792 年）三月，户部尚书（正三品）班宏加专判度支，七月司农少卿（从四品上）裴延龄加权判度支，贞元十二年（796 年）三月，改户部尚书判度支。九月，苏弁除度支郎中兼御史中丞副知度支。他官主持度支在结衔上令人眼花瞭乱的变化是颇耐人寻味的，为什么户部尚书主持就称专判度支，而度支郎中主持便称副知度支？笔者检索唐代文献并没有找到答案，而北宋初李昉与其子（李）宗谔的一席话，却给我们很大的启示："太祖晏驾，诏翰林学士、户部侍郎李昉兼判太常寺。昉归，语其子宗谔曰：'堂吏不知典故，岂有为丞郎而判寺乎？……唐朝丞郎兼判他局者甚多，或官高而言判某官事，

---

① ［清］董诰、阮元、徐松等：《全唐文》卷251《授柳浑左司员外郎制》，中华书局1983年版，第2536页。
② ［清］董诰、阮元、徐松等：《全唐文》卷251《授陈惠满仓部员外郎制》、卷648《授赵宗儒太常卿制》，中华书局1983年版，第2537—6571页。

或官卑而言知某官事，或未即真则言权知某官事，或言检校某官事。……必朝廷不以吾不才，当言权知太常卿事可矣。"① 李昉寄禄官户部侍郎正四品下，所差职务太常卿为正三品②，所以只能称权知太常卿，而不能称判太常卿。如果说，知、判的此种参照物意义在唐代还仅仅是约定俗成的话，在北宋，则有一套严格的规范。即所谓"品同为知，隔品为判"③。如北宋州分若干等，节度州为三品，观察州为四品，刺史州为五品。曹翰以桂州观察使判颍州，就是以四品观察使临五品州，所以称判。在知州、知府逐渐成为正式官称后，称判的标准更高。"宰相、三公、三少、真王出镇，方谓之判，其余乃过呼。"如韩琦除镇安武胜军节度使、司徒兼侍中判桐州，王安石罢相后，以尚书左仆射同中书门下平章事、镇南军节度使判江宁府，即为其例（见表7）。

表7　唐代判某官事、判某职事事的任用实例

姓名	判某官、某职事事	材料来源
陈叔达	判讷言	《新唐书·宰相表》
杨国忠	御史大夫判度支、右相判度支	《全唐文》卷25
哥舒翰	陇右河西节度副大使知节度事判武部	《全唐文》卷25
李辅国	兵部尚书判元帅府行军司马	《全唐文》卷46
刘晏	京兆尹判度支、宰相判度支	《全唐文》卷46
鱼朝恩	行内侍监、判国子监事	《全唐文》卷48
皇甫镈	户部侍郎、宰相判度支	《全唐文》卷58
宝易直	户部侍郎、宰相判度支	《全唐文》卷68
李石	户部侍郎、宰相判度支	《全唐文》卷70
蒋伸	兵部侍郎、宰相判度支	《全唐文》卷80
崔延昭	中书侍郎判度支	《全唐文》卷86
王铎	知义成军节度使判户部	《全唐文》卷86

① ［宋］李焘：《续资治通鉴长编》太平兴国二年夏四月，中华书局1957年版，第403页。

② 宋初官品依唐制。宋制元丰改官制后户部侍郎从三品，太常卿正四品。

③ ［宋］宋敏求：《春明退朝录》卷中，中华书局1980年版，第24页。

（续表）

姓名	判某官、某职事事	材料来源
萧遘	户部尚书、宰相判度支	《全唐文》卷 86
崔慎由	户部侍郎判度支	《新唐书》卷 114《崔融传附崔慎由传》
李知柔	户部尚书判盐铁度支	《全唐文》卷 90
崔孝昌	行太子右赞善大夫判太子率更令	《唐代墓志汇编》太极 003
孙偓	判度支兼诸道盐铁使	《全唐文》卷 90
陆宸	判户部	《全唐文》卷 90
张廷珪	礼部侍郎兼判尚书左丞	《全唐文》卷 90
韦虚心	侍御史内供奉判右司员外郎	《全唐文》卷 251
崔晔	判度支员外郎、库部员外郎	《唐代墓志汇编》开元 026
柳涣	起居舍人判左司员外郎	《全唐文》卷 251
陈惠满	判仓部员外郎	《全唐文》卷 251
陆余庆	宗正卿判尚书左丞	《全唐文》卷 251
萧嵩	殿中侍御史内供奉判司勋员外郎	《全唐文》卷 252
李彭年	太仆少卿权判兵部侍郎事	《全唐文》卷 308
杜鸿渐	守中书舍人判武部（兵部）侍郎	《全唐文》卷 366
崔猗	守中书舍人判文部侍郎	《全唐文》卷 366
薛邕	礼部侍郎集贤学士判院事	《全唐文》卷 411
杜×	检校吏部尚书判东都尚书省事	《全唐文》卷 497
赵宗儒	守太子少傅兼判太常卿	《全唐文》卷 648
崔鄯	仓部员外郎判度支案	《全唐文》卷 657
张叔平	户部侍郎判度支	《全唐文》卷 662
苏咸	壮武将军判左威卫将军	《唐代墓志汇编》开元 537
崔玄礼	东都留守判东都尚书省事	《唐代墓志汇编》大和 039
马怀素	太子少詹事判刑部侍郎	《唐代墓志汇编》开元 074
高愻	都水使者兼判大理、卫尉两卿	《唐代墓志汇编》开元 318
齐映	判兵部	《新唐书·宰相表》
李勉	判刑部	《新唐书·宰相表》
刘滋	判吏部、礼部	《新唐书·宰相表》

3. 员外、员外同正

员外即于正员编制之外供职之意。唐代的员外官实际上包括员外置、员外置同正员两种任用形式。员外置始于太宗贞观时，员外同正则始于永徽六年（655 年）八月"尚药奉御蒋孝璋员外特置仍同正员。"①。员外官之置大致可分为三个阶段：

第一阶段，贞观（627 年—649 年）至神龙（705 年—706 年），人数不多，可视为员外官的初始发展阶段，性质界于厘务与不厘务之间。太宗时，务省内外官，定制为 730 员，并自信地认为"吾以此待天下贤才足矣"②。但随着国家政务的扩大，新的部门与职事不断涌现，唐政府只好"正员不足，又辅之以员外"了。同时，员外官更多的是在授技术官、内侍官等方面发挥着政治作用。

神龙（705 年—706 年）至开元（713 年—740 年）为第二阶段，为员外官的畸形发展阶段。此阶段员外官人数最多。这与当时中宗昏聩，后妃、外戚、权臣等势力弄权有关。杜佑以为："神龙中，官纪隳紊，有司务广集选人，竞收名称，其时无阙注授，於是奏署员外官者二千馀人，自尔遂为恒制。"③ 神龙二年（706 年）三月，除中央诸司设员外官二千余员外，"宦官超迁七品以上员外者又将千员"④。中宗时后妃、公主、外戚等大肆卖官粥爵，授员外官、试官、斜封官等不可胜数，引起舆论大哗，员外官等问题受到朝野的高度重视。仅《唐会要》卷 67《员外官》条就载有百官向皇帝、宰相上疏、奏、封事等多篇，如侍中苏环、酸枣县尉袁楚客、中书侍郎萧至忠、兵部尚书韦嗣立、御史中丞卢怀慎、左台殿中侍御史崔莅、太子中允薛诏讽、监察御史柳泽等。上述疏奏无不痛陈滥授斜封之弊。但在当时，这些疏奏并未遏止住员外等官畸形发展的势头。

开元以后是第三阶段，为限制发展阶段。所谓限制，大致包括三个方面：其一是授予对象的限制。开元二年（714 年）五月三日，唐政府敕令："诸色员外、试、检校官，除皇亲及诸亲五品以上，并战阵要籍、内侍省以外，一切总停。至冬放选，量状迹书判正员官。起今以后，战攻以外，非别敕，不得辄注拟员外官"⑤。这实际上已把员外官的任用对象限制在皇亲、军功、内侍官的范

---

① 杜文玉：《论唐代员外官与试官》，载《陕西师范大学学报》（哲社版），1993 年第 3 期。
② ［宋］欧阳修、宋祁：《新唐书》卷 46《百官一》，中华书局 1975 年版，第 1181 页。
③ ［清］董诰、阮元、徐松等：《全唐文》卷 477《省官议》，中华书局 1983 年版，第 4874 页。
④ ［宋］司马光等：《资治通鉴》卷 208，中华书局 1956 年版，第 6601 页。
⑤ ［宋］王溥：《唐会要》卷 67《员外官》，上海古籍出版社 1991 年版，第 1394 页。

围内。天宝七年（748 年）正月二十二日，唐政府又敕："内外六品以下员外官至考满日，一切并停，各依选例。自今以后，更不得注拟。其皇亲幼小、及诸色承优授官、军功、伎术、内侍省、左右龙武军并诸蕃官等，不在此例。"① 天宝七年的敕令又把员外官的任用范围扩大到承优授官、技术官、左右龙武军和蕃官。其二，厘务的限制。唐政府对员外官厘务的限制由来已久。这大概与员外官的特殊任用性质有关。在正员编制之外授官，旨在协调人事管理制度的相对稳定性与专制君权的相对随意性之间的矛盾。授官的目的往往不是为了职事，更多的是为了协调矛盾。早在神龙元年（705 年）五月，唐政府规定："内外员外官及检校、试官，宜令本司长官量闲剧取资历，请与旧人分判曹事，自外并不在判事之限。其长官、副贰官，不在此限。"② 此时唐政府为员外官判事规定了三个条件。一是根据需要。本部门的政务繁忙，人手少。二是要有职事的资历。三是本部门的正副长官可不受限制。至神龙二年，由于吏部侍郎李峤欲树私恩，再求入相，奏大置员外官，广引贵势亲识。并"使厘务，至与正官争事相殴者"，于是"乃停员外官厘务"③。这是唐政府下达的全面停止员外官厘务的诏令，但效果并不明显。天宝六年（747 年）六月二十四日，唐政府又下令对员外官厘务加以限制。当时御史中丞萧谅上奏说："'近缘有劳人等，兼授员外官，多分判曹务，颇多烦扰。前件官伏望一切不许知事。如正员官总阙，其长官简清干者权判，并本官到日停。'敕旨依奏。"④ 天宝六年的敕旨实际上确定了员外官判事的基本原则，那就是只有在正员官缺额或有故停替时，方可知事。其三，员额的限制。据《唐会要》卷 67《员外官》条，开元以后唐政府曾多次下令厘定州县员外官员数。开元二十二年（734 年）二月十六日敕："应员外官所司注拟，上州不得过四人，中州三人，下州及上县各二人，中县、下县各一人。"乾元二年（759 年）九月二十三日诏："……（员外官）每上州不得过五人，中州不得过四人，上县不得过三人，中县以下不得过二人。"从此可以看出，虽然唐政府对员外官员额加以限制，但实际上，其员额却呈逐渐增加趋势。另外，中央的员外官员额是否加以限制，因史籍缺载，现在还无法断定。

---

① ［宋］王溥：《唐会要》卷 67《员外官》，上海古籍出版社 1991 年版，第 1395 页。

② ［宋］王溥：《唐会要》卷 67《员外官》，上海古籍出版社 1991 年，第 1390 页。

③ ［宋］欧阳修、宋祁：《新唐书》卷 45《选举下》，中华书局 1975 年版，第 1176 页。

④ ［宋］王溥：《唐会要》卷 67《员外官》，上海古籍出版社 1991 年版，第 1395 页。

就笔者所见，员外官的适用范围与供职机构大体如下：

（1）省、寺、监长贰。唐称秘书、殿中省和九寺、五监长官为卿监官。员外卿监官多出现在开元以后，主要有三种情况：一是嗣王、郡王多授员外卿监官。如玄宗太子李瑛之子李俨授光禄卿同正员，李伸为宗正卿同正员，棣王李琰之子李僎为秘书监同正员，肃宗三子李侨，天宝中授太常卿同正员。① 其二，驸马都尉皆除三品员外官，不治事。② 其三，节镇带朝衔也借用员外的任用形式，授员外卿监官。如陇右河西节度使哥舒翰为鸿胪卿员外置同正员。③ （2）武职。员外官在武职中的任用最为普遍，具有明显的赏赐军功的意义。就范围而言，有诸军卫大将军、将军、中郎将，诸军府折冲都尉、果毅都尉、别将；就性质而言，有方镇节帅及其幕佐、地方长吏带朝衔，也有专授员外官以示荣宠。此类员外官任职实例颇多，兹不枚举。（3）内侍官。唐制优礼宦官，常任命其为员外内侍。就现在发现的任官实例看，有内侍、内侍伯、内给事、内府局丞等名目。（4）殿廷服务官如通事合人，东宫官、王府官。（5）地方州县佐官。唐后期地方州县长期存在员外官，已如上述。文献中所见员外任用形式的州县佐官多为贬谪官。肃宗时第五琦贬忠州长史员外置同正员，宪宗时贬王伾开州司马、王叔文渝州司户参军、韦执宜崖州司马均员外置同正员。④ 非贬谪官如韦表玘行襄州司马员外同正、广武郡王李承宏行房州别驾员外同正。⑤ 州下佐与县佐也有员外任用形式，如李颉为朝议郎行汴州司仓参军员外置同正员⑥，马利征为岐州扶风县丞员外置同正员⑦。（6）蕃官。授员外官是唐政府笼络少数民族上层分子的措施之一。一般授予员外大将军及员外卿监官。喝没

---

① 杜文玉：《论唐代员外官与试官》，载《陕西师大学报》（哲社版），1993 年第 3 期。
② ［宋］司马光等：《资治通鉴》卷 241，中华书局 1956 年版，第 7761 页。
③ ［清］董诰、阮元、徐松等：《全唐文》卷 25《加哥舒翰爵赏制》，中华书局 1983 年版，第 291 页。
④ ［清］董诰、阮元、徐松等：《全唐文》卷 42《贬第五琦忠州长史制》，卷 56《贬王伾、王叔文开州司马、渝州司户参军制》《贬韦执宜崖州司马制》，中华书局 1983 年版，第 461、605 页。
⑤ ［清］董诰、阮元、徐松等：《全唐文》卷 253《授韦表玘泗州别驾制》、309《授广武郡王承宏光禄卿制》，中华书局 1983 年版，第 2554、3134 页。
⑥ 周绍良：《唐代墓志汇编》贞元一二九，上海古籍出版社 1992 年版，第 1932 页。
⑦ ［清］董诰、阮元、徐松等：《全唐文》卷 250《授许景先左补缺等制》，中华书局 1983 年版，第 2532 页。

斯（回鹘）授特进行左金吾卫大将军员外置同正员怀化郡王①，泉献成（高句
丽）授云麾将军守右卫大将军员外置同正员②，泉男产（辽东朝鲜）授金紫光
禄大夫司宰少卿员外置同正员③。（7）技术官。唐时在中央秘书省、殿中省、
太常寺、太仆寺、太子左春坊等机构供职的，从事天文、历算、音乐、医药、
阴阳卜筮、膳厨等专项技术事务的官通称为技术官。《唐会要》卷67《技术官》
条载："开元七年（719年）八月十五日敕，出身非技术而能任技术官者，听量
与员外官，其选叙考劳不须拘技术例"。天宝七年（748年）五月，又规定凡技术
官员外供职者，不得授同正员，上文蒋孝璋为尚药奉御员外特置仍同正员为唐代
前期之制（见表8）。

表8　唐代员外官、员外置同正员官任用实例

姓名	员外置、员外置同正员	资料来源
安禄山	右羽林大将军员外置同正员，范阳大都督府长史	《全唐文》卷25
哥舒翰	鸿胪卿员外置同正员，陇右河西节度使	《全唐文》卷25
第五琦	（宰相贬）忠州长史员外置同正员	《全唐文》卷42
王伾	开州司马员外置同正员	《全唐文》卷56
王叔文	渝州司户参军员外置同正员	《全唐文》卷56
韦执宜	涯州司马员外置同正员	《全唐文》卷56
王承宗	左金吾卫大将军员外置同正员，镇州大都督府长史	《全唐文》卷56
杨泚	通事舍人员外置同正员	《全唐文》卷242
乌薄利	右豹韬卫将军员外置同正员，源州都督	《全唐文》卷242
吉义福	左卫杜阳府左果毅都尉员外置同正员	《全唐文》卷242

---

① ［清］董诰、阮元、徐松等：《全唐文》卷697《授嗢没斯可特进行左金吾卫大将军员
外置仍封怀化郡王制》，中华书局1983年版，第7160页。
② 周绍良：《唐代墓志汇编》大足001，上海古籍出版社1992年版，第985页。
③ 周绍良：《唐代墓志汇编》长安008，上海古籍出版社1992年版，第995页。

（续表）

姓名	员外置、员外置同正员	资料来源
吉义福	左金吾卫大将军员外置，源州都督	《全唐文》卷 242
吉义福	左金吾卫大将军员外置同正员	《全唐文》卷 242
韦振	通事舍人员外置同正员	《全唐文》卷 250
高仙芝	右羽林军大将军员外置同正员，四镇经略副使	《全唐文》卷 252
安金藏	右武卫翊府中郎将员外置同正员	《全唐文》卷 252
安金藏	右骁卫将军员外置同正员	《全唐文》卷 252
裴君士	殿中少监员外置同正员	《全唐文》卷 252
窦元泰	昭成皇后四从叔，太子洗马员外置同正员	《全唐文》卷 252
韦表玘	襄州司马员外置同正员	《全唐文》卷 252
李彻	濮阳郡王，太仆卿员外置同正员	《全唐文》卷 309
李承宏	广武郡王，房州别驾员外置同正员	《全唐文》卷 309
李承宏	广武郡王，光禄卿员外置同正员	《全唐文》卷 309
韦珙	庆王傅员外置同正员，光禄卿员外置同正员	《全唐文》卷 309
崔惠童	驸马都尉（尚主）卫尉卿员外置同正员	《全唐文》卷 309
豆卢建	驸马都尉（尚主）太仆卿员外置同正员	《全唐文》卷 309
杜希望	太仆少卿员外置同正员，鄯州刺史	《全唐文》卷 309
杜希望	鸿胪卿员外置同正员摄御史中丞	《全唐文》卷 309
王群	左金吾卫将军员外置同正员澶州刺史	《全唐文》卷 658
嗢没斯	（回鹘）左金吾卫大将军员外置同正员怀化郡王	《全唐文》卷 697
薛义	左龙武军大将军员外置同正员	《墓志》天宝 145
李献	兴德府别将员外置同正员	《墓志》天宝 175
张元忠	行内侍员外置同正员	《墓志》天宝 235
张毗罗	左武卫将军员外置同正员	《墓志》天宝 272
李颉	汴州司仓参军员外置同正员	《墓志》贞元 129
崔蕚	左领军卫陕州上阳府折冲员外置同正员	《墓志》元和 136
刘明德	左武卫泾州四门府折冲都尉员外置同正员	《墓志》长庆 009

（续表）

姓名	员外置、员外置同正员	资料来源
李文正	左金吾卫大将军员外置同正员，右神策军同正将	《墓志》大和 032
魏叔元	右威卫沁州×儁府折冲都尉员外置同正员	《墓志》大和 092
苏恩	左金吾卫大将军员外置同正员，试殿中监	《墓志》会昌 006
王文干	内侍省内给事员外置同正员	《墓志》会昌 037
泉献成	右卫大将军员外置同正员	《墓志》大足 001
泉男产	司宰少卿员外置同正员	《墓志》长安 008
高福	守内侍员外置同正员	《墓志》开元 187
慕容明	右监门卫中郎将员外置同正员	《墓志》开元 478

员外官与员外同正的任用特点：其一，适用范围相对狭窄。主要集中在武职、内侍、技术等部门和职事以及地方州县。中央政府的要害部门如三省和御史台一般不授员外官。今所见三省官授员外者只有殿廷服务官通事舍人。唐制，一般供奉官试摄称为内供奉。御史台监察御史称为里行，均不称员外。其二，履任职事的非常规性。中央诸司员外官厘务主要出现在开元以前，因其厘务与正员官发生冲突，故而此后唐政府对员外官职事的基本精神是加以限制。开元以后，其基本作用是优亲、赏功、任用技术官、安置内侍官、贬谪官和笼络蕃官，对权力中枢影响不大。第三，员外官也有向假借官转化的趋势。开元以后，地方州县和使府官假借朝衔，也多用员外、员外同正的任用形式。

4. 试

试的字面意义为试用某官，但在古代具体的任官实践中却不尽如此。汉代以来，试一般不单用，而官员试职称守，试至多是加在守前面，含有位卑而骤进之意。《汉书》卷67《朱云传》载曾有人推荐朱云以六百石试守御史大夫，《后汉书》卷24《朱勃传》载勃年未二十右扶风请其试守谓城宰。唐初，官吏试职则称为检校、里行、内供奉、知、判等，直接以试名官开始于天授二年（691 年）。"凡举人无贤不肖咸加擢拜，大置试官以处之，试官盖起于此也。"①天授二年二月，十道使所举 131 人都授予拾遗、补缺、御史、著作郎、卫佐、

———————————

① ［唐］杜佑：《通典》卷19《职官序》，岳麓书社 1995 年版，第 243 页。

校书等试官。唐试官的任用性质也分二种：一是试用其职，即实履其任者，二是试假其衔，唐后期外官带朝衔，也称试。据笔者所见，试官任用范围如下：

（1）三省官。就现有任官实例看，三省试官比较少见。尚书省员外郎以上官多称检校，门下中书两省五品以下多称内供奉。今所见尚书省诸司侍郎有试官实例。苏味道、陆元方于圣历元年、二年（698、699 年）先后试天官侍郎①，韦济以朝散大夫守京兆少尹试尚书户部侍郎。诸司郎官如李何忌以左补缺授试尚书职方员外郎②。中书、门下两省官今仅见中书舍人之差遣官知制诰和殿廷服务官通事舍人有任职实例。达奚珣以守职方郎中试知制诰，李元成以守考功郎中试知制诰，崔铣以朝请郎试通事舍人。③

（2）秘书省及诸寺、监卿、监以下官。试卿、监、丞如吴仲孺中大夫试光禄卿、马承进特进试卫尉卿、向昌鉴试卫尉卿④、张清朝议郎试大理寺丞⑤。据《全唐文》任官文书和《唐代墓志汇编》中的官员结衔文书，上述机构试官较多的有：秘书省校书郎、太常寺协律郎、奉礼郎、大理评事。（3）东宫官、王府官。东宫官太子仆（从四品上）以下、王府官长史以下均发现有试官。（4）军卫。军卫中郎将以上武官中试官的任职实例较少，因有检校、员外置等任用形式。大量存在的是卫佐试官，如郭洪宣德郎试左卫兵曹参军，张某试左武卫率府兵曹参军，赵损宣德郎试右卫兵曹参军，裴简试左内率府胄曹参军。⑥（5）州县佐官。诸州上佐长史、别驾、司马试官为数最多，如高岳以朝散大夫试濮州长史，苑玄亮试松州别驾都知剑南道节度兵马使，如王圭

① ［宋］欧阳修、宋祁：《新唐书》卷 61《宰相表》，中华书局 1975 年版，第 1662 页。

② ［清］董诰、阮元、徐松等：《全唐文》卷 308《授韦济户部侍郎制》、卷 366《授李何忌职方员外郎制》，中华书局 1983 年版，第 3130 页。

③ ［清］董诰、阮元、徐松等：《全唐文》卷 308《授达奚珣中书舍人制》《授李元成中书舍人制》，卷 250《授崔铣起居舍人制》，中华书局 1983 年版，第 3127 页、3127 页、2532 页。

④ ［清］董诰、阮元、徐松等：《全唐文》卷 367《授吴仲孺试光禄卿制》《授马承进试卫尉卿制》《授向昌鉴卫尉卿等制》，中华书局 1983 年版，第 3728 页。

⑤ ［清］董诰、阮元、徐松等：《全唐文》卷 589 柳宗元撰张公墓志铭，中华书局 1983 年版，第 5954 页。

⑥ 周绍良：《唐代墓志汇编》贞元 089、贞元 138、元和 053、元和 073，上海古籍出版社 1992 年版，第 1899 页、1938 页、1986 页、1999 页。

为朝议郎试平卢军司马①，州下佐与县佐中也有试官，如杨宗本为将仕郎试泾州参军，张宗幹为将仕郎试吉州太和县尉②（见表9）。

试官的任用特点有二：其一，较比员外官的适用范围宽，但较比检校、知等适用范围窄。内外文武诸司大多有试官任职实例，但在宰相、供奉官、御史官中较为少见，因这些官中适用知、同、内供奉、里行等任用形式。其二，适用的品秩较比检校官低。除卿、监、尚书省六部侍郎、太子仆等品秩较高外，一般都在五品以下，特别是卫佐、校书、大理评事、太常寺协律郎、奉礼郎等八品以下官中为数最多，因这些官多为起家官，与试官位卑骤进的任用本质相一致。

表9　唐代试官任职实例

姓名	试官实例	资料来源
苏味道	天官侍郎	《新唐书》卷61《宰相表》
陆元方	天官侍郎	《新唐书》卷61《宰相表》
崔铣	朝请郎前试通事舍人	《全唐文》卷250
王琪	试大理评事	《全唐文》卷251
杨祯	前试剡王府长史	《全唐文》卷252
崔缜	试太子舍人	《全唐文》卷252
向遵仙	试太子左赞善大夫	《全唐文》卷252
达奚珣	守职方郎中试知制诰	《全唐文》卷308
李元成	守考功郎中试知制诰	《全唐文》卷308
韦济	试尚书户部侍郎	《全唐文》卷308
张伯禽	太子左赞善大夫试太子仆	《全唐文》卷366
李何忌	试职方员外郎	《全唐文》卷366
吴仲孺	中大夫试光禄卿	《全唐文》卷367
马承进	特进试卫尉卿	《全唐文》卷367

---

① 周绍良：《唐代墓志汇编》元和016、天宝019、天宝074，上海古籍出版社1992年版，第1960、1543、1583页。

② 周绍良：《唐代墓志汇编》宝历013、元和055，上海古籍出版社1992年版，第2089、1987页。

（续表）

姓名	试官实例	资料来源
何昌鉴	试卫尉卿	《全唐文》卷 367
崔殷	朝议大夫试太子舍人	《全唐文》卷 411
卫煇	试秘书省校书郎	《全唐文》卷 412
张清	试大理寺丞	《全唐文》卷 589
韩愈	试太常寺协律郎	《全唐文》卷 639
郑懿	试太常寺协律郎	《全唐文》卷 657
苑玄亮	试松州别驾都知剑南道节度兵马使	《唐代墓志汇编》天宝 019
如珪	试平卢军司马	《唐代墓志汇编》天宝 047
邓俊	试岳州长史	《唐代墓志汇编》宝应 008
郑易	试大理评事	《唐代墓志汇编》贞元 063
杨令言	太常寺协律郎	《唐代墓志汇编》贞元 082
郭洪	宣德郎试太常寺协律郎	《唐代墓志汇编》贞元 089
成公羽	试太常寺协律郎	《唐代墓志汇编》贞元 127
吕周任	试太子通事舍人	《唐代墓志汇编》贞元 133
张×	试左武卫率府兵曹参军	《唐代墓志汇编》贞元 138
裴孝仙	试左卫兵曹参军	《唐代墓志汇编》元和 006
高岳	试濮州长史	《唐代墓志汇编》元和 016
刘元谕	试博州长史	《唐代墓志汇编》元和 035
高平毕	试泗州长史	《唐代墓志汇编》元和 040
郗弘度	试秘书省校书郎	《唐代墓志汇编》元和 043
史群	试太子家令寺丞	《唐代墓志汇编》元和 051
赵损	试右卫兵曹参军	《唐代墓志汇编》元和 053
孙忠干	试吉州太和县尉	《唐代墓志汇编》元和 055
孙保衡	试秘书省校书郎	《唐代墓志汇编》元和 058
裴俭	试内率府胄曹参军	《唐代墓志汇编》元和 073
佐时	试太子通事舍人	《唐代墓志汇编》元和 077

（续表）

姓名	试官实例	资料来源
李素规	试大理评事	《唐代墓志汇编》元和 078
李继	试太常寺奉礼郎	《唐代墓志汇编》元和 094
李卓	试秘书省校书郎	《唐代墓志汇编》元和 100
孙敏行	试太常寺协律郎	《唐代墓志汇编》元和 105
胡×	试虔王府长史	《唐代墓志汇编》元和 111
成表微	试蜀王府参军	《唐代墓志汇编》元和 134
邵仲方	试太常寺奉礼郎	《唐代墓志汇编》元和 135
能政	试光禄寺丞	《唐代墓志汇编》长庆 024
诸葛澄	试左金吾卫朗将	《唐代墓志汇编》宝历 010
韩戌	试左武卫兵曹参军	《唐代墓志汇编》宝历 010
赵全泰	试左武卫兵曹参军	《唐代墓志汇编》宝历 011
杨宗本	试泾州参军	《唐代墓志汇编》宝历 013
卢德明	试河南府兵曹参军	《唐代墓志汇编》宝历 018
方蓬	试左卫兵曹参军	《唐代墓志汇编》宝历 019

5. 内供奉

内供奉究竟是官称还是任官形式，长期以来，并没有统一的认识。中华书局标点本两《唐书》还因此出现多处标点失误。① 今所见最早的内供奉官为崔融，据《旧唐书》卷 94《崔融传》载崔氏除著作郎兼右史内供奉为圣历二年（699 年）。据笔者初步考察，内供奉的名目还有控鹤监内供奉、右奉宸内供奉、御史中丞内供奉、侍御史内供奉、殿中侍史内供奉、紫微舍人内供奉、中书舍人内供奉、给事中内供奉、通事舍人内供奉、谏议大夫内供奉、左右拾遗补缺内供奉等，其任用性质和任用范围可初略表述为五品以下供奉官和近侍侍从官正员编制之外的特殊任职形式。② 而将其定义为"法定员额之外所置谏官、御

---

① 何锡光：《两〈唐书〉中与"内供奉"有关的官职名称的错误标点》，载《中国史研究》，2003 年第 1 期。
② 张东光：《唐代的内供奉官》，载《社会科学辑刊》，2005 年第 1 期。

史等官名目"①，则未免狭隘。其员额一般为正员官的一半，如御史中丞 2 人，内供奉 1 人；侍御史 4 人，内供奉 2 人；殿中侍御史 6 人；内供奉 3 人；左右补缺拾遗各 2 人，共计 8 人，则内供奉 4 人。②

内供奉的任用特点：其一，就适用范围看，主要集中在供奉官与近侍侍从官，虽然相对狭窄，但政治作用不可小视。其二，适用品秩一般较低，中书门下两省和御史台长官、高级侍从官左右散骑常侍的特殊任用形式一般称为检校，而不称内供奉，这大概和内供奉资浅者试职的任用性质有关。其三，就其履任的情况看，可以肃宗至德为断限，前期多为试任其职，后期多为假借其资。而作为假借官的内供奉官仅适用于品秩较低者，如侍御史、殿中侍御史和左右补缺拾遗内供奉。笔者从唐代文献中检索出内供奉任职实例 63 例，其中实履其任者 40 例，假借官资者 23 例，均出现在唐代后期，并集中在侍御史内供奉、殿中侍御史内供奉上。

内供奉官的任用性质，一为借调。"如未即真，有故停，即以本官赴选。"未及转为正员官即有故停替，不计内供奉官资，仍以原官资格参加诠选。二为代理。如未及转为正员官就改任他官者，承认内供奉官资。《唐会要》卷 60《御史台上》说侍御史内供奉者"其迁改与正官资望亦齐"③，而左右补缺拾遗内供者"其资望亦与正官同"④。从《全唐文》任官文书中内供奉官的迁转情况看，其资历与正官差别不大。一般而言，内供奉官所改任的职务品阶均高于原任职务正官的品阶；而且改任职务均是正式任命的。这表明，供奉官在迁改时所拥有的优越性内供奉者也同样拥有。三为试用。有相当部分内供奉官转为正员官，如张九龄即由中书舍人内供奉正拜中书舍人⑤，王丘由紫微舍人内供奉正拜紫微舍人，元巽、蒋将明、崔益、孙会等均由侍御史内供奉转为正员侍御史。常衮《授元巽侍御史制》称其内供奉转正为"宜从职员之正，式光风宪之选"⑥。

---

① 赵冬梅：《唐五代供奉官考》，载《中国史研究》，2000 年第 1 期。
② ［唐］杜佑：《通典》卷 21《职官三》："（左右补缺拾遗）自开元以来，尤为清选，左右补缺各二人，内供奉一人，左右拾遗亦然。"注曰："两省拾遗，补缺十二人。"
③ ［宋］王溥：《唐会要》卷 60《御史台上》，上海古籍出版社 1991 年版，第 1238 页。
④ ［唐］李林甫等：《大唐六典》卷 8《门下省》，三秦出版社 1992 年版，183 页。
⑤ ［宋］欧阳修、宋祁：《新唐书》卷 126《张九龄传》，中华书局 1975 年版，第 4427 页。
⑥ ［清］董诰、阮元、徐松等：《全唐文》卷 411，中华书局 1983 年版，第 4218 页。

表 10　唐代内供奉官任职情况

姓名	供职机构与任职情况	资料来源
吉顼	左台中丞控鹤内供奉	《资治通鉴》卷 206 圣历元年
张易之	司卫卿控鹤内供奉	《资治通鉴》卷 206 圣历元年
张昌宗	银青光禄大夫控鹤内供奉	《资治通鉴》卷 206 圣历元年
田归道	殿中监控鹤内供奉	《资治通鉴》卷 206 圣历二年
李迥秀	夏官侍郎控鹤内供奉	《资治通鉴》卷 206 圣历二年
薛稷	凤阁舍人控鹤内供奉	《资治通鉴》卷 206 圣历二年
员半千	正谏大夫控鹤内供奉	《资治通鉴》卷 206 圣历二年
崔融	著作郎右史（起居舍人）内供奉	《全唐文》卷 242
吵吨忠义	上柱国右奉宸（右千牛卫）内供奉	《全唐文》卷 242
骆务整	右奉宸（右千牛卫）内供奉	《全唐文》卷 242
张说	右史内供奉兼知考功贡举事	《旧唐书》卷 97《张说传》
王丘	通直郎紫微（中书）舍人内供奉	《全唐文》卷 250
齐瀚	朝议郎给事中内供奉	《全唐文》卷 250
韩休	朝议郎左补缺内供奉判主爵员外郎	《全唐文》卷 250
韦虚心	朝议郎侍御史内供奉判右司员外郎	《全唐文》卷 250
韦希仲	左卫将军上柱国兼通事舍人内供奉	《全唐文》卷 251
陈贞节	宣议郎右拾遗内供奉	《全唐文》卷 251
张九龄	左拾遗内供奉	《新唐书》卷 45《选举下》
萧嵩	朝请大夫殿中制（侍）御史内供奉	《全唐文》卷 252
崔宥	殿中侍御史内供奉	《全唐文》卷 252
杨齐瑄	朝议郎前行右拾遗内供奉	《全唐文》卷 308
张九龄	中书舍人内供奉	《新唐书》卷 126

（续表）

姓名	供职机构与任职情况	资料来源
卢绚	朝议大夫中书舍人内供奉	《文苑英华》卷 393
裴宽	朝散大夫检校尚书右司郎中侍御史内供奉	《文苑英华》卷 393
陆海	朝议郎侍御史内供奉赐绯	《全唐文》卷 411
房宗偓	朝议郎侍御史内供奉赐绯	《全唐文》卷 411
郑浑	朝散大夫殿中侍御史内供奉赐绯	《全唐文》卷 411
元巽	朝议郎侍御史内供奉	《全唐文》卷 411
蒋将明	宣议朗侍御史内供奉东都留台	《全唐文》卷 411
崔益	通议大夫侍御史内供奉前诸道营田使判官	《全唐文》卷 411
孙会	朝散大史侍御史内供奉充福建节度判官	《全唐文》卷 411
郑虚心	左拾遗内供奉	《文苑英华》卷 395
辛丘度	朝散大夫右补缺内供奉	《全唐文》卷 662
高定方	监河东河西道兵马使（?）内供奉	《唐代墓志汇编》开元四〇七
李廊	将仕郎前殿中侍御史内供奉	《墓志》贞元〇三三
崔芄	浙江东道团练副使朝议郎殿中侍御史内供奉	《墓志》贞元一三〇
卢璠	剑南东川节度推官殿中侍御史内供奉	《墓志》元和〇五三
窦从直	殿中侍御史内供奉	《墓志》元和〇七六
王众仲	朝议郎殿中侍御史内供奉	《墓志》元和〇九八
许康佐	承务郎侍御史内供奉赐绯	《墓志》元和一二四
吴思	前试太常寺协律郎右拾遗内供奉	《册府元龟》卷 644《贡举部》
韦曙	京兆府高平县尉左拾遗内供奉	《册府元龟》卷 644《贡举部》

（续表）

姓名	供职机构与任职情况	资料来源
黎填	翰林学士朝议郎右补缺内供奉	《墓志》开成〇〇七
崔倬	天平军节度判官宣德郎侍御史内供奉	《墓志》开成〇一八
崔揆	陇州防御判官殿中侍御史内供奉	《墓志》开成〇四四
卢伯卿	知盐铁转运盐城监事殿中侍御史内供奉	《墓志》开成〇四九
沈佐黄	兖海节度判官登仕郎侍御史内供奉	《墓志》大中一四〇
孙玩	寿州团练判官宣议朗侍御史内供奉	《墓志》咸通〇六〇
令狐澄	浙江西道观察判官朝议郎殿中侍御史内供奉	《墓志》咸通〇六二
郑仁表	镇海军节度掌书记将仕郎殿中侍御史内供奉	《墓志》咸通一一五
杨知退	前×曹濮等州观察判官将仕郎殿中侍御内内供奉	《墓志》乾符〇一〇
张中立	宣议郎侍御史内供奉知盐铁嘉兴监事	《墓志》乾符〇三一
薛廷老	右拾遗内供奉史官修撰	《唐会要》卷56《省号下》

6. 里行

里行官出现于唐宋时期的御史台，而以唐代数量最多，影响最大。其源头可上溯至魏晋南北朝的"限外御史"。《职官分记》卷14《监察御史》引《齐职仪》："晋宋时有限外御史，冠服同正员而无局任。"孙逢吉按语曰："今里行、内供奉之类是也。"晋宋时的"限外御史"是御史台正员编制之外供职的闲散人员，与唐代里行、内供奉之类实履其任者迥然不同，但仍可以视其为里行官形式上的源头。

唐代为数最多的里行官是监察御史里行。里行的官称始于太宗朝的马周，而里行官的制度化，则始于高宗朝的王本立。王本立为监察御史里行，使里行官在任职资格、待遇、权限、迁转资序、员额上都有了大致规定。唐代监察御史为京官正八品上，"其选拜多自京畿县尉"。京畿县尉品秩在正八品下至从八品下之间，是正拜监察御史的法定资历。如低于从八品下者拜监察御史，结衔须带里行。待遇与资历均以本官为依据。性质类似于"借调"。员额为正员之半，权限与正员同。武后文明元年（公元684年）王大宾被拜为监察御史里行，从待遇到资历都不再以本官为依据，成为独立的官称实体，其性质更接近于现今的"试用"。

除了监察御史之外，武后和玄宗时又出现了其他名目的里行官。武后文明元年（公元684年），又有殿中（侍御史）里行，玄宗开元中，又置里行使。但殿中侍御史里行和各类里行使在唐代任官实践中属于个别现象，为数甚少，笔者检索唐代文献共发现里行官者37例，其中35例为监察御史里行①。

里行官的出路大致有二：一是转为正员官，二是改任他官。转为正员官者，里行阶段的任用性质相当于监察御史的试用期，如李翔由监察御史里行转为正员监察御史，元稹在撰写《李翔起复监察御史制》中称："或满岁即真，或不时署位，亦试可之意也。"② 改任他官者，即元稹所谓"不时署位"者，里行期间的任用性质便为代理，代理期间里行的官资也是被承认的："其迁改与正官资望亦齐。"③ 苏颋撰《授褚璆侍御史制》④ 中记载褚璆即是以监察御史里行的资历升任侍御史的，侍御史品秩为从六品下，即便是正员监察御史（正八品上）拜侍御史也算是破格任用了。

① 张东光：《唐代御史台的里行官》，载《辽宁大学学报》（哲社版），2005年第2期。
② ［清］董诰、阮元、徐松等：《全唐文》卷649，中华书局1983年版，第6580页。
③ ［唐］李林甫等：《大唐六典》卷13《御史台》，三秦出版社1991年版，第270页。
④ ［清］董诰、阮元、徐松等：《全唐文》卷251，中华书局1983年版，第2539页。

表 11　唐代里行官任职情况表

姓名	供职机构及任职情况	资料来源
马周	监察御史里行	《通典》卷24《职官六》
王本立	监察御史里行	《唐会要》卷60《御史台》上
王大宾	监察御史里行	《通典》卷24《职官六》
杨启	殿中（侍御史）里行	《唐会要》卷60《御史台》上
王侍征	殿中（侍御史）里行	《唐会要》卷60《御史台》上
褚璆	监察御史里行	《全唐文》卷二五一《授褚璆侍御史制》
裴咸	左台监察御史里行	《唐代墓志汇编》圣历〇〇五
邓森	右台监察御史里行	《唐代墓志汇编》景云〇〇七
朱崇庆	（监察）御史里行	《唐代墓志汇编》开元二二〇
周诚	监察御史里行	《唐代墓志汇编》开元四八三
穆员	东部留守判官监察御史行	《唐代墓志汇编》贞元〇〇五
李汇	承奉郎前监察御史里行	《唐代墓志汇编》贞元〇二四
郑易	监察御史里行	《唐代墓志汇编》贞元〇六八
王仲堪	监察御史里行	《唐代墓志汇编》贞元〇七六
王叔雅	江南西道观察判官监察御史里行	《唐代墓志汇编》元和〇三三
李仍叔	陈许潝蔡观察判官监察御史里行	《唐代墓志汇编》元和一二〇
包陈	山南东道观察判官监察御史里行	《唐代墓志汇编》大和〇一一
王师正	知盐铁福建院事监察御史里行	《唐代墓志汇编》大和〇一五
寇璋	前湖南观察推官监察御史里行	《唐代墓志汇编》大和〇七四
侯绩	福建观察推官监察御史里行	《唐代墓志汇编》大和一〇〇
陈修古	淮南节度推官监察御史里行	《唐代墓志汇编》开成〇四四
崔郿	监察（御史）里行充泽潞等州观察支使	《全唐文》卷648《授崔郿等监察里行制》

（续表）

姓名	供职机构及任职情况	资料来源
李翔	监察御史里行	《全唐文》卷 649《李翔起复监察御史制》
卢昂	监察御史里行知转运永丰院	《全唐文》卷 659
韦遇	鄜坊丹延等州节度掌书记监察御史里行	《唐代墓志汇编》大中〇一二
田（下缺）	平卢节度掌书记监察御史里行	《唐代墓志汇编》大中〇二一
李宽中	监察御史里行	《唐代墓志汇编》大中〇三三
元范	监察御史里行	《唐代墓志汇编》大中〇八〇
沈师黄	监察（御史）里行判观察事	《唐代墓志汇编》大中〇八四
黄建	节度掌书记监察御史里行	《唐代墓志汇编》大中〇九六
杨乾光	鄜坊观察判官监察御史里行	《唐代墓志汇编》大中〇九七
赵璜	佐盐铁府监察御史里行	《唐代墓志汇编》咸通〇二一
孙虬	知盐铁汴州院事监察御史里行	《唐代墓志汇编》咸通〇六〇
李郴	湖南都团练判官监察御史里行	《唐代墓志汇编》咸通〇六一
崔茂藻	振武观察支使试大理评事兼监察御史里行	《唐代墓志汇编》乾符〇〇四
侯濬川	（上缺）摄节度判官监察御史里行	《唐代墓志汇编》景福〇〇二
张建章	节度巡官监察御史里行	《唐代墓志汇编》中和〇〇七

7. 使职

使职是唐代最重要的任官形式之一，也是在诸种任官形式中最受研究者重视、取得研究成果最多的任官形式。如果从非正式任命又实履其任的原则出发，把使职纳入试摄官的范畴，大致也是可以接受的。

使职的适用范围十分广泛，已有学者在财经、军事、行政监察、宫廷服务、礼法杂类五大系统中勾稽出使职近 350 个。① 这些使职与上述检校、知、判、员

① 参见宁志欣：《唐朝使职若干问题研究》，载《历史研究》，1999 年 2 期。

外同正、试、内供奉、里行等不同，其最大特点是大多于国家正式行政系统之外供职，于新生的部门担任新生的职事。上述诸种任官形式一般要借助于既定的机构、官称或职事才得以存在，而使职则不需要这些，可以无所依凭，在任用形式上显示出更大的灵活性。而且这些新生的部门和职事还有常设化、固定化、系统化的倾向。故此，使职带来的影响不仅是官员任用形式和任用性质的变化，甚至包括国家机构的变化，是国家行政体制总体格局的变化。

二、试摄官的待遇问题

一般来说，一个完整的职官实体是其责、权与利的结合，即官员对社会的责任形式与社会对官员的承认形式的统一。上述从试摄官履任的角度讨论了其责任形式的问题，以下将从其待遇的角度讨论社会对其承认形式问题。

官员的待遇包括以资历、章服、班序为核心的政治待遇和以俸禄为核心的经济待遇。先看政治待遇。以上随任用情况已大致说明了试摄官的资历问题。至于章服，上文正命官的部分业已谈到唐制官员衣服依本品，即散官阶的转化形态。但同时唐制又以恩制赏绯紫的形式协调官阶低与职事重之间的矛盾。除赏绯紫之外，还有佩鱼袋。自高宗永微以后，京官文武职事四品、五品以上，始佩鱼袋，至垂拱二年（686年），地方都督刺史亦准京官例佩鱼。赏绯紫与佩鱼袋是章服制度的补充形式，它取决于职事官品秩的高下及所任职事的地位的轻重，表现了职事差遣对散官章服意义的侵夺。上述特殊任用形式的试摄官也于开元时获得了佩鱼袋的特权。《唐会要》卷31《舆服上·鱼袋》引苏氏（冕）记曰："自永徽以来，正员官始佩鱼，其离任及致仕，即去鱼袋。"员外、判、试并检校等官，并不佩鱼。至开元九年（721年）九月十四日，中书令张嘉贞奏曰："致仕官及内外五品以上检校、试、判及内供奉官，见占缺者，听准正员例，许终身佩鱼……以为荣宠。自后恩制赏绯紫，例兼鱼袋，谓之章服。"

唐制对试摄官的班序问题，也有特殊规定："检校官、兼官及摄、试、知、判等官，并在同位正员之次，其有行所检校、兼、试、摄、判等官职事者，即以正官班序。"①

至于其经济待遇，是更为复杂的问题。一是任用形式复杂。上述人员任用称谓、品秩、供职机构、任用性质各自不同；二是俸禄本身的复杂性。历史时期、俸禄类别、支付方式都有所不同。

记述唐代试摄官俸禄有两条基本材料，一是乾封元年俸禄制，二是《通典》杜佑注。以下依据这两条基本材料，再结合其他文献，对试摄官俸禄予以解说。

乾封元年（666 年）八月唐政府定制："……凡京文武正官每岁供给俸食等总钱十五万二千七百二十贯。员外官不在此数。……诸内外员（外）同正员者，禄料、赐会、食料亦同正员。余各给半。职田并不给。……内供奉及里行，不带本官者，禄俸、食料、防阁、庶仆一事以上并同正员官，带官者，听从多处给，若带外官者，依京官给。诸简（检）校及判、试、知等官不带外（官）者，料度一事以上准员外官同正员例给，若简（检）校及判、试、知处正官见阙者，兼给杂用。其职田不应入正官者，亦给。其侍御史、殿中侍御史、监察御史知、试并同内供奉、里行例。"②

《通典》杜佑注对御史台官的特殊任用形式的待遇叙述最详："侍御史内供奉、殿中侍御史内供奉、监察御史里行，其制并同，皆无职田、庶仆。台例：占缺者传职田、庶仆，无缺可占，则岁两时请地子于太仓，每月受俸及庶仆于太府。"③

依据以上材料，首先可确立几条原则。（1）供给性质区分原则。试摄官与正员官财政来源不同，在正员编制之内的官，俸料钱划拨于本司，"专以税钱给之"④。而员外官料钱，以公廨利钱和正官减俸钱给之。⑤ 地方员外官或以"郡

---

① ［宋］王溥：《唐会要》卷 25《文武百官朝谒班序》，上海古籍出版社 1991 年版，第 563 页。

② ［宋］杨亿、王钦若：《册府元龟》卷 505《邦计部·俸禄一》，中华书局 1982 年版，第 6080 页。

③ ［唐］杜佑：《通典》卷 24《职官六》，岳麓书社 1995 年版，第 350 页。

④ ［宋］欧阳修、宋祁：《新唐书》卷 55《食货志》，中华书局 1975 年版，第 1393 页。

⑤ ［宋］王溥：《唐会要》卷 67《员外官》载景龙二年（708 年）侍中苏环上封事曰："官僚俸禄不加，公廨利钱，更分给员外，若妻子不赡，即侵渔。"

县缺职钱"给之。① （2）类比原则，或曰参照标准原则。各类任用形式的试摄官，都参照员外同正办理，御史台各类任用形式的，都参照内供奉、里行办理。（3）占缺原则。如正员官缺额或有故停替，上述任用形式者可占正员之缺，因占缺者享受统一的供给政策和供给标准，所以报酬与正员官相同，甚至包括杂用和职田。（4）非同正原则。凡只言员外置，未言同正员，只享受正员俸禄之半②。（5）带官原则。以上诸种任用形式者，如衔内带内外正官，称为带本官。带本官者，听从多处给；如带外官（专指内供奉、里行）听从京官给。

这样，我们的讨论对象可大体简化为以员外同正为标尺的、各种非正式任命但实履其任的、既不占缺又不带本官的试摄官的待遇问题。余下的复杂问题来自俸禄本身。唐开元二十四年（736 年）以前，官员俸禄大体包括月俸、食料、防阁（六品以下曰庶仆）、杂用四大类。这四类都是以货币的形式支付的，开元二十四年以后，悉并为月俸一项。③ 另外，还有职田，是以地租的形式支付的。乾元以后兵兴，职田废置无常。

根据上引资料，上述人员的俸禄、食料与正员同④，而杂用不给。只有防阁（庶仆）和职田或说有，或说无，或说减半。以里行、内供奉为例，杜佑注文存在明显矛盾，先说无职田庶仆，后又说"岁两时请地子于太仓，每月受俸及庶仆于太府"。如参照其他文献，庶仆还是有的。《大唐六典》及《唐会要》在论及内供奉、里行的待遇时都说"旧制，庶仆五分减一"⑤。至于职田，各类记载都说无职田，但《通典》杜佑注说内供奉、里行者每年可分两次去太仓请粮米，与正员官职田上的差距也可以得到部分补偿。按照类比原则，可以大致推定：以上实履其任的、既不占缺又不带本官的试摄官待遇如下：俸禄、食料与正员同；杂用不给；防阁（庶仆）五分减一；职田不给，但可获得一定的粮米补偿。

---

① ［宋］王溥：《唐会要》卷 91《内外官料钱》：（天宝）二载三月敕："郡县缺职钱送纳太府寺。自今以后纳当郡，充员外官料钱，不足即收正员官料钱分。"另据上引杜佑注文，内供奉及里行官"请地子于太仓，受俸及庶仆于太府"，亦与正员官有别。

② ［唐］杜佑：《通典》卷 19《职官一》："其同正员者，唯不给职田尔，其禄、俸、赐予正员同，单言员外者，则禄俸减正员官之半。"

③ ［宋］王溥：《唐会要》卷 91《内外官料钱》，上海古籍出版社 1991 年版，第 1963 页。

④ ［宋］欧阳修、宋祁：《新唐书》卷 55《食货志》："员外官、检校、判、试、知给禄料食粮之半"，但与其他文献出入太大，今不取。

⑤ ［唐］李林甫等：《大唐六典》卷 13《御史台》；《唐会要》卷 60《御史台上》，三秦出版社 1991 年版，第 270、1238 页。

试摄官与正员官的俸禄差别到底有多大？这与所试摄职务的品秩有关。因不同品秩官员的防阁（庶仆）在月俸中所占比重不同。开元二十四年不同品秩官员月俸总额中月俸、食料、防阁（庶仆）、杂用所占比例如表 12 所示：

表 12　唐开元二十四年官员月俸结构

单位：文①

品级	月俸总额	月俸%	食料%	防阁（庶仆）%	杂用%
一品	31000	8000 25.8%	1800 5.4%	20000 64.5%	1200 3.9%
二品	24000	6000 25%	1500 6.3%	15000 62.5%	1000 4.2%
三品	17000	5000 29.4%	1100 6.5%	10000 58.8%	900 5.3%
四品	11867?② （12400）	4500 36.6%	700 5.6%	6600 53.2%	600 4.8%
五品	9200? （9100）	3000 33%	600 6.5%	5000 55%	500 5.5%
六品	5300	2300 43.5%	400 7.5%	2200 41.5%	400 7.5%
七品	4500 （4050）③	1750 43.3%	350 8.6%	1600 39.5%	350 8.6%
八品	2475	1300 52.5%	300 12.1%	625 25.3%	250 10.1%
九品	1917	1050 54.8%	250 13%	417 21.8%	200 10.4%

表 12 对于理解不同品秩的试摄官与正员官的俸禄差别有一定启发意义。官

---

① 本表据《唐会要》卷 91《内外官料钱上》。
② ［宋］欧阳修、宋祁：《新唐书》卷 55《食货志》，四品月俸为 11567 文。
③ ［宋］欧阳修、宋祁：《新唐书》卷 55《食货志》，七品为月俸为 4100 文。

员品秩越低，月俸、食料所占比例越高，而防阁（庶仆）所占比例越低，这说明试摄官品秩越低，与正员官的俸禄差别越小。虽然品秩越低，杂用所占比例越高，但杂用在月俸总额中比重过低，不超过10%，所以总体影响不大。

开元二十四年之后，俸、料、防阁（庶仆）、杂用悉并为月俸一项，可以肯定地说，试摄官与正命官的俸禄差别还是存在的。天宝十四年（755年）的加俸诏，就很能说明问题，（天宝）十四载八月四日诏："文武九品以上官员……自今以后，每岁给俸、食料、杂用、防阁、庶仆等，宜十分率加二分，其同正员加一分，仍永为常试。"①

使职的待遇问题。使职的任用情况已有大量论著予以深入探讨，故本节未予深究。但其待遇问题，就笔者所见，尚无系统全面的论述，特别是与同期京官与外官的比较研究。其待遇可大略分为两类：一是临时性使职，政治、经济待遇一般依本官而定；二是常设化、固定化的使职，其政治待遇将在本节假借官部分讨论，本部分只讨论其经济待遇。

常设化、固定化的使职如节度、观察、都防御、都团练等使及其幕佐的经济待遇依使府职务而定。唐代文献记述上述人员俸料的资料远比试摄官更为充分。较集中的主要有三条：（1）大历十二年（777年）厘革观察使、团练使及判官料钱令；（2）会昌时（841—846年）百官（含长设性使职）俸禄材料；（3）会昌六年（846年）《给夏州节度以下官俸敕》。以下依据上述材料对常设性使职与同期京官、外官俸料对照如表13、表14所示：

表13　大历十二年观察使、防御史及判官料钱与朝官、外官比照表②

使府职务	俸料（含料钱、杂给，贯文/月）	禄秩相同或相近朝官	禄秩相同或相近州县官
观察使	料钱一百贯文、杂给五十贯文（不含刺史正俸）	三师、三公、宰相一百二十贯文、中书门下侍郎一百贯文	

① ［宋］王溥：《唐会要》卷91《内外官料钱上》，上海古籍出版社1991年版，第1964页。

② 《唐会要》卷91《内外官料钱上》大历十二年五月厘革诸道观察使、团练使及判官料钱，参考同年四月加给京百司文武官及京兆府县官每月料钱。

（续表）

使府职务	俸料（含料钱、杂给，贯文/月）	禄秩相同或相近朝官	禄秩相同或相近州县官
都团练副使	料钱八十贯文、杂给三十贯文	东宫三太、左右仆射八十贯文	刺史八十贯文
观察判官都团练判官	料钱五十贯文、杂给二十贯文	二常侍、宗正卿、太子詹事五十贯文	别驾五十五贯文，长史、司马五十贯文
支使	料钱四十贯文、杂给二十贯文	太子左右庶子、太常少卿四十贯文	州录事参军、县令四十贯文
推官	料钱三十贯文、杂给二十贯文	国子司业、东宫三卿三十贯文	判司、县丞三十贯文
巡官	料钱三十贯文、杂给二十贯文		主簿、县尉二十贯文

表 14　会昌时使府官与朝官州县官料钱比照表①

使府职务	俸料钱 文/月	同秩、近秩朝官	同秩近秩州县官
节度使	三十万	三师、三公、宰相、二仆射、太子三太二百万至一百四十万，六尚书、御史大夫、太子三少百万	
都防御使、副使监军	十五万		
观察使	十万		

---

① 《新唐书》卷55《食货志》。另外，会昌六年《给夏州节度以下官俸敕》："夏州、灵武、振武节度使，宜每月各给料钱、厨钱共三百贯文，监军每月一百五十贯文，别敕判官每月五十贯文，节度副使每月七十贯文，判官、掌书记、观察判官每月各给五十贯文，推官四十贯文。……天德军使料钱、厨钱每月共给二百贯文，监军每月二百贯文，都防御副使每月五十贯文，判官每月四十贯文，巡官每月三十贯文。"见《册府元龟》卷508《邦计部·俸禄四》，另见《全唐文》卷81。

（续表）

使府职务	俸料钱 文/月	同秩、近秩朝官	同秩近秩州县官
都团练使、副使	八万	左右丞、侍郎、常侍、给、谏、中舍、御史中丞、太子宾、詹、监、寺卿监、国子祭酒	诸府尹、大都督府长史、上州刺史
节度副使	七万	太常、宗正少卿、太子左右庶子	中州刺史、知军
观察团练判官、掌书记	五万	尚书省诸司郎中	上州长史、司马
节度推官、支使、防御判官	四万	员外郎、起居郎、起居舍人、通事舍人、侍御史、国子博士	上州录事参军事、畿县上县令
观察、防御、团练推官、巡官	三万	左右拾遗、监察御史、太常博士、大理司直、太子洗马	上州功曹参军、上县丞

第三节　假 借 官

　　假借官大量出现在唐代后期。随着使职差遣制的盛行，职事官也在不断地寄禄官化和假借官化。清人钱大昕在《答表简斋书》中讨论检校官实任的情况之后说："唐中叶以后，诸将多以军功得检校官，三公、三师、仆射、尚书、常侍，车载斗量，有名无实。"唐代在任官形式上的这一重大变局也引起了当代学者的重视。有学者称此现象为"职事官的阶官化"①，并进一步认为这是唐初散官与职事官相分离的进一步发展："唐朝初年，文武散阶制度相当成熟、严整了。……唐中期的泛阶制也导致了散阶的猥滥与贬值，包括俸禄在内的种种待遇只好向职事品转移。……以'职'为实，以'散'为阶的制度衰败之后，以

---

　　①　张国刚：《唐代的阶官与职事官的阶官化述论》，载《中华文史论丛》，1989 年第 2 辑。

'使'为实，以'职'为阶的新制一波再起。随使职差遣制度的发展，三省六部官、御史台官、卿监长官、诸卫大将军等官位借助于'检校''试官''加宪衔'等等，开始了另一类形式的阶官化，它们开始变为使职的阶了。"① 本书之所以把上述阶官化了的职事官概要称为假借官而不称为阶官，理由主要有二：一是与客观存在的散官（阶官）制相区别。尽管唐代后期散官阶品所承载的意义和价值呈逐渐弱化的走向，与其相联系的种种待遇逐渐向职事品转移，但无法否认，终唐之世，散官的立法意义和实际意义都没有完全丧失，有些项目甚至有所发展，已如上述。即使是在差遣制完全取代了职事官，职事官全盘寄禄官化了的北宋前期，散官的意义也没有完全丧失，散官阶不仅是官员结衔的重要内容，而且其参照用语如"行""守""试"的使用比唐代更为细密和规范②。二是与唐人观念保持一致。实任职事官和使职带朝衔、宪衔，在唐人看来，即为假借。如李立则知盐铁东都留后加检校尚书虞部员外郎，元稹撰写制词说"乞以台省官假借恩荣，俾专剧务"③，牛元翼为检校左散骑常侍深州刺史加御史大夫，白居易撰写的制词说"是用假威台宪"④。在唐代墓志中，墓主为使府佐官带监察御史，撰书者一般称为"假监察御史"⑤。

本节假借官的概念从广义上说可能更为宽泛，其基本精神是"职事官不职事"。凡不以职事为目的，而以获取事实上或名义上的某种特权为目的的职事官，均可视为假借官。从唐代的任官实践看，此种意义上的假借官大致包括以下四类：其一，用以优亲、赏功、安置贬谪、笼络少数族以及滥授、斜封等，上文员外、试官部分已有所讨论。此类人员原则上不治事，有的可获得包括俸

① 见阎步克：《品位与职位——秦汉魏晋南北朝官阶制度研究》，中华书局 2002 年版，第 49 页。
② 《潜研堂文集》卷34《答表简斋书》，宋除授职事官并以散官阶高下为法，高一品为行，下一品者为守，二品以下为试，品同不用行、守、试。
③ ［清］董诰、阮元、徐松等：《全唐文》卷 649《授李立则检校虞部员外郎知盐铁东都留后制》，中华书局 1983 年版，第 6585 页。
④ ［清］董诰、阮元、徐松等：《全唐文》卷 659，中华书局 1983 年版，第 6764 页。
⑤ 周绍良：《唐代墓志汇编》咸通一一五，上海古籍出版社 1992 年版，第 2467 页。

禄在内的某些特权①，而有的则仅仅是"唯假空名，以笼浮俗"②。其二，内外职事官带朝衔、宪衔。朝官兼宪衔一般兼御史大夫、御史中丞。因二职"掌邦国宪法，朝廷纪纲"，所以，"兼此官者，皆以所领务重，特为宠异"③。"所领务重"者兼大夫、中丞如掌控朝廷经济命脉的判度支、太府出纳④，六部实际长官列曹侍郎、京兆府长官京兆尹⑤等。地方官带朝衔、宪衔更具有普遍意义，特别是唐代后期，几乎成为定制。⑥ 此类假借官的实际意义不大，旨在取得诸如班序优先之类的政治特权，对上有"见敬之贵"，对下有"见惧之威"。其三，各类差遣和临时性使职衔内带本官。各类差遣如同中书门下平章事、翰林学士、知制诰、知贡举、判度支及各类临时性使职，如"不带正官，敕内无额"⑦，其各项待遇便无所依凭。使职差遣原则上只承载官员对社会的责任形式，而社会对官员的承认形式，则要附着在其衔内所带之正官之上，此类所谓带本官，实为寄禄官。其四，是常设化，固定化的使职带朝衔、宪衔。此类使职主要是指军政、行政、财政方面的使职，包括节度使、观察使、都防御使、都团练使及其幕佐，盐铁、户部、度支三使及其分巡院官。一般来说，此类使职经济待遇取决于其使府职务，而政治待遇，则取决于所带之朝衔、宪衔。

上述四类，第一类属于非常规性的假借官，是特殊情况的特殊处理办法，

---

① 皇亲授员外官有俸，贬谪官授员外官有俸，《试论唐代的员外官与试官》见前引杜文玉文。

② 因功授员外官、试官："突锋锋、排患难者以是赏之，竭筋力、展勤效者又以是酬之"，"无俸禄之资，无摄管之柄"。见《全唐文》卷469，《又论进瓜果人拟官状》。

③ ［宋］王溥：《唐会要》卷58《尚书省诸司中》，上海古籍出版社1991年版，第1175页。

④ 天宝七载，杨钊除给事中兼御史中丞权判度支，贞元十二年九月苏弁除度支郎中兼御史中丞副知度支，见《唐会要》卷59《别官判度支》。杨慎矜任太子左赞善大夫专知太府出纳权知御史中丞事，见《全唐文》卷308。

⑤ 元和元年四月，御史中丞武元衡曾奏请常参官兼御史大夫、御史中丞者朝参时列在本品同类官之上，并获批准。此举于会昌二年（842）引发一场争论，即列曹侍郎如户部侍郎（正四品下）兼大夫、中丞与尚书左丞（正四品上）班序孰先的问题。此前，列曹侍郎包括吏部侍郎（正四品上）班序都在尚书左丞之下。此次争论后确定诸行侍郎兼大夫，中丞者，班在尚书左丞之上，见《唐会要》卷25《文武百官朝谒班序》。

⑥ 地方官带朝衔宪衔在唐后期文献中比比皆是，兼朝衔典型例子如白居易撰五知州合制：唐开让试太子司仪郎知钦州，陈炎试太子舍人知峦州，李容试太子通事舍人知宾州，冯绪试太子通事舍人知田州，滕殷晋试右卫率府长史知襄州，见《全唐文》卷657。兼宪衔者如上引牛元翼为检校左散骑常侍深州刺史御史大夫，见《全唐文》卷659。

⑦ ［宋］王溥：《唐会要》卷91《内外官料钱上》，上海古籍出版社1991年版，第1967页。

不具有普遍性意义；第二类，虽然具有一定的普遍性，特别是地方官带朝衔、宪衔者，但其实际意义不大；第三类，所带之本官都是正式任命的职事官，虽然丧失了职事的意义，但其余各项待遇均与正官相同，就深入讨论的重要性、必要性而言，当首推第四类，故本节侧重讨论第四类假借官的任用情况及其意义①。

一、使府官假借朝衔、宪衔的一般情况

1. 起始时间问题。传统的说法始于肃宗至德元年（756 年）。"是时兵兴，方镇重任必兼台省长官，以至外府僚佐，亦带朝衔，迄于五季，遂为永制。其带宪衔，至监察御史至御史大夫为宪衔。"② 而事实上，为入幕者奏请朝衔是开元后期开始的，而幕职带宪衔，则始于开元二十三年张守珪为幽州节度使加御史大夫。③ 唐后期的行营统帅幕府和方镇幕府、诸道使府也大致沿袭了开天间边镇幕府的这一成规，凡入幕有出身人及九品以上官均由府主奏请朝衔、宪衔。另一种情况是节帅、府主直接延现任朝官御史入幕，而原任朝官、御史便成为带职。这一情形至迟于开元、天宝之际业已出现。天宝二年唐政府对这一现象特别是延现任御史入幕者曾下令禁止。④

2. 延幕范围问题。关于延幕范围，唐政府有大致的原则规定：节度、观察、防御等使"皆奏请有出身人及六品以下正员官为之。唯两省供奉、尚书省、御史台现任郎官（御史）不得奏请"⑤。这实际上包括了允许延幕范围和禁止延幕范围两条原则。允许原则即"有出身人及六品以下正员官"原则在具体的延幕

---

① 关于盐铁、度支、户部三司使下分巡院官所带之朝衔、宪衔，其任命情况及意义与使府官相比表现出一定的特殊性，限于篇幅，笔者拟另文探讨。
② ［宋］司马光等：《资治通鉴》卷219 至德元载冬十月胡注，中华书局1956 年版，第7002 页。
③ 参见石云涛：《唐开元天宝间边镇幕佐辟署制度》，《唐研究》第七卷，北京大学出版社2001 年版。
④ 天宝二年八月七日敕："所职御史，职在弹违，杂充判官，诚非允当。其诸道节度使先取御史充判官者，并停。自今以后，更不得奏。若切须奏者，不得占台中之缺。其本台长官充任者，不在此限。"见《唐会要》卷62《御史台下·杂录》。
⑤ ［宋］杨亿、王钦若：《册府元龟》卷716《幕府部·总序》，中华书局1982 年版，第8517 页。

实践中基本得到贯彻。虽然无出身者有个别入幕实例，但均是任推、巡以下的低级幕佐，并不得奏请朝衔、宪衔。但禁止原则即两省供奉官、尚书省御史台郎官、御史不得入幕原则并未得到彻底贯彻，从《唐会要》诸使门提供的资料看，唐政府于贞元、长庆、大和、开成时曾多次重申上述官员不得延幕的原则，这也恰好说明了这一原则在延幕实践中"多不遵循"的客观现实。因为唐政府在重申这些原则时，也提出了若干变通的办法，如"统帅专征、特恩开幕、戎府初建、军幄籍才、事关殊私"者，可"别听进止"①。关于幕府官的禁延原则，已有学者作出了较为详尽的讨论②。

3. 使府官带朝衔、宪衔的称谓问题。使府官所带之朝衔、宪衔，尽管都是正式职事官，但毕竟是特殊任用形式，为了和实任职事官加以区别，一般要在官称前加特定称谓。上文试摄官部分谈到的检校、试官、员外、员外同正、内供奉、里行等都被借用过来，作为使府官加朝衔、宪衔时的特定称谓："自至德以来，诸道使府参佐多以省郎及御史为之，谓之外台。则皆检校、里行及内供奉，或兼或摄。"③ 现任朝官、御史入幕，也要在原官称前加一定称谓，以示任用性质发生了改变。大历十四年（779 年）敕文称，"郎官、御史充使，绝本司务者，改与检校、内供奉及里行"④。据笔者初步考察，其称谓至少有：检校、试、摄、兼、员外、员外同正、内供奉、里行等多种。每种称谓又都有大致的适用范围：（1）检校。上自三公下至员外郎，除检校三公之外，余官范围同试摄官部分。（2）试。范围基本同试摄官部分。除试卿、监官品秩较高之外，多为试卫佐、秘书省校书、正字、太常寺协律郎、奉礼郎、大理评事等八品以下官。（3）员外、员外同正。适用于卿监官、东宫官、军卫大将军、将军等武官。（4）兼、摄适用范围较广，以御史官（兼宪衔）为数最多。（5）内供奉、里行。内供奉适用于宪衔侍御史、殿中侍御史，两省供奉官左右补缺拾遗；其余供奉官如给、谏、中舍等未见任用实例。里行仅适用于宪衔监察御史。

---

① ［宋］王溥：《唐会要》卷 79《诸使下·诸使杂录下》，上海古籍出版社 1991 年版，第 1709 页。
② 参见石云涛：《唐代幕府制度研究》，中国社会科学出版社 2003 年版，第四、五章。
③ ［唐］杜佑：《通典》卷 24《职官六》，岳麓书社 1995 年版，第 351 页。
④ ［宋］王溥：《唐会要》卷 62《御史台下·出使》，上海古籍出版社 1991 年版，第 1277 页。

4. 使府官与朝衔宪衔对应关系问题。使府何职带朝衔、宪衔何官，唐制并无明文规定，而且二者考核升迁亦并非同步。使府职务的升降黜陟完全取决于节帅、使主的个人好恶，而朝衔宪衔则由节帅、使主奏请，朝廷任命。因此二者即不完全对等，也无法实现同步。如把使府职务称为"职"，所带之朝衔、宪衔称为"官"，其变动大致有如下情形："官"升"职"不变，"职"改"官"不迁，"官"降"职"依旧，"官""职"俱改迁。① 尽管如此，但如果把尽可能多的使府官结衔排比起来，加以综合分析，亦可看出二者间大致的对应关系(见表15)：

表15　唐后期使府官假借朝衔宪衔比照②

使府职务		常见假借朝衔及其称谓	常见假借宪衔及其称谓
使府长官	节度大使、三都留守、节度副大使知节度事、节度使、节度留后③、观察使、（都）防御使、（都）团练使	检校三公、宰相（同平章事不称检校）、二仆射、六尚书、二常侍，诸卿、监（或称试、员外、员外同正）	（兼、摄）御史大夫、（兼、摄）御史中丞
使府文武高级参佐	（节度、防御、团练等）副使、行军司马、（都知）兵马使、（都）押衙、（都）虞侯、（节度）讨击使	检校太子宾客、太子詹事、检校（或试、员外、员外同正）诸卿监、检校国子祭酒、检校诸少卿、少监、检校尚书省诸司郎中、检校尚书省诸司员外郎	（兼、摄）御史中丞、侍御史、侍御史内供奉、殿中侍御史、殿中侍御史内供奉

---

① 参见杨志玖、张国刚：《唐代藩镇使府辟署制度》，载《社会科学战线》，1984年1期。
② 本表制定参见《全唐文》、《文苑英华》、唐代词臣文集中的任官文书；《唐代墓志汇编》墓主、墓主亲属任职情况及撰书者结衔情况。
③ 亲王遥领节度使称节度大使，在军节度称副大使知节度事，宰相遥领节度使在军节度称节度留后，见《唐会要》卷78《诸使中》。

（续表）

使府职务	常见假借朝衔及其称谓	常见假借宪衔及其称谓
使府文武一般参佐	判官、支使、参谋、掌书记、推官、巡官、十将（同十将）	检校尚书省诸司郎中、员外郎、检校国子博士、著作郎、大理正等；试太常博士、大理评事、试太常寺协律郎、奉礼郎试卫佐（诸卫、东宫诸率府列曹参军）试秘书省校书郎、正字	侍御史、侍御史内供奉、殿中侍御史、殿中侍御史内供奉、监察御史、监察御史里行

二、使府官假借朝衔、宪衔的意义

上述常设化、固定化的使府职务，属于新生部门的新生职事，在唐政府原来的正式行政系统中并无相应的位置，其所承载的更多的是官员对社会的责任形式，而作为社会对官员的承认形式，并不完整。一般来说，使府官的经济待遇取决于其所任之使府职务，已如上述。而其官资、章服、班序等政治待遇，则取决于所带之朝衔、宪衔。

1. 官资。使府官在唐代后期是个数量极为庞大的群体，这些人若非日后位至公卿，正史一般无传。讨论其在使府中的任职情况，只好依据相关碑志资料。以下依据碑志资料二例，并结合其他文献，讨论使府官的任职情况及官资问题。

王衮："元和初，以拔萃登科，授秘书省正字，调补伊阙主簿。许孟容尚书、裴次元常侍尹河南，皆署为部从事，府中之务悉委焉。今窦司空之分陕也，荐授监察（御史）里行，充判官。崔淮南继窦为陕，又从而辟署。俄以本官归御史府，满岁，转殿中，皆留台为监察。"[1]

李蟾："年未弱冠，以明经游太学，……举进士……，元和六年（811 年）登太常第，方以词赋擅美（就科）选于天官。无何故尚书孟公……开幕序宾，首膺辟命，授试秘书省正字，充观察推官。……府罢从调，判入等，补京兆府

———————
① 周绍良：《唐代墓志汇编》大和〇五四，上海古籍出版社 1992 年版，第 2134 页。

咸阳县尉。属故相国窦公廉问南徐，奏署监察里行，充都团练判官，俄转殿中（侍御史），复为观察判官……寻又窦公荐闻，除尚书虞部员外郎。自外台殿内入南宫者，久无是拜。……明年，丁赞善（李蟾父李千钧官至太子右赞善大夫）忧，……丧纪外除，今相国赞皇公尚观风浙右，复以都团练副使请之，诏除检校礼部郎中兼侍御史，……转检校兵部郎中御史中丞。"①

以上王衮、李蟾二人，长期于使府供职，历任使府职务和假借朝衔宪衔多种。从中至少可以读出如下信息：其一，应辟入幕者一般均须有出身，已如上述；其二，有出身未即释褐者入幕一般授试秘书省正字②；其三，前资官如县尉等入幕一般授监察御史里行③；其四，六品以下现任官入幕授予同类试官，经一周年或二周年与改转，谓之得资。元和十五年（820年）以前为二周年，以后为一周年。④ 其五，使府职务与所带之朝衔、宪衔有一定对应关系，已如上述，假借朝衔、宪衔的迁转依一定的程序，如试秘书省正字、校书郎、卫佐等迁监察御史里行，而后依监察御史、殿中侍御史内供奉、殿中侍御史、侍御史内供奉、侍御史、检校尚书省诸司员外郎、郎中资序迁转，一般不得越级，越级者如于殿中侍御史直接授检校员外郎便属特例。其六，有复合型假借官，既带朝衔，又带宪衔，而且使府职务越高，复合假借的情况越普遍。其七，假借官"得资"之后，便具有"通用"的意义，如改任他司职务或有故停替，官资依然有效。

关于得资后的改转年限，颇为复杂。《唐会要》卷78、卷79诸使门，卷81阶、考条，有多处记载，但很不一致，有的以年计，有的以月计，有的以"考"计。但大体可以据以确立几条区别对待的原则。一是职务区别原则，即带五品以上检校官及郎官御史与带他官相区别原则。带检校五品以上官及郎官、御史

---

① 周绍良：《唐代墓志汇编》大和○五八，上海古籍出版社1992年版，第2137页。
② 墓志中类似例子很多，如卢就"大和三年进士及第，试正字佐盐铁"，见《唐代墓志汇编》大中○六四。
③ 如孔纾以万年县尉前资为河中观察判官假监察御史，见《唐代墓志汇编》咸通一一五。
④ ［宋］王溥：《唐会要》卷78《诸使中·诸使杂录上》，上海古籍出版社1991年版，第1706页。

三十个月与改转，余官三十六个月与改转。① 二是平时、战时区别原则。上述为平时的改转年限，但战时则颇为紊乱："军兴，有岁内数迁者。"唐政府认可的战时改转年限是：带检校五品以上官，郎官、御史者满二十个月迁，余官满二岁迁。② 三是文职、武职相区别原则，一般文职依年月，武职依军功。③

唐后期使府佐官实行府主自行辟署与中央政府宏观管理相结合的制度。毫无疑问，带朝衔、宪衔正是中央政府宏观管理调控的有效措施。从使府官自身的权益而言，带朝衔、宪衔具有更深层次的意义。因为使府职务虽然有常设化、固定化的特点，但其随府主沉浮的政治命运与地方州县官毕竟不同，他们客观上需要一个政治护身符和为官"通行证"以保证其仕履的连续性。所带之朝衔、宪衔"得资"之后，就实际上起到了护身符和通行证的作用。

2. 章服。服色是官员在国家行政体制中政治地位的重要标识。因而，"脱碧衣""被朱服"甚至是有些封建士人一生的奋斗目标。④ 正命官部分已论及，唐官员服色依"本品"，即任职事官之后散官阶的转化形态。试摄官部分也已论及，唐政府又依职事的高下轻重以赐绯紫、佩鱼袋的形式对章服制加以补充。一般而言，使府官服色依其本品（即散官阶），而赏赐绯紫、鱼袋则主要依据所带之朝衔、宪衔。

如果寻找一个标尺以界定使府官高低的话，那么这个标尺便是兼宪衔侍御史。侍御史为从六品下，下一迁便是检校尚书省诸司员外郎（从六品上）。因而此职是假借官中检校官与试官的界限。一般使府官带侍御史以上官称检校，以下称试。使府官奏章服，也以带侍御史为界标。大中元年（847年）中书门下奏："幕府迁授章服，贞元元年之间，使府奏职至侍御史，然后许兼省官，至章服，皆计考效。……今请自侍御史待年月足后，更奏始与省官；至于朱紫，许

---

① 见［宋］王溥：《唐会要》卷78《诸使中·诸使杂录上》元和七年七月敕文，《新唐书》卷185《郑畋传》。另见《唐会要》卷81《考上》，清望官三考改转，余官四考改转；同书卷78《诸使中·诸使杂录上》贞元十六年敕文，均"三周年与改转"。
② ［宋］欧阳修、宋祁：《新唐书》卷185《郑畋传》，中华书局1975年版，第5401页。
③ ［宋］王溥：《唐会要》卷81《阶》，上海古籍出版社1991年版，第1772页。
④ "于良史为张徐州建封从事。每自吟出：'出身三十年，发白衣犹碧，日暮倚朱门，从朱污袍赤'。公因为奏章服焉。"见计有功《唐诗纪事》卷43，四库全书本。

于本使府有事绩尤异者，然后许奏请。"① 使府职务假借官至侍御史，待考满后转为省官（检校尚书省诸司员外郎）方许赐绯服、佩银鱼袋。至于赐紫服、佩金鱼袋，则有更高的要求：大中三年（849 年）中书门下奏 "……判官上检校五品者，虽欠阶考，量许奏绯……如已检校四品官兼中丞，先赐绯，经三周年已上者，兼许奏紫"②。

虽然使府官赐章服原则上依其所带之朝衔、宪衔，但在特殊情况下，也与使府职务有关。其一，使府职务特殊者。如 "职事尤异关钱谷者"，须 "指事上言，监察以下，量与减年限；进改殿中以上，然后可许赐章服。公事寻常者，不在奏限"③。其二，使府职务重要者。"副使、行军（司马），俱官至侍御史以上者，纵阶考末至，并许奏绯。"④ 其三，使主身份特殊者。比如佐宰相幕便有章服上的优待："开成三年（838 年）四月"，中书门下奏："……起今以后，宰相自朝廷出镇，奏请朝官及刺史佐幕，……官至侍御史以上者，即许奏章服，便为常例"⑤。这实际上是取消了须待考满的限制。

3. 班序。百官班序及朝参位置也是其政治地位的重要标识，特别是大规模的朝会、延集时，有强烈的对比效应。《唐会要》卷25《文武百官朝谒班序》对此有专条载录，以下以此为基本材料，参考其他文献，归纳使府官班序原则如下：

其一，使府官入朝时，"各从本官班序"，即 "班在同品正官之次"。而所谓 "本官"，即是指其假借之朝衔、宪衔。贞元二年（786 年）六月敕："留守、副元帅、都统、节度使、观察使、都团练、都防御史并大都督、大都护持节者即入，班在正官之次。余官兼者各从本官班序"。注文说 "御史在六品班之后也"。按节度、观察等诸使职及佐官并无同品正员官，可依其所带之朝衔、宪

---

① ［宋］王溥：《唐会要》卷31《舆服上·内外官章服》大中元年条，上海古籍出版社1991 年版，第 667 页。

② ［宋］王溥：《唐会要》卷31《舆服上·内外官章服》大中三年条，上海古籍出版社1991 年版，第 667 页。

③ ［宋］王溥：《唐会要》卷31《舆服上·内外官章服》大中三年条，上海古籍出版社1991 年版，第 667 页。

④ ［宋］王溥：《唐会要》卷31《舆服上·内外官章服》，大中元年条云："惟副使、行军（司马）奏职特加，先著绿便许绯。"

⑤ 《唐会要》卷79《诸使下·诸使杂录下》。同书卷31《内外官章服》系此条于开元三年四月，恐误。因宰相出镇始自开元十六年之萧嵩，见同书卷78《诸使中·宰相遥领节度使》。

衔，参照"检校官、兼官及摄、试、知、判等官"例，"并在同位正员之次"。其二，假借官高，如带检校仆射、尚书以上及带宪衔大夫、中丞以上，班在同品正官之上。贞元二十一年（805年）五月御史台奏"……缘有检校官高，职事官卑及嗣王、郡王任职事者，高卑不等。今请应检校仆射、尚书以上及嗣王、郡王任职事者，一切在职事本品之上"。元和元年（806年）四月，其兼宪衔御史大夫、御史中丞者，"准检校省官例，立在本品同类官之上"。其三，假借宪衔班序上的优待政策。假借宪衔在班序上有三种情况：一、本官即为常参官①；二、本官不是常参官；三、无本官。（1）本官为常参官摄御史者，按贞元二年（786年）班序敕、二十年御史中丞武元衡奏议，"各从本官班序"或"即入本官班"；贞元二十一年御史台奏议：兼大夫者在诸司四品之上、丞郎及供奉官五品之下；兼中丞者在诸司五品之上、供奉官五品之下；兼侍御史者在诸司六品之上、供奉官六品之下；兼殿中（侍御史）、监察（御史）者在诸司七品之上、供奉官本品之下。会昌二年（842年）十月以后，御史大夫升为正三品，御史中丞升为正四品下，兼二职者均在同品正员之上。（2）本官为非常参官兼宪衔者。按贞元二年班序敕"听于御史班中辞见"。即可享受常参官在班序上的待遇，因御史凡监察御史以上都是常参官。（3）无本官者指使府官入幕后尚未"得资"者。兼御史一般称内供奉、里行。按贞元二年班序敕"诸使司下无本官，准授内供奉、里行者即入班，亦在正官之次"。贞元二十一年御史中丞武元衡奏议，对此作出了更具体的规定："如内供奏，里行，即入御史班"，"诸使下御史内供奉者，入阁日，并依宣政殿前班位，次员外郎之后，在正台监察御史之上，便为常式"。即使无本官者兼宪衔，也可入御史班，取得常参官班序上的优待。以上三条，足以解释使府官中何以有大量复合型假借的情况。

4. 其他特权。（1）辍朝。辍朝是高级官员薨卒停止朝会以致哀的惯例性仪式。唐代享此待遇者一般须具备两个条件，一是三品以上，二是"曾任将相"或"曾在密近"。使职是否辍朝，无既定条规。一般而言，节度使带仆射以上卒辍朝三日，而带尚书以下或观察使、都团练等使不辍朝。按《唐会要》卷25《辍朝》所记，自贞元以后，使职辍朝的范围逐渐扩大。贞元八年（792年），

---

① 唐制常参官为"五品以上职事官，八品以上供（奉官），（员外）[都]（郎），监察御史，太常博士"，见《大唐六典》卷2《尚书吏部》。常参官每日朝参，非常参官朔望日朝参，见《唐会要》卷25《文武百官朝谒班序》。

嗣曹王皋、贞元十一年（795年）李自良均以节度使带尚书卒，辍朝三日，开节度使带尚书辍朝的先例；贞元十五年（799年）黔府观察使王礎卒，辍朝一日，开观察使辍朝的先例；元和九年（814年）六月，天德军经略使周怀义卒，辍朝一日，开经略使辍朝先例。大和元年（827年）七月，唐政府颁布了经太常寺参定、中书门下复核的使职辍朝令："其留后、节度、观察、都护、防御、经略等使，并请各据所兼官为例。"即带朝衔、宪衔三品以上，均有辍朝之礼。

（2）职事。一般来说，假借官并无职事上的实际意义。使府幕佐衔内所带之朝衔、宪衔，无论是"以台省官假借恩荣"，抑或"是用假威台宪"，目的都是取得非职事的某种特权。但使府官兼宪衔于唐代晚期却取得了某种职事之权。大中四年（850年）八月，御史中丞魏謩奏："'诸道州府，百姓诣台诉事，多差御史推劾，臣恐烦劳州县。先请度支、户部、盐铁院官带宪衔者推劾。又得三司使申称，院官人数不多，例专掌院务，课绩不辩。今诸道观察使幕中判官少不下五六人，请于其中带宪衔者委令推劾。如累推有劳，能雪免滞，御史台缺官，便令奏用。'从之。"①

使府官带朝衔、宪衔，虽然在性质上属于假借官，但它较比其他形式的假借官如上文第一类中的员外官、试官，显然更具有实际意义。如陆贽所言，唐后期员外官、试官"授不费禄，受不占员"，"无俸禄之资，无摄管之柄，无见敬之贵，无免役之优。惟假空名，以笼浮俗"②。而使府假借官不仅有"见敬之贵"，而且有"见惧之威"，甚至有"摄管之柄"，不仅仅是假借空名的问题。

第四节　任官形式的管理学解读

唐代的任官形式是复杂多变的。主要表现在：任用称谓是复杂的，各类称谓的适用范围是复杂的，不同时段上不同称谓甚至相同称谓所承载的内容也是复杂的。但如果用任用性质把这一复杂现象加以整合，大致上也是有章可循的

---

① ［宋］欧阳修、宋祁：《新唐书》卷8下《宣宗纪》，中华书局1975年版，第245页。
② ［清］董诰、阮元、徐松等：《全唐文》卷464《又论进瓜果人拟官状》，中华书局1983年版，第4947页。

（见表16）。

表 16　唐代任官形式及任官称谓

任用性质	任用称谓	适　用　范　围	推行时间	发展方向
正命官	行	内外文武职事官，阶高而官卑	贞观以后	
	守	内外文武职事官，阶卑而官高	贞观以后	
	兼	内外文武职事官"欠一阶不至"为兼	武德—咸享二年	咸享二年以后废
		内外文武职事官两个以上职事		向假借官转化
试摄官	检校	内外文武职事官，临时职事（供奉官三品以上，尚书省六品以上，诸司五品以上）		向假借官转化
	知	内外文武职事官，重要职事，临时职事，新生职事，较高职事		向差遣和正官转化
	判	与知接近，但范围较窄，供奉官、地方官、使府官一般不称判		向差遣转化
	员外、员外同正	伎术官、内待官、武官、地方州县佐官、少数民族授官，中央政府要害部门三省及御史台不授	贞观以后	向假借官转化
	试	内外文武职事官，除卿监官外，一般为诸司六品以下官	天授二年以后	向假借官转化
	摄	内外文武职事官		
	内供奉	五品以上供奉官、近幸侍从官	高宗以后	向假借官转化
	里行	御史台监察御史	贞观以后	向假借官转化
	使职	行政、军政、财政、监察、宫廷服务等专项职事		向正命官转化

（续表）

任用性质	任用称谓	适 用 范 围	推行时间	发展方向
假借官	检校	供职机构：地方州县、使府及其幕职、三司分巡院官 借职部门：中央诸司三公以下、员外郎以上，范围同上检校官	开元、天宝以后	
	员外、员外同正	优亲、赏功、安置贬谪、笼络少数民族，地方官和使府官带朝衔，范围同上员外官		
	试	地方官，使府官，三司巡院官带朝衔，范围同上试官	开元、天宝以后	
	摄	地方官，使府官，三司巡院官带朝衔、宪衔	开元、天宝以后	
	内供奉	地方官，使府官，三司巡院官带朝衔供奉官左右补缺拾遗及宪衔待御史、殿中侍御史	开元、天宝以后	
	里行	地方官，使府官，三司巡院官带宪衔监察御史	开元、天宝以后	
	兼	朝官带宪衔，地方官，使府官，三司巡院官带朝衔、宪衔		

唐代任官形式的发展趋势，可以放入整个古代社会任官形式发展的总体格局中加以考察。古代任官形式发展的主旋律是官阶与职事的分离。这一分离大体包括两个过程：第一个过程是职事官与散官相分离的过程；第二个过程是使职差遣与寄禄官化、假借官化了的职事官相分离的过程。第一个过程持续的时间比较长，几乎与整个封建时代相始终。可大划为四个阶段：第一阶段，为魏晋至唐初，是散官制的酝酿、确立阶段。这一阶段，散官作为一种任官形式从官称、序列、意义、价值到与职事官的比照关系逐渐走向成熟化、标准化和规范化。第二阶段，自唐初到北宋元丰改官制，为散官的意义逐渐衰减阶段。散官所承载的诸如俸禄、章服等待遇逐步向职事官（或寄禄官化和假借官化了的职事官）转移。第三阶段，自北宋元丰改制到元末，为散官意义的恢复阶段。

由于使职差遣制的废止，职事官重新职事，散官也恢复了它的本来意义。第四阶段是明清时期，为散官的变异阶段。散官丧失了其独立性，事实上沦为职事官的附庸。第二个过程，即使职差遣与寄禄官化、假借官化了的职事官相分离的过程，持续的时间较短，自唐初到北宋元丰改官制，大致与第一个过程的第二阶段相当。可大划为三个阶段：第一阶段，自唐初至唐中期开元、天宝间，为局部发展阶段。表现为伴随各类差遣和临时性使职的出现，职事官开始寄禄官化。第二阶段，自唐中期开天以后至唐末五代，为全面发展阶段。表现为随着常设化，固定化使职的出现，职事官假借官化也全面展开。第三阶段是北宋前期，为极盛阶段，表现为差遣整体上取代职事官，职事官全面寄禄官化。即使是在北宋元丰之后，使职差遣也只是原则上废止了，在局部领域内、个别岗位上，依然存在，甚至到清代也是如此，在某机构里、某岗位上"行走"，就是证明。

在第一个过程中，唐代正处在散官制的定型及其意义逐渐衰减的阶段上；在第二个过程中，唐代正处在从局部发展到全面发展的阶段上。这两个过程既互相联系，又互为因果，是密不可分的。但在笔者看来，第二个过程在唐代似乎更具有主旋律的意义。就中央而言，使职差遣对正官的侵夺是从中枢部门和要害部门开始的。比如同中书门下三品、同中书门下平章事对侍中、中书令等相职的侵夺；翰林学士、知制诰对中书舍人的侵夺；判度支等各类财政专使对户部长官和郎官的侵夺；知选事、知贡举对吏部、礼部长官和郎官的侵夺等。就地方而言，使职差遣对正官的侵夺主要体现在两个方面：一是道级财政、监察大区的政区化和使职的地方长吏化，二是知州、知县逐渐取代刺史、县令。与使职差遣对正官的侵夺同步的是，中央政府诸司职事官也逐渐地寄禄官化和假借官化，直至北宋，这一过程始告完成。

这两个过程还可以从官员待遇的视角加以说明。俸禄与章服是官员待遇的核心问题。从俸禄上看，其转移过程大体上分两步：第一步是由散官品转到职事品，这一过程可以乾封元年俸禄令和开元二十四年俸禄令作为起始和完结的标志。第二步是由（职事官）品位转向（使职差遣）职位。在大历十二年俸禄令中，虽然使职与职事官分两个序列表述，但说明使职本身已具有承载俸禄的意义。而反映会昌时俸禄的材料，不仅把使职和职事官纳入同一序列，更为耐人寻味的是，俸禄的多寡不再按照职事官品的高下，而是按所差职事的重要程度。① 俸禄由散官品到职事品、再由品位到职位的转化轨迹是明晰可辨的。再从章服上看，服色依本品（散官品）只是个总体原则，如职事、差遣、使职位重均可以通过赐绯紫、佩鱼袋的形式获得章服上的待遇。

应该如何理解上述复杂的现象呢？毫无疑问，古代的任官形式属于历史问题，但同时也属于历史上的管理学问题。所以仅仅对任官形式作历史学的解释是远远不够的。以上本节已涉及一些就历史学的理论方法而言不常见的概念和范畴：诸如官员的以往积累与现实劳绩；官员对社会的责任形式与社会对官员的承认形式以及承认形式和责任形式中的相对恒量与相对变量问题。以下拟顺着这一思路，对任官形式作管理学解读。

从某种意义上说，管理就是协调矛盾。采用不同的任用形式，把官员的官阶、职事区分开来，目的也正在于协调各类矛盾。

其一，从官员对社会的责任形式的角度来说，是协调职事差遣的无资序性与品阶迁转的有资序性的矛盾。尽管古人还不可能提出类似"实现人力资源的优化配置"这样现代感极强的管理理念，但是，诸如"能与任宜""材与政合"等朴素的人员任用思想，还是完全有可能意识到的。比如三国时魏人刘劭撰写《人物志》，专门讨论人的才性与识人、任人问题，对人才能力的不同特点及因材施任有许多精湛的论述。②"凡官不同事，人不同能，得其能则成，失其能则败。"③ 在具体的任官实践中，以资取人，或非才能之所长；以才取人，或为本品之所限。这就要求把官阶与职事区分开来，依官员的以往积累确定官阶，阶随人走，循资迁转，而"职事则随才录用，或从闲入剧，或去高就卑，迁徙出入，参差不定"④。抛开资历的限制，把人才安排在合适的岗位上，正是古代任官形式的本质特征。汉代就以"行""守"的形式任命试官与摄官；魏晋南北

---

① 比如尚书左右丞、诸司侍郎、左右散骑常侍、给事中、谏议大夫、中书舍人、秘书监、殿中监、内侍监、御史中丞、诸监、寺卿、监、国子祭酒、太子宾客、太子詹事、诸府尹、大都督府长史、都团练使、副使、上州刺史等供职机构不同、品秩不同、任用性质不同的职务，俸禄均为八万，见《新唐书》卷55《食货志》。

② 见朱永新、刘崇德：《才性之谜——刘劭〈人物志〉注释与研究》，浙江大学出版社1989年版。

③ ［唐］房玄龄等：《晋书》卷45《刘毅传》，中华书局1979年版，第1276页。

④ ［后晋］刘昫等：《旧唐书》卷42《职官志》，中华书局1975年版，第1785页。

朝时，业已存在官阶与职事相分离的趋势。① 从唐代的特殊任官形式看，其规模之大、范围之广、花样之多、操作之规范、影响之深远，都大大超过了前代。除了上述总结的两大趋势之外，还有检校、试官、员外、员外同正、知、判、内供奉、里行等灵活变通的任用形式，这些形式在解决人尽其才、才职相应上与两大趋势有异曲同工之妙。

其二，从社会对官员的承认形式的角度说，主要是协调其以往积累与现实劳绩的矛盾。官员的社会贡献，总是历史与现实的统一。而社会对它的承认，也必须是历史与现实的统一。承认其以往积累，是免除其后顾之忧，承认其现实劳绩，是激励其恪尽职守。一般来说，职事官、使职、差遣主要承载的是官员对社会的责任形式，而社会对官员的承认形式，既不能完全脱离责任形式而孤立存在，又无法和责任形式实现完全同步。这就需要由散官、寄禄官、假借官来承载那些无法同步的部分。官员的利益和特权诸如俸禄、封妻、荫子、章服、班序、车驾、田宅、赎刑、免罪等，有些是无法量化和货币化的，所以也就不可能与现实劳绩完全一致起来。当然，其基本精神是：承认形式的核心部分，可以量化和货币化的部分，比如俸禄，要最大限度地与现实劳绩结合起来。那些无法量化和货币化的部分，有时甚至也要兑换成可量化的形式以与现实劳绩保持一致，比事赐章服。

其三，唐代的任官形式特别是使职的任用，还事实上协调了管理幅度过大与管理能力偏小的矛盾。按照现代组织管理理念，组织结构的高耸化和扁平化设计在很大程度上取决于信息传递的速度与效度。秦代确立的地方机构郡县两级制，是建立在郡数较少的基础上的（40 郡上下）。随着郡数的增加，从西汉中期开始，就设置刺史作为联系中央与郡县的纽带。刺史最后发展为州级政区，并在魏晋南北朝沿袭了数百年。隋朝改地方机构为郡县两级制是违背组织设计原则的。到唐天宝时，郡数已达 328 个②，是秦郡数的八倍。这样大的管理幅度与由信息传递的速度与效度决定的唐政府的管理能力是不相适应的。唐财政、监察大区的政区化，各类使职如军事、行政、监察、财政等的地方长吏化，实

---

① 陈长琦先生称其为资品与官品的分离，见《魏晋南北朝的资品与官品》，载《历史研究》，1990 年第 6 期；阎步克先生称其为品位与职位的分离，见宁映霞：《品位与职位——秦汉魏晋南北朝官阶制度研究》，湖北人民出版社 2004 年版。

② 据《通典》卷 172《州郡二》统计。

事上协调了这一矛盾，尽管这种协调未必是有意识的。

其四，协调官署及其职务的有限性与实际政务无限性的矛盾。这是任何社会组织在行政管理上都无法回避的矛盾。所谓有限之官难以临无穷之事。一般来说，组织适应外部环境变化的能力，取决于组织结构弹性的大小。随着社会的发展，行政管理的许多非预知因素就会不断出现，如果逢事必官，势必造成机构重叠，人员冗肿，不仅降低管理效率，财政上也将不堪其负。从唐代的情况看，唐太宗曾厘定内外官 720 员，并充满信心地说："吾以此待天下贤才，足矣。"① 但实际情况是，至贞元四年（788 年），仅在京文武职事和京兆府官员就达 3077 员②。在笔者看来，这一数字也是在采用了大量灵活变通的任官形式的前提下，才得以维持的。如果逢事必官，将远不止这一数字。大量的检校、员外、兼、摄及各类使职的存在，大大提高了唐政府的组织弹性，缓解了上述"有限"与"无限"的矛盾，正所谓"兼而行之则有余，专而行之则不足"③。

其五，协调组织结构的相对稳定性与专制君权的相对随意性的矛盾。稳定性特征是任何社会组织包括专制性社会组织都必须具备的。否则，组织便无法运转甚至无法存在。但是，专制君主历来奉行儒表法里，把人事权作为御臣之术。为了既保证组织循其规，又保证君主便其用，便只好采用正命官之外的特殊任用形式。或置使以专其职，或设员外以优其功，或试摄以观其能，或泛阶以易其服。这样，不占正员之额，甚至不费正员之禄，君主便可以收到建立权威以至"大收物议"之效。

第五节　任官证明文书——告身

告身是任官凭信，是官员任用管理的重要组成部分。一般认为，告身起源于南北朝，以唐宋时期最为流行。唐代告身授给范围最广，证明身份的效力最强，传世文件实物被发现的也很多。现存唐人传世告身包括传世文献著录的告

---

① ［宋］欧阳修、宋祁：《新唐书》卷 46《百官一》，中华书局 1975 年版，第 1181 页。
② ［宋］王溥：《唐会要》卷 91《内外官料钱》，上海古籍出版社 1991 年版，第 1971 页。
③ 见林駉：《古今源流至论·续集》卷 8《兼官》，四库全书本。

身、出土告身原件、抄件和刻石等共 41 件①。

一、告身的授给范围

唐代告身的授给范围，如果笼统地说，本不成问题。唐人杜佑对告身的给授范围有明确界定："各给以符，而印其上，谓之告身。其文曰'尚书吏部告身之印'。自出身之人，至于公卿，皆给之。武官则受于兵部，兵部武选亦然。"②但杜佑所述之授给范围有两个问题：一是不够具体。告身具体由哪个部门授给，授给对象是谁，需要具备什么条件才可以授给告身，并不明确。二是不够全面。根据上文似乎只有文武散官和文武职事官才由吏部和兵部授给告身，而勋官、封爵、命妇和特殊官人的告身授给，并没有包括进来。据笔者初步考察，唐代告身的授给范围，大致包括以下七类人。

（一）职事官。唐代内外文武九品以上职事官任命时授给告身，也不成问题。但是，唐代实际担任职事的官员不仅有职事官，还有使职、差遣和各种特殊任用形式的官员，而且这些任用形式大多也是实履其任的，在本质上和职事官并无大的区别。这些官员任命时是否也给告身，才是应该讨论的重点。

1. 使职。唐朝中期以来，随着职事官的阶官化，使职差遣日益盛行，以致出现"为使则重，为官则轻"③的局面。据相关专家考证，唐代使职在 350 个左右，依其职能可分为五大系统，几乎遍及国家各个职能部门。④这些使职在任命时同职事官一样，也给告身。如天宝九年（750 年）八月二日，加安禄山河北道采访处置等使，玄宗命寿王李瑁书写告身，命内侍郭全羽送达。⑤另外，元和八年（813 年）六月，房启除桂管观察使，桂管道驻京邸使私下贿赂吏部掌印官员，率先获得房启告身，并火速送给房启。等宪宗命中使授给房启告身时，事情败露。吏部素以郎中掌告身印，而令史主管书写告身，遂有"罚郎中

---

① 徐畅：《传世唐代告身及其相关研究述略》，载《中国史研究动态》，2013 年第 3 期。

② ［唐］杜佑：《通典》卷 15《选举三》，岳麓书社 1995 年版，第 185 页。

③ ［唐］李肇：《唐国史补》，上海古籍出版社 1979 年版，第 53 页。

④ 宁志新：《唐朝使职若干问题研究》，载《历史研究》，1999 年第 2 期。

⑤ ［唐］姚汝能：《安禄山事迹》，上海古籍出版社 1983 年版，第 8 页。

而杖令史"① 事件，也是使职给告身例证。

2. 差遣。唐代差遣的任用性质和使职相近，而且大多是要害岗位。差遣主持朝政，相当于宰相，称"同中书门下平章事"；差遣作内朝秘书，称"翰林学士"；差遣撰写文书诏令，相当于中书舍人，称"知制诰"；差遣主持财政收支，称"判度支"；差遣主持礼部常科贡举考试，相当于礼部侍郎，称"知贡举"；差遣主持吏部铨选考试，相当于吏部侍郎，称"知选事"，等等。这些差遣的任命同职事官一样，也给告身。不仅传世唐代文献中可以发现大量此类官员的任命文书，而且在传世告身中也有发现。如会昌二年（842 年）"李绅守中书侍郎同中书门下平章事"告身，建中元年（780 年）授"朱巨川朝议郎行起居舍人试知制诰"② 告身，等等。连朱巨川试知制诰都给告身，更遑论正式任命的知制诰了。

3. 特殊任用形式。唐代官员的特殊任用形式很多，除了使职、差遣之外，主要有检校、里行、内供奉、知、判、员外置等等。笔者曾根据《全唐文》、《文苑英华》、唐代词臣文集的制诰部分和唐代墓志等材料对上述任用形式做过专门研究，并发现大量此类官员的任命文书。③ 传世唐代告身中也有特殊任用形式的个案。如圣历二年（699 年）"汜承俨昭武校尉行右卫泾州肃清府别将员外置同正员上柱国"告身；天宝十年（751 年）"张无价游击将军守左武卫同谷郡夏集府折冲都尉员外置同正员"告身④等。

（二）贡举出身人。唐代贡举常科有秀才、明经、进士、明书、明法、明算等科，常科及第经吏部关试后授给春关牒，并于每年冬集时授与散官，发给告身。大历十一年（776 年）五月敕文说："礼部送进士、明经、明法、弘文生及崇贤生、道举等，准式，据书判资荫量定冬集授散。"⑤ 不同科目、不同等第的

---

① ［宋］王溥：《唐会要》卷 58《尚书省诸司中》，上海古籍出版社 1991 年版，第 1180 页。

② 徐畅：《传世唐代告身及其相关研究述略》，载《中国史研究动态》，2013 年第 3 期。

③ 张东光：《唐代的内供奉官》，载《社会科学辑刊》，2005 年第 1 期；《唐代御史台的里行官》，载《辽宁大学学报》（社会科学版），2005 年第 2 期；《唐代的检校官》，载《晋阳学刊》，2006 年第 2 期；《唐代任官形式中的知判问题》，载《郑州大学学报》（社会科学版），2007 年第 1 期。

④ 徐畅：《传世唐代告身及其相关研究述略》，载《中国史研究动态》，2013 年第 3 期。

⑤ ［宋］王溥：《唐会要》卷 75《贡举上·冬集》，上海古籍出版社 1991 年版，第 1626 页。

贡举出身人所授散官品阶不同。"秀才上上第，正八品上，已下递降一等，致中上第，从八品下；明经降秀才三等，进士、明法甲第从九品上，乙第降一等。"①

唐代参加贡举常科考试的条件是"未有出身未有官"。就是说已经获得出身或已经释褐为官，便不再参加贡举考试。但是，随着进士科地位的提高，获得其他各科出身和已经取得试衔官职者也有再参加进士科考试的要求。唐政府为了广泛地延揽人才，便放宽了应进士举的出身限制，允许各科出身者参加进士科考试。建中三年（782）四月敕旨说："礼部应进士举等人，自今以后，如有试官及不合选，并诸色出身人等，有应举者，先于举司陈状，准例考试。如才堪及第者，送中书门下重加考核，如实才堪，即令所司追纳告身，注毁官甲、准例与及第。至选日，仍稍优与处分。其正员官，不在此限。"② 按照敕文规定，试官及诸色出身人，未守满应选年限，可以参加进士科考试。但是，一旦中举，便要"追纳告身，注毁官甲"，即原出身作废，重新按进士出身应选。可见，贡举常科的"诸色出身人"都是给告身的。

诸色贡举出身人中举后，要向吏部纳钱，作为书写告身的朱、胶、纸、轴的费用。唐代纳给吏部南曹，五代纳给官告院。后周显德五年（958年）闰七月，吏部南曹奏请："每年及第举人，自于官诰院纳官钱一千，买绫纸五张，并褾轴"③，以备书写告身之用。

（三）门荫出身人。唐代门荫出身人可以分为两种：一是补两馆生、斋郎作为后备文官，二是补三卫等作为后备武官。这两类人员也按照门资高下结散官阶，授给告身。

1. 两馆生、斋郎。唐代两馆指隶属于门下省的弘文馆和隶属于东宫的崇文馆。两馆生的选补条件最为苛刻，要求是皇亲、宰相或相当于宰相的官员之子。斋郎分太庙斋郎和郊社斋郎两种，太庙斋郎取五品以上官员子孙、六品清资常参官子补充；郊社斋郎用荫官阶也在五品以上，用父荫须六品以上常参官。《通典·选举典》统计，两馆生50员，斋郎862员④，这两类人员"所用荫告身，

---

① ［唐］李林甫等：《大唐六典》卷2《尚书吏部》，三秦出版社1991年版，第32页。
② ［宋］王溥：《唐会要》卷76《贡举中·进士》，上海古籍出版社1991年版，第1634页。
③ ［宋］王溥：《五代会要》卷22《吏曹裁制》，中华书局1998年版，第352页。
④ ［唐］杜佑：《通典》卷15《选举三》，岳麓书社1995年版，第187页。

用本司（尚书礼部司）印印，郎官押属。……每用荫补人，请明造簿历，具注所补人年名日月，用本司印，郎官押署，至补人数足后，给其告身"①。两馆生和斋郎选补由礼部负责，具体由礼部郎中分管。告身用礼部司告身印，礼部郎中签署。开元二十五年（737 年）之后斋郎的选补由礼部移入吏部，由吏部员外郎负责。

2. 三卫等后备武官。唐制，"凡左右卫、亲卫、勋卫、诩卫及左右率府亲、勋、诩卫，及诸王之诩卫，通谓之三卫"②。三卫一般从五品以上子孙中选补。与三卫性质相近、地位高于三卫的还有千牛卫之千牛备身、备身左右；殿中省进马、太仆寺进马；地位低于三卫的有执仗、执乘、亲事、帐内等等。据《通典·选举典》统计，千牛备身 80 员，备身 256 员，进马 15 员，三卫等 39462 员，执杖、执乘每府 64 员，亲事、帐内 10000 员。③ 上述人员由兵部判补，并发给告身。据《天圣令·杂令》唐 13 条："三卫诸军将校以下……受官等告身并官纸及笔为写，若欲自写，有京官识及缌麻以上亲任京官为写者并听。"④

（四）军功出身人。唐代沿用南北朝以来的办法，设勋官 12 转以酬赏军功。每转都比照相应的品阶。自 12 转上柱国（正二品）至 1 转武骑尉（从七品）12 个等级。勋官从立法意义上看，有命妇、用荫、赎免罪、免除力役和散官叙阶等特权。唐政府对不同的军功等级都规定有相应的勋官等级。一般由兵部之兵部司负责计功并确定勋官转数，由吏部之司勋司磨勘并授与告身。现存出土告身原件开元四年（716 年）李慈艺勋官上护军告身即其一例。开元二年（714年）北庭都护府瀚海军经略使郭虔瓘，伊川刺史兼伊吾军使郭知远大破突厥于北庭，西州高昌人白丁李慈艺经六战，破贼有功而获得酬勋十转，为比正三品勋官上护军。⑤ 传世唐人告身中以勋官告身最多，其中出土告身原件共 5 件，都是勋官告身。⑥

（五）封爵与命妇。唐代授与贵族和官员爵位，以示身份的贵贱。有王（正

---

① ［宋］王溥：《唐会要》卷 59《尚书省诸司下·太庙斋郎》，上海古籍出版社 1991 年版，第 1206 页。

② ［唐］李林甫等：《大唐六典》卷 5《尚书兵部》，三秦出版社 1991 年版，第 117 页。

③ ［唐］杜佑：《通典》卷 15《选举三》，岳麓书社 1995 年版，第 187 页。

④ 天一阁藏明抄本《天圣令》校正，中华书局 2006 年版，第 376 页。

⑤ 陈国灿：《唐李慈艺告身及其补缺》，载《西域研究》，2003 年第 2 期。

⑥ 徐畅：《传世唐代告身及其相关研究述略》，载《中国史研究动态》，2013 年第 3 期。

一品）、郡王（从一品）、国公（从一品）、郡公（正二品）、县公（从二品）、县侯（从三品）、县伯（正四品）、县子（正五品）、县男（从五品），凡九等。封爵立法意义上的特权要高于勋官。命妇分内命妇与外命妇。内命妇指皇帝和太子的女性眷属。皇帝妃为夫人（正一品）、嫔（正二品）、婕妤（正三品）、美人（正四品）、才人（正五品）、宝林（正六品）、御女（正七品）、采女（正八品）。太子有良娣、良媛、承徽、昭训、奉仪等，各有品阶。外命妇有贵族女子和百官母、妻等。皇族女子封大长公主、长公主、公主、郡主、县主，都在视正二品之上。贵族官员的母、妻封为妃、国夫人、郡夫人、郡君、县君、乡君，母加太。封爵和命妇，由吏部之司封司授与告身。传世唐人告身中也有此类告身。如武德四年（621年）汪华越国公告身、宝应元年（762年）颜允南母殷氏赠兰陵郡太夫人告身、永徽元年（650年）临川郡长公主告身、上元二年（675年）和氏容城县太君告身①等。诗人白居易长庆二年（821年）任主客郎中知制诰，其妻杨氏封弘农郡君，白居易曾作《妻初授邑号告身》诗以记之②。

另外，赠官也给告身。赠官制度是朝廷对功臣的先人或本人去世后追赠官位的制度，是重要的荣誉赏赐制度之一。唐代赠官告身，传世文献著录的有乾元元年（758）颜真卿的祖父颜昭甫赠华州刺史告身等③。

（六）流外及视品出身人。唐代各级政府部门、军事部门的办事人员称为吏员或胥吏，这些人不在九品之内，故称为流外。"诸台、省、寺、监、军卫、府、坊之胥吏，及上州之市令、承事，省司补授者约6000余员。"④ 这些流外人员也自勋品至九品，其告身为"判补"告身⑤。主管官员为尚书吏部郎中。"郎中一人掌小选，凡未入仕而吏京师者，复分为九品，通谓之行署。其应选之人以其未入九流，故谓之流外铨。亦谓之小铨。其校试铨注与流内铨略同。"⑥ 视品官包括萨宝府、亲王国、三师、三公以下府中吏员，由尚书司封郎中选补，并授给告身。"司封郎中掌封玺（爵），皇宗诸亲、内外命妇及国官、邑官告身，

---

① 徐畅：《传世唐代告身及其相关研究述略》，载《中国史研究动态》，2013年第3期。
② ［清］曹寅等，《全唐诗》，上海古籍出版社1991年版，第1102页。
③ 徐畅：《传世唐代告身及其相关研究述略》，载《中国史研究动态》，2013年第3期。
④ ［唐］杜佑：《通典》卷15《选举三》，岳麓书社1995年版，第187页。
⑤ ［唐］杜佑：《通典》卷15《选举三》，岳麓书社1995年版，第185页。
⑥ ［唐］李林甫等：《大唐六典》卷2《尚书吏部》，三秦出版社1991年版，第38页。

并选流外亲（视）品等第等。"①

（七）特殊官员。唐代有些特殊官员，其告身授给情况传世唐代文献多不载。如臣属于唐政府但有独立政权组织的少数民族首领；归附于唐政府而无独立政权组织的少数民族首领；办理少数民族事务和涉外事务的官员；供职地域悬远、与中央政府联系困难的官员等等。据《天圣令·杂令》唐13条规定："诸番首领、归化人、迂远人、遥授官等告身，并官纸及笔为写。"其注文还说明了上述人员告身的给付方式："付朝集使立案分付，迂远人付便使及驿送。"②

二、告身的种类

唐代告身的种类，大致有册授、制授、敕授、旨授（奏授）、判补五种。依官员的不同品阶及不同的任职性质而定。"凡诸王及职事正三品以上，若文武散官二品以上及都督、都护、上州刺史之在京师者册授。五品以上皆制授，六品以下、守五品以上及视五品以上皆敕授。凡制、敕授及册拜，皆宰相拟进。自六品以下旨授。其视品及流外官，皆判补之。"③

（一）册授。册书是唐代官文书的一种，是以君主名义发出的规格最高的文书。凡"立后、建嫡、封树藩屏、宠命尊贤、临轩备礼，则用之"④。册授告身可以分为两类，一类是临轩册授，一类是朝堂册授。《通典》注文解释说："诸王及职事二品以上，若文武散官一品，并临轩册授。其职事正三品、散官二品及都督、都护、上州刺史，并朝堂册（授），讫，皆拜庙。册用简，书用漆。"⑤贞观八年（625年）敕文对临轩册授和朝堂册授的具体对象有明确规定："拜三师、三公、亲王、尚书令、雍州牧、开府仪同三司、骠骑大将军、左右仆射，并临轩册授；太子三少、侍中、中书令、六尚书、诸卫大将军、特进、镇国大将军、光禄大夫、太子詹事、九卿、都督及上州刺史在京师者，朝堂授册。"⑥

临轩册授有十分隆重而繁琐的礼仪。一般在太极殿或宣政殿举行，百官着

---

① ［宋］李昉等：《太平御览》，中华书局1985年版，第1031页。

② 天一阁藏明抄本《天圣令》校正，中华书局2006年版，第376页。

③ ［唐］杜佑：《通典》卷15《选举三》，岳麓书社1995年版，第184—185页。

④ ［唐］李林甫等：《大唐六典》卷9《中书省》，三秦出版社1991年版，第199页。

⑤ ［唐］杜佑：《通典》卷15《选举三》，岳麓书社1995年版，第185页。

⑥ ［宋］王溥：《唐会要》卷26《册让》，上海古籍出版社1991年版，第569页。

朝服按朝班有序排列，皇帝加冠冕礼服亲自出席，仪仗奏乐，受册者出拜于殿中，侍中主持典礼，中书令宣读册书，中书侍郎授与册书。朝堂册授的礼仪略低于临轩册授，一般在东朝堂举行，由中书舍人读册、授册，通事舍人主持典礼，其他仪式略同于临轩册授。自开元以后，册拜之礼久不施行，仅天宝末年册拜杨国忠为司空，行册拜之礼。大历十四年（779 年）五月，在宣政殿临轩册拜郭子仪为"尚父"，贞元三年（787 年）于宣政殿临轩册拜李晟为太尉①。就传世告身实际情况看，如大历十三年（778 年）颜真卿刑部尚书告身符合上述朝堂册授的规格，但实际上仅为制授告身②。可见，册授告身，无论是临轩册授还是朝堂册授，虽有其制，但执行时有较大的灵活性。

（二）制授。制书也是以君主名义发出的重要文书，"行大赏罚、授大官爵、厘革旧政、赦宥降虏则用之"③。唐代五品以上以制书任命的官员不经吏部、兵部铨选，宰相与皇帝共同商议人选，最后由皇帝画定。皇帝把任命意见口授给宫中女官，由女官记录下的皇帝的任命意见称为"词头"。"词头"仅仅是"现任某官可某官"一类的任官草案。女官记录的"词头"先交给宰相，由宰相交给中书舍人撰制任官文书。该任官文书要经过门下省审核，门下省如有意见封还给中书省，如无意见，审核后交尚书省经办。尚书省之吏部司、兵部司、司勋司、司封司之令史、书令史负责书写告身，加盖相关印信后，交付受官者本人。其底本收藏于中书省、门下省、吏部等甲历库中备查。

（三）敕授。敕书又叫"发日敕"，也称"御画发日敕"。凡"增减官员、废置州县、征发兵马、除免官爵、授六品以下（上）官、处流以上刑……，则用之。"④ 对"六品以下、守五品以上及视五品以上"的任用原则，可以这样理解：散官六品以下、守五品以上职事官者或比照五品以上官者。如建中三年（782 年）朱巨川朝议郎守中书舍人告身，即为敕授告身。朱巨川散官朝议郎为正六品上，所任职事官中书舍人为正五品上，阶卑官高称守。如朱巨川散官也在五品以上的话，则符合制授告身的条件。"视"为比照之意，如萨宝为视正五品，便符合敕授的条件。

---

① ［宋］王溥：《唐会要》卷 26《册让》，上海古籍出版社 1991 年版，第 570 页。
② 徐畅：《传世唐代告身及其相关研究述略》，载《中国史研究动态》，2013 年第 3 期。
③ ［唐］李林甫等：《大唐六典》卷 9《中书省》，三秦出版社 1991 年版，第 199 页。
④ ［唐］李林甫等：《大唐六典》卷 9《中书省》，三秦出版社 1991 年版，第 199 页。

还有一些中央政府要害部门的六品以下职事官，以其地位重要，不经选司，以敕授形式任命。《通典》载此类官员包括："员外郎、御史及供奉之官"，注文进一步解释说："供奉官，若补缺、拾遗之类，虽是六品以下，而皆敕授，不属选。开元四年（716 年），始有此制。"①《大唐六典》所述六品以下敕授官员的范围更趋准确："六品以下常参之官，量资注定。其才识颇高，可擢为拾遗、补缺、监察御史者，亦以名送中书门下，听敕授焉。"② 唐代常参官包括五品以上职事官，八品以上供奉官，员外郎、监察御史、太常博士。③ 结合《全唐文》《文苑英华》和唐代词臣文集的制诰部分，六品以下敕授官员大体包括：诸司员外郎、侍御史、殿中侍御史、起居郎、起居舍人、通事舍人、补缺、拾遗、监察御史、太常博士、大理评事。

（四）旨授（奏授）。敕旨也是以君主名义发出的文书之一。"谓百司承旨而为程式，奏而施行者（则用之）。"④ 所以《新唐书·选举志》又称为奏授。唐旨授对象包括各色六品以下官员。此类官员的任命要经过铨选程序，团甲后要皇帝画"闻"。以文官为例，选人先由南曹进行资格审查，合格后至吏部铨司考察身、言、书、判，然后拟其官而唱注。若候选者服，则同类官攒为一甲，先送尚书仆射检阅，再送门下省，给事中读，黄门（门下）侍郎省，侍中审，若门下省有不同意见，则驳下退还，若无意见，则上奏皇帝，皇帝画闻后，交由吏部主管官员受皇帝之旨而奉行。依旨作符，由吏部司书令史书写告身，加盖告身印信后发给应受官职者。兵部司所授武官告身、司勋司所授勋官告身、司封司所授封爵和命妇告身，也各有类似程序。

（五）判补。流外及视品官授给判补告身。流外官由负责小铨的吏部郎中选补，视品官由司封郎中负责选补，已见上文所述。

三、告身的内容与用印

唐代各类官文书的草拟，一般都有较为固定的格式。告身是常见的官文书

---

① ［唐］杜佑：《通典》卷 15《选举三》，岳麓书社 1995 年版，第 185 页。
② ［唐］李林甫等：《大唐六典》卷 2《尚书吏部》，三秦出版社 1991 年版，第 25 页。
③ ［唐］李林甫等：《大唐六典》卷 2《尚书吏部》，三秦出版社 1991 年版，第 34 页。
④ ［唐］李林甫等：《大唐六典》卷 9《中书省》，三秦出版社 1991 年版，第 199 页。

形式之一，其主要部分，内容不多，文用四六句，字数在 150 个上下，以 200 字为限。大量的是主管官员和经办官员封名、押年月日和用印的内容。各种类型的告身在内容上有所区别，但总体上差别不大。日本学者仁井田升在《唐令拾遗·公式令第二十一》中复原了唐代制授告身和奏授告身式，受到海内外学术界的普遍认同。① 结合海内外学者有关唐代告身的复原研究，制授告身内容大体包括以下三个部分：第一部分是告身的主要部分，以门下省开头，陈述某人授某官的理由。该职务的性质、被任命人的德行、才能及与该职务的匹配程度。被任命人结衔顺序一般是散官、职事官、勋官和封爵，要说明每个有变化的项目，没有变化的要说明"余如故"，最后是"主者施行"，以年月日押尾。第二部分，先中书三官中书令、中书侍郎、中书舍人宣、奉、行，具官封名，然后是门下三官侍中、黄门（门下）侍郎、给事中具官封名，"等言，制书如右，请奉制付外施行，谨言"，年月日押尾。第三部分先"制可"，某月某日尚书都事某人受，尚书左司郎中付某司，然后是左右丞相（左右仆射）、吏部尚书、吏部侍郎（2 人）、尚书左丞具官封名，"制书如右，符到奉行"，最后是经办人员主事、令史、书令史签名，年月日押尾。

据现存唐代文献，自唐后期至五代，告身上又增加了铨选时保识官签署姓名官衔等内容。《唐语林》卷 4 记载的一则故事，有助于我们理解告身上新增加的内容。大意是说宰相李回年少时曾在覃怀王氏家做客，王氏招待李回的规格很高，李回深感王氏恩德。等李回拜相之后，王氏之子进京参加铨选考试，便带着解状等文书求见李回。李回认出是故人之子，便给以财物资助。经铨司考核后，王氏子凭前资官被注拟大理评事。按唐制，大理寺官上任要由现任大理寺官员或在朝五品以上清资官作保识官。王氏本务农，在朝无亲友关系，只好再找李回求助。李回问"'有状乎？'对曰：'无。'又曰：'有纸乎？'曰：'无。''袖中何物？'曰：'告身。'即取告身署曰：'中书侍郎兼礼部尚书平章事李回识。'仍谓诸曹长曰：'此亦五品以上清资也。'"② 李回于武宗会昌五年（845 年）五月以中书侍郎平章事，文宗大中元年（847 年）罢相，此事应该发生在唐朝后期。如果说李回作为保识官在王氏子的告身上签署姓名、官衔属于

---

① ［日］仁井田升著，栗劲等译，《唐令拾遗》，长春出版社 1989 年版，第　页。
② ［宋］王谠撰，周勋初校正，《唐语林校正》卷 4《豪爽》，中华书局 1997 年版，第 342—343 页。

个案的话，五代时就成为惯例了。五代后唐长兴元年（930年）五月敕："应除州县官，引见磨勘须召命官三员为保，然后奏拟。仍于告身之内书保官名衔。"不仅如此，五代时甚至要求把解状、考状、春关牒上的相关信息都写在告身上。"仍于告身之内竖保官名衔，据本官所通三代，并出身、无出身、历任告敕、逐年考数，若是本朝及伪朝所授者，只于将来新告身之内一一收竖。"① 五代战乱，文书丢失现象非常普遍，在告身上批书保识官名衔和本人籍贯、家世、出身、历任告敕、逐年考数等信息，带有明显的减少文书数量、简化文书程序的精神，避免由于文书失坠给铨选考试资格审查造成更大的困难。

根据文书学的一般原则，结合唐人传世告身原件，告身上是要用印的。由于各类告身颁发的部门不同，所以用印的印文内容也不相同。大致情况是，文武职事官、散官用吏部、兵部印，勋官用司勋印，封爵和命妇用司封印。斋郎等开元二十五年以前用礼部印，以后也用吏部印。"凡官告各以主司印之，文臣用吏部，武臣用兵部，王公命妇用司封，加勋用司勋。"② 至于印文内容，依宋人高承所说："唐明皇开元二十三年（735年）七月，吏部尚书李暠奏，告身印与曹印文同，请加告身两字，即吏部告身之印，始自李暠也。"③ 其余诸司的告身印印文，也都在本曹印文基础上加告身两字。"（开元）二十二年（734年）七月六日，吏部尚书李暠奏曰：'伏见告身印与曹印文同，行用参杂，难以区分，望请准司勋、兵部印文，加告身两字'，从之。"④ 从开元二十二年之后，吏部司告身印印文在原"尚书吏部之印"基础上又加"告身"两字，即《通典》所记"尚书吏部告身之印"。根据李暠所奏，在吏部之前，兵部告身和司勋告身印文中已带"告身"两字。由此可以推知，司封告身印也带"告身"两字。至少在玄宗开元时，四司告身印的印文是：尚书吏部告身之印、尚书兵部告身之印、尚书司勋告身之印、尚书司封告身之印。至于礼部告身印，可能还没有来得及加告身两字，斋郎等选补权就移入吏部了。

上述论断从传世唐人告身原件中得到印证。台北故宫博物院藏大历三年

① ［宋］王溥：《五代会要》卷21《选事下》，中华书局1998年版，第338—339页。
② ［宋］孙逢吉：《职官分纪》，文渊阁四库全书第923册，上海古籍出版社1987年版，第247页。
③ ［宋］高承：《事物纪原》，文渊阁四库全书第920册，第26—27页。
④ ［宋］王溥：《唐会要》卷74《选部上·吏曹条例》，上海古籍出版社1991年版，第1598页。

（768 年）八月徐浩书朱巨川告身，上钤"尚书吏部告身之印"45 方①；李慈艺勋官上护军告身第 3—5 行钤数方"尚书司勋告身之印"②。

大约在唐末五代时，出现了专门管理告身的机构官告院。虽然官告院具体设置时间不详，但至少在唐末，官告院是存在的。据《郭彦琼墓志》，郭彦琼在唐末光化二年（899 年）之前就曾在官告院守职，后梁又充官告院院官，后唐升任知官告院事。③ 但唐末五代时官告院似乎还没有直接管理告身的书写、用印和授给，只是管理书写与装裱的材料。后唐同光二年中书门下上奏说："准本朝故事，如封建诸王、内命妇及宰相、翰林学士、中书舍人，诸道节度、观察、团练、防御、留后官告，即中书帖吏部官告院，索绫纸褾轴下所司修写印署毕，进入内宣赐。其文武两班并诸道官员及奏荐将校，敕下后，并合是本道进奏院或本人自于所司送纳胶绫纸价钱，各请出给。"④ 至北宋，专门设置官告院，由吏部郎中主管，专掌文武官员及封赠的告身出给，并把四司的告身印集中在官告院统一管理⑤。

四、告身的书写与装裱

唐代告身的书写，根据不同类型的告身而有所不同。册授、制授和敕授告身的书写分两步，第一步先由中枢秘书官撰制任官文书，该文书经一定的审核和批准程序后，第二步由诸司令史、书令史根据审核批准后的文书内容书写告身。唐代中枢秘书在开元二十六年（738 年）前后有所变化。在此之前三类文书都由中书舍人撰制，在此之后册授文书由翰林学士撰制，制授和敕授文书由中书舍人撰制⑥。旨授（奏授）告身先由铨司把通过铨选获得官职的人员按不同出身形成团甲，诸司书令史根据审核批准后的团甲内容书写告身。判补告身先由主司选补的官员提供名单，相关书令史根据名单书写告身。在唐代，几乎

---

① 那志良：《鈢印通释》，台湾商务印书馆 1986 年版，第 60 页。
② 陈国灿：《唐李慈艺告身及其补缺》，载《西域研究》，2003 年第 2 期。
③ 陈长安：《隋唐五代墓志汇编》，天津古籍出版社 1991 年版，第 151 页。
④ ［宋］王溥：《五代会要》卷 14《吏部》，中华书局 1998 年版，第 233 页。
⑤ 张东光、邱凤琳：《宋代官凭文书告身的管理机构——官告院》，载《档案管理》，2014 年第 1 期。
⑥ 张东光：《唐宋时期的中枢秘书官》，载《历史研究》，1995 年第 4 期。

所有的告身都是告身上最后署名的令史、书令史完成书写的。当然有些例外情况，主要是符合册授规格的告身，皇帝为了优礼宠臣或隆重典礼，指定专门人员书写。比如上文提到的天宝九载寿王瑁书写安禄山河北道采访处置等使告身，属于优礼宠臣。再如开元二十三年加皇子荣王以下十三王开府仪同三司，"令宰相及朝臣工书者就集贤院写告身以进"① 参与撰写十三王告身的有宰相张九龄、裴耀卿、李林甫、太师萧嵩、吏部尚书李暠、少保崔琳、黄门侍郎陈希烈、中书侍郎严挺之、兵部尚书张均、太常卿韦陟、谏议大夫褚庭诲等 13 人，皆为朝中重臣和文学才俊，此为隆重典礼。

唐制，"令史、书令史并分抄行署文书"②。据《大唐六典》所载，有书写告身任务的吏部、兵部、司勋、司封、礼部诸司令史、书令史设置情况是：吏部司令史 30 人，书令史 60 人；兵部司令史 37 人，书令史 60 人；司勋司令史 33 人，书令史 67 人；司封司令史 4 人，书令史 9 人；礼部司令史 5 人，书令史 10 人。基本上是一令史二书令史的配备规格，而且从人数上也可以看出诸司书写告身任务的轻重。自天宝以后，战事频繁，府库无积蓄，朝廷专以官爵赏功，所授告身越来越多，以致"大将军告身一通，才易一醉"③。"（贞元）十一年（795）十月，罢吏部、司封、司勋写急书告身官九十员。自天宝以来，征伐多事，每年以军功授官十万数。皆有司写官告送本道。兵部因置写官告官六十员，给粮，经五年后酬以官。无何，吏部、司封、司勋、兵部，各置十员。大历以后，诸道多自写官告，急书官无事，但为诸曹役使。故宰臣请罢之。"④

告身的书写材料，也根据种类之区别而有所不同。宋人叶梦得说："唐中书制诏有四：封拜册书用简，以竹为之；画旨而施行者曰'发日敕'，用黄麻纸；承旨而行者曰敕牒，用黄藤纸；敕书皆用绢黄纸，始贞观间。或云，取其不蠹也。纸以麻为上，藤次之，用此为轻重之辨。"⑤ 按叶氏说法，不同文书用不同书写材料，以"为轻重之辨"。册授"以竹为之"与《通典》"册用简，书用

---

①　[宋] 洪迈：《容斋随笔》，《笔记小说大观》第 6 册，扬州江苏广陵古籍刻印社 1984 年版，第 150 页。

②　[唐] 李林甫等：《大唐六典》卷 2《尚书吏部》，三秦出版社 1991 年版，第 21 页。

③　[宋] 司马光：《资治通鉴》，中华书局 1982 年版，第 7024 页。

④　[宋] 王溥：《唐会要》卷 57《尚书省诸司上·尚书省》，上海古籍出版社 1991 年版，第 1157—1158 页

⑤　[宋] 叶梦得：《石林燕语》卷 3，中华书局 1984 年版，第 37 页。

漆"的说法相一致。但这主要是指开元以前,开元以后册授的形式本来就不常用,而且自从设置学士院和翰林学士之后,立后、建嫡、封建诸王、拜免将相一类文书由翰林学士草制,"不自中书出,故独用白麻纸而已"①。开元以后的所谓册授也多改为制授,由翰林学士以白麻书制。而数量更大的制授和敕授告身用黄麻纸为书写材料,贞观十一年(637年)十月"诏始用黄麻纸写诏敕"②。黄麻纸有防虫蛀的功能,而以蜀地所产品质最佳。故玄宗天宝十三年(754年)三月二十八日敕旨,凡"授官取蜀郡大麻纸一张写告身"③。而旨授(奏授)告身依叶氏说法以黄藤纸为书写材料。

告身的书写材料不仅因类型不同而有所区别,而且根据时代不同也有所变化。唐代后期,告身书写或用黄麻纸,或用绢黄纸,或用绫纸。宋人陆游说:"江邻几《嘉祐杂志》言:唐告身初用纸,肃宗朝有用绢者,贞元后用绫。予在成都见周世宗除刘仁赡侍中告,乃用纸。在金彦亨尚书子处。"④ 唐代后期,不仅告身的书写材料发生了变化,而且还需要一定的装裱。元和八年(813年)八月,吏部奏"请差定文武官告纸轴之色物。'五品以上,用大花异纹绫纸,紫罗里,檀木轴。六品下朝官,装写大花绫纸,及小花绫里,檀木轴。命妇邑号,许用五色笺,小花诸杂色锦褾,红牙碧牙轴。其他独窠绫褾、金银花笺,红牙,发镂轴钿等,除特恩外,请并禁断。'敕旨依奏。"⑤ 白居易《妻初授邑号告身》:"弘农旧县授新封,钿轴金泥诰一通。我转官阶常自愧,君加邑号有何功。花笺印了排窠湿,锦褾装来耀手红。倚得身名便慵堕,日高犹睡绿窗中"⑥。诗中"钿轴金泥""花笺""排窠""锦褾"正是经装裱后告身的真实写照。

告身的书写与装裱要用去一笔不小的费用,所以要得官者缴纳一定的告身钱,或称朱、胶、纸、轴钱。至于告身钱的数额,应该不会少于1000文。唐代考绩获得殊考和上考的官员,要纳钱1000文。"六品以下官员,本州申中上考

① [宋]叶梦得:《石林燕语》卷3,中华书局1984年版,第37页。
② [宋]宋敏求:《春明退朝录》卷下,中华书局1991年版,第49页。
③ [宋]王溥:《唐会要》卷75《选部下·杂处置》,上海古籍出版社1991年版,第1613页。
④ [宋]陆游:《老学庵笔记》卷6,中华书局1997年版,第81页。
⑤ [宋]王溥:《唐会要》卷75《选部下·杂处置》,上海古籍出版社1991年版,第1615—1616页。
⑥ [清]曹寅等:《全唐诗》,上海古籍出版社1991年版,第1102页。

者，纳钱一千文，市笔、墨、朱、胶等者。"① 考牒收费是考功司学习吏部司和礼部司的成熟经验。大中六年（852 年）考功司规定："自今以后，校考敕下后，其得殊考及上考人，省司便据人数，一时与修写考牒。请准吏部告身及礼部春关牒，每人各出钱收赎。其得殊考者一千文，上考者出五百文，其钱便充写考牒纸、笔杂用。"② 不需装裱的考牒的"纸笔杂用"就要出 1000 文，对书写和装裱材料都有特殊要求的告身钱，就可以想见了。以致五代时有家贫的选人出不起告身钱的情况。"故事，吏部文武官告身，皆输朱、胶、纸、轴钱然后给。其品高者则赐之，贫者不能输钱往往但得敕牒而无告身。"③ "品高者则赐之"都包括哪些人，五代的情况是，后梁"不分轻重，并从官给"④，后唐庄宗同光二年规定，诸王、内命妇、宰相、翰林学士、中书舍人、诸道节度、防御、团练使、留后，中书行文吏部官告院索取书写、装裱材料，官为写告身；另外，高位宦官、皇帝侍卫亲军将校，可以免纳⑤。

五、告身的作用

（一）出身人和前资官凭告身参加铨选考试。唐代参加铨选考试的资历条件是或有出身或有官，有出身、有官的直接证明材料就是告身。所以，选人要在应选时向吏部南曹交纳告身。如不纳告身或所纳告身有问题，便被认为是不合选，照例会被驳放甚至受到更严厉的惩罚。高宗时，参加铨选者有"伪主符告而矫为官者，有承接他名而参调者"⑥，唐政府为应对铨司出现的舞弊情况设置南曹，严格审查包括告身在内的选人文书。天宝以后，受战乱影响，中央政府的文书甲历遭到严重破坏，又给告身造假者提供了机会。"分见官者，谓之擘名，承已死者，谓之接脚"⑦，即把现任官员的告身加以拆分，或用已故官员的告身参选。至五代时，此类情况更加严重。"应见注官等内，有自无出身入仕，

---

① ［宋］王溥：《唐会要》卷81《考上》，上海古籍出版社1991年版，第1780页。
② ［宋］王溥：《唐会要》卷82《考下》，上海古籍出版社1991年版，第1789页。
③ ［宋］欧阳修：《新五代史》卷55《刘岳传》，中华书局1974年版，第631—632页。
④ ［宋］薛居正：《旧五代史》卷31《庄宗纪五》，中华书局1976年版，第426页。
⑤ ［宋］薛居正：《旧五代史》卷31《庄宗纪五》，中华书局1976年版，第426页。
⑥ ［宋］欧阳修、宋祁：《新唐书》卷44《选举上》，第1175页。
⑦ ［宋］王溥：《唐会要》卷74《选部上论·选事》，上海古籍出版社1991年版，第1587页。

买觅鬼名告赤，及将骨肉文书楷改名姓，或历任不足，妄称失坠。"① 一些不肖子孙和投机取巧的选人买卖已故官员告身，或把已故近亲的告身楷改姓名，自己去应选。五代历朝政府的应对办法是：第一，在已故官员告身上批书死亡日期，然后再交给其子孙。"自今以后，仰所在身死之后，并经申报本州，令录事参军于告赤上分明书身死月日，却分付子孙。"② 第二，在告身给付时把历任文书与告身粘在一起，令吏部南曹"逐缝使印"。后唐长兴元年（930 年）诏书说："其判成选人，黄甲下后，将历任文书与告身连粘，宜令吏部南曹逐缝使印，都于后面粘纸，具前后历任文书，都记多少纸数，并具年月，判成授官去处，缴尾讫，给付本人。"③ 第三，对在告身上舞弊者，加大惩处力度。对"公然折破印缝，不计与人不与人，将来求事，并令焚毁，其人当行极典。"④ 一般对告身造假、舞弊者的处罚是"终身不齿"。后唐明宗长兴元年七月吏部南曹奏："磨勘南郊行事官，前守濮州范县主簿李范，是同光三年不纳告身人数，准敕终身不齿。今又冒名於四方馆行事。前南河（河南）府长水县主簿赵知远，使兄为父荫行事者。"最后赵知远遇南郊大礼恩赦，"出身、历任文书付所司焚毁，放罪勒归乡贯，本道长吏为改昭穆奏闻"⑤。五代后唐时，鸿胪卿柳英，将斋郎告身卖与同姓人柳居则伏罪，大理寺断当大辟，因遇赦免死夺官，终身不齿⑥。

（二）职事官和使职、差遣凭告身赴任。唐代官员履任新职，必凭告身赴任，与前任交接。长篇神话小说《西游记》第九回"陈光蕊赴任逢灾，江流僧复仇报本"，说的是唐玄奘的父亲陈光蕊赴任途中为劫匪加害，并夺去官告代其赴任的故事。虽属神话，但从故事本身看，与唐代制度并不相悖。《太平广记》引《玉堂闲话》记载一则类似的故事。宪宗元和（806—820 年）年间，新任湖

---

① ［宋］杨亿、王钦若：《册府元龟》卷632《铨选部·条制四》，中华书局1982年版，第 7579 页。
② ［宋］杨亿、王钦若：《册府元龟》卷632《铨选部·条制四》，中华书局1982年版，第 7579 页。
③ ［宋］王溥：《五代会要》卷22《杂处置》，中华书局1998年版，第 353 页。
④ ［宋］王溥：《五代会要》卷22《杂处置》，中华书局1998年版，第 353 页。
⑤ ［宋］杨亿、王钦若：《册府元龟》卷633《铨选部·条制五》，中华书局1982年版，第 7587 页。
⑥ ［宋］杨亿、王钦若：《册府元龟》卷633《铨选部·条制五》，中华书局1982年版，第 7592 页。

州录事参军唐璧未及赴任即遭遇劫匪，包括告敕和历任文书在内的财务被劫剽殆尽，后巧遇宰相裴度，助其复得告身，重新赴任，并与妻子团聚。① 大和二年（828年）南曹令史李賨等6人，勾结铨司厅典官温亮等，伪出告身签符，卖凿空伪官，得赃款16740贯，令65人携伪告身赴任。② 可见，官员赴任交接时，只认告身不认人，在交通不便、信息不灵的条件下，用伪告身赴任不是没有可能的。足见告身在官员履任新职，办理交接手续时的重要作用。

（三）各类人员均可凭告身获得一定政治经济特权。唐代职、散、勋、爵等各色获得告身的人员，都可以享受一定的政治经济特权。职事官可以获得权力、岗位和俸禄中的绝大部分，勋、散、爵号等也在服色、资荫、朝班、赎免罪、母妻邑号、免除赋役等方面发挥作用。上述特权一般要凭告身兑现。五代后唐长兴四年（933年），政府要求，无论是本朝获得出身还是后梁获得出身人，都要把告身交上来统一审查，审查无误的要根据告身荫补子孙，审查不合格的告身要在限定的时间内烧毁，以后再有凭非法告身要求用荫的，当行极法。③

（四）用告身旌表个人功绩。唐人极重告身，有的甚至把它当作一生仕宦的最终成果加以珍视。所以常常请善书者抄录下来，用作收藏，传给子孙或旌表功绩，或去世之后用告身随葬。现存唐人出土告身抄本11件④，都是此类用途。也有善书者自书告身，以备收藏。"唐人重告命，故颜鲁公自书告身，今犹有存者。"⑤ 书法家颜真卿自书告身流传至今，具有极高的艺术价值和历史价值。

---

① ［宋］李昉等：《太平广记》，中华书局1981年版，第1221—1222页。
② ［后晋］刘昫等：《旧唐书》卷176《杨虞卿传》，中华书局1975年版，第4563页。
③ ［宋］杨亿、王钦若：《册府元龟》卷633《铨选部·条制五》，中华书局1982年版，第7592页。
④ 徐畅：《传世唐代告身及其相关研究述略》，载《中国史研究动态》，2013年第3期。
⑤ ［宋］洪迈：《容斋随笔》，《笔记小说大观》第6册，扬州江苏广陵古籍刻印社1984年版，第150页。

第四章　职官的激励与考核

第一节　物质激励

激励是现代管理学的概念，就是通过满足人的需要来激发人的积极性的活动。古人虽然没有提出激励的概念，但是激励活动却是长期存在的。唐代的激励可以大致分为物质激励和非物质激励两个方面。物质激励包括：俸料钱、职田、禄米和为官僚贵族配备的各种力役等；非物质激励则包括勋、爵、章服、赐绯紫、佩鱼袋；也包括诸如朝参、班序、用荫、辍朝等一些标致等级、特权的仪式和规章。

一、俸料钱

关于唐代官员俸料钱，长期以来是唐史研究的热点问题之一，也是争议较多的问题。比如唐代官员俸料钱的财政来源、内外官俸料钱轻重的变化等。①本节主要从唐代官员俸料钱的发展演变，特别是从给俸依据的角度，讨论唐代俸料钱的变化情况。唐代官员俸料钱数额比较完整的材料有五种，分别是乾封

---

① 参见阎守成：《唐代官吏的俸料钱》，载《晋阳学刊》1982 年第 2 期；刘海峰：《唐代官吏俸料钱的财政来源问题》，载《晋阳学刊》1985 年第 5 期；王珠文：《关于唐代官吏俸料钱的几点意见》，载《晋阳学刊》1985 年第 4 期；刘海峰：《再析唐代官员俸料钱的财政来源问题》，载《中国社会经济史研究》1987 年第 4 期；李燕捷：《唐代后期内外官主要经济收入对比——唐代内外官轻重问题研究》，载《晋阳学刊》1990 年第 1 期等。

元年（666 年）、开元二十四年（736 年）、大历十二年（777 年）、贞元四年
（788 年）和会昌（841 年—845 年）以后，经整理列表后，可窥见唐代官俸数
额的大致变化（见表 1）：

表 1　唐代俸料钱变化情况

单位：贯

品级 年代	一	二	三	四	五	六	七	八	九
乾封元年 （666 年）	11	9	6	4.2	3.6	2.6	2.1	1.9	1.5
开元二十四年（736 年）	31	24	17	11.6	9.2	5.4	4.1	2.5	1.9
大历十二年（777 年）	120	80	60	45	25	18	15	12	1.9
贞元四年（788 年）	200	130	100	80	50	40	30	25	1
会昌年间（841—845 年）	2000	1400	1000	80	50	40	30	30	3
备注									

表 1 俸料钱数，乾封元年数据《新唐书》卷 55《食货志》，《册府元龟》卷
505《邦计部·俸禄一》，但《新唐书》无年代。仅有年俸总数："岁总十五万二
千七百三十缗。"《册府元龟》卷 505《邦计部·俸禄一》："乾封元年八月诏……
凡京官文武正官每岁共供俸食等钱总十五万二千七百二十贯。"两处记载仅差十
贯，可能有一处误记。因此可以大致推定《新唐书》所记俸数为乾封元年之制。

开元二十四年俸料钱数据《新唐书》卷 55《食货志》、《唐会要》卷 91
《内外官料钱上》、《册府元龟》卷 506《帮计部·俸禄二》、《通典》卷 35《职
官十七·禄秩》。诸书记载略有出入，但差别不大。

大历十二年、贞元四年俸料钱数见于《唐会要》卷 91《内外官料钱上》、
《册府元龟》卷 506《邦计部·俸禄二》。

会昌年间俸料钱数见于《新唐书》卷 55《食货志》，无确切年代，只是说

"唐世百官俸钱，会昌后不复增减"，基本可以看作会昌以后的官俸数。

从上表可以看出，自乾封到会昌200多年的时间里，唐代一至三品的高级官员俸料钱增加近170倍，四至八品官员俸料钱增加14.7倍。按阎守成先生的说法，俸料钱的增加主要和唐代物价上涨的因素有关。另外，唐代后期，唐政府为了解决经济困难，广开财源，政府也有能力支付数额巨大的俸料钱。阎先生忽略的一点是，乾封俸料钱不含白直、执衣、亲事、杖内、杖身等力役，根据力役所纳之课仍依本品，开元二十四年以后，才合并入月俸之中。

以下按给俸的依据，把唐代官员俸料钱的发展变化，分成四个阶段考察。

1. 武德元年（618年）—乾封元年（666年），准本品给俸阶段

《唐会要》卷91《内外官料钱上》："乾封元年八月十二日，诏京文武官应给防阁、庶仆、俸料，始依职事品，其课及赐，各依本品。"

此条材料是说官员俸料钱依职事品，始自乾封元年。由此可大致推定乾封元年以前，俸料钱依本品。本品是散官阶的转化形态，即必须与职事官结合，散官品才有俸料钱的意义。现将乾封元年京官俸料钱情况列表如表2所示：

表2　乾封元年京官俸料钱情况

单位：贯

品　级		一	二	三	四	五	六	七	八	九
项目	月俸	8	6.5	5.1	3.5	3	2	1.75	1.3	1.05
	食料	1.8	1.5						0.3	0.25
	杂用	1.2	1.2	0.9	0.7	0.6	0.4	0.35	0.3	0.2
合　计		11	9	6	4.2	3.6	2.4	2.1	1.9	1.5

俸料钱从依本品到依职事品的变化的意义在于：本品实际上是散官品，而散官承载的是官员的以往积累。以往积累是官员过去对社会贡献的总和。从激励理论的角度看，激励物必须和现实劳绩相结合，才能更大地发挥激励作用。职事官承载的恰恰是官员的现实劳绩。因此，乾封元年给俸依据的变革，具有重要的管理学意义。

2. 乾封元年—开元二十四年，依职事品给俸阶段

开元二十四年，唐官俸体制发生重大变革。《唐会要》卷91《内外官料钱上》："（开元）二十四年六月二十三日敕：'百官料钱，宜合为一色，都以月俸

为名，各据本官，随月给付．'"唐代除了俸料钱之外，贵族、官僚还享有名目繁多的免费力役待遇。其名目有：防阁、庶仆、邑士、白直、亲事、杖内等（下文有专节论及）。开始，这些力役是为了供贵族、官僚差遣、驱使，"分为三番，每周（年）而代，……初以民丁中男充，为之役使者不得逾境；后皆舍其身而收其课，课入所配之官，遂为恒制"。①

开元二十四年，俸料钱中的各种名目都合并为月俸一项，大大简化了给俸项目和程序，这是唐代官俸制度又一重大变化。因不同品秩官员的防阁（庶仆）在月俸中所占的比重不同。开元二十四年不同品秩官员月俸总额中月俸、食料、防阁（庶仆）、杂用所占比例如表 3 所示：

表3　唐开元二十四年官员月俸结构表

单位：贯

品级	月俸总额	月俸%		食料%		防阁（庶仆)%		杂用%	
一品	31	8	25.8%	1.8	5.4%	20	64.5%	1.2	3.9%
二品	24	6	25%	1.5	6.3%	15	62.5%	1	4.2%
三品	17	5	29.4%	1.1	6.5%	10	58.8%	0.9	5.3%
四品	12.4	4.5	36.6%	0.7	5.6%	6.6	53.2%	0.6	4.8%
五品	9.1	3	33%	0.6	6.5%	5	55%	0.5	5.5%
六品	5.3	2.3	43.5%	0.4	7.5%	2.2	41.5%	0.4	7.5%
七品	4.5	1.75	43.3%	0.35	8.6%	1.6	39.5%	0.35	8.6%
八品	2.475	1.3	52.5%	0.3	12.1%	0.625	25.3%	0.25	10.1%
九品	1.917	1.05	54.8%	0.25	13%	0.417	21.8%	0.2	10.4%

表 3 对于理解不同品秩的试摄官与正员官的俸禄差别有一定启发意义。官员品秩越低，月俸、食料所占的比例越高，而防阁（庶仆）所占的比例越低，这说明试摄官品秩越低，与正员官的俸禄差别越小。虽然品秩越低，杂用所占的比例越高，但杂用在月俸总额中比重过低，不超过 10%，所以总体影响不大。

---

① ［唐］杜佑：《通典》卷 35《职官十七·禄秩》，岳麓书社 1995 年版，第 516 页。

3. 开元二十四年—会昌年间，依职事官给俸阶段

这一阶段是唐代行政管理体制和人事管理体制变化最大的一个阶段。安史之乱以后，地方使府逐渐常设化、固定化，在正式国家行政体制之外，又出现一个新的行政组织体系。此外，唐前期业已出现的使职差遣制更为盛行，因此，单纯的依据职事官品给俸，业已不合时宜。现在保存的这一时期的俸料钱资料相对比较完整，《唐会要》《册府元龟》等文献对此时百官俸额记载明确，现据大历十二年、贞元四年京官俸料钱如表4、表5所示：

表4　大历十二年（777年）加俸后京官料钱（《唐会要》卷91《内外官料钱上》）

单位：文/月

官　　　称	料钱
太师 太傅 太保，太尉 司徒 司空，侍中 中书令	120000
中书、门下侍郎	100000
东宫三太，左右仆射	80000
东宫三少	70000
六尚书，御史大夫，太常卿	60000
左右散骑常侍，宗正卿，太子詹事，国子祭酒	50000
左右丞，诸司侍郎，给事中，中书舍人，御史中丞，太子宾客，殿中丞，秘书监，司农等卿，将作等监	45000
太子左右庶子，太常少卿	40000
谏议大夫，诸司少卿，少监	35000
国子司业，内侍，东宫三卿	30000
诸司郎中，侍御史，司天监，太子少詹事，诸王傅，国子博士，太子左右谕德，太子中允，太子中舍，太常、殿中、秘书、宗正丞	25000
殿中侍御史，著作郎，大理正，都水使者，（京都宫苑四面监）总监，内常侍给事中	20000
诸司员外郎，通事舍人，起居舍人，王府长史	18000
监察御史，御史台主簿，左右补缺，王府司马，司天少监，太子典内，太常博士，太常寺主簿，宗正寺主簿，门下省录事，中书省主簿	15000

（续表）

官　　称	料钱
左右拾遗，司议，太子文学，秘书郎，著作佐郎，国子学、太学、四门学、广文馆等博士，大理司直，詹事府丞，诸寺监丞，谒者监，中书门下主事	12000
太子洗马，左右赞善大夫，诸寺监主簿，詹事府司直	10000
大理评事	8000
秘书省校书郎、秘书省正字	6000
诸奉御，九成宫总监，诸王咨议，诸陵令	9200
城门郎，符宝郎，国子助教，六局郎，王府掾、属，太常侍医，文学，录事，参军，主簿，记室，诸卫及六军长史，两市令，诸副总监，武库署令，太公庙令	5300
太子通事舍人，东宫寺丞，太学、广文助教，内坊丞，诸直长，内侍伯，千牛卫及诸率府长史，诸陵丞，诸陵署，诸王府判司，司竹、温泉监，尚书都事，都水及诸总监丞，司天台丞，太子侍医，诸司上局署令及王府国令，苑、四面副监，公主邑司令	4116
国子、四门助教，律学、医学博士，太常寺协律郎，内谒者，诸卫、六军、左右卫率府等卫佐，诸王府参军、大农，都省兵、吏、礼、考功主事，春坊录事，司竹副监，诸司中局署令，都水主簿，诸司上局署丞，监庙邑丞，司天台灵台郎，保章挈壶正，太医署针医监、尚药局司医	4075

表5　贞元四年（788年）京官料钱（《唐会要》卷91《内外官料钱上》）

单位：文／月

官　员　名　称	料钱
三太（太师、太傅、太保）	200000
三公（太尉、司徒、司空）	180000
侍中，中书令	160000
中书门下侍郎，尚书左右仆射，太子三太	130000
六尚书，御史大夫，太子三少	100000

（续表）

官 员 名 称	料钱
左右散骑常侍，太常、宗正卿，京兆尹	90000
尚书左右丞，诸司侍郎，给事中，中书舍人，御史中丞，太子宾客，太子詹事，国子祭酒，诸卿、监，内侍监	80000
谏议大夫，太子左右庶子，太常、宗正少卿	70000
国子司业，太子少詹事，诸寺监少卿、少监，内侍	65000
太子左右喻德，诸司郎中，东宫三卿	50000
诸司员外郎，起居舍人，侍御史，王府长史，著作郎，太子中舍，太子中允，国子博士，太常、宗正、殿中、秘书等丞，大理正，都水使者，京都总监，内常侍	40000
左右补缺，殿中侍御史，通事舍人	35000
左右拾遗，监察御史，司天少监，王府司马，太子左右赞善大夫，太子洗马，太子奉御，诸陵令，内给事，典内，太常博士，司舍，太常寺、宗正寺、御史台主簿，中书主书，门下录事	30000
太子文学，秘书郎，著作佐郎，城门郎，符宝郎，太学、广文、四门博士，大理司直，大理詹事，诸寺监丞，内谒者监，中书、门下主事	25000
大理评事，国子助教，王府咨议，司天正，宫正，六局郎，诸卫、六军长史，诸寺及詹事主事，詹事司直，太子通事舍人，东宫三寺丞，太子文学，广文助教，千牛卫及率府长史，七品陵丞，都水丞，诸直长	20000
四门助教，太常寺协律郎，诸卫及六军卫佐，秘书省校书郎、正字，太常寺奉礼郎，大税，尚书都事，九成宫总监	16000
诸寺监、内侍省、詹事府、司天台录事、主事	8000
王府掾、属，录事，主事，参军，主簿，侍御医，两市令，中书（尚）、武库署令，武成王庙令，司天丞	10000
内坊丞，内侍主（伯），王府判司，王府国令，诸司上局署令，太子侍医，公伯邑司，总监丞，司竹、温泉监，七品陵庙令，司天台主簿	6000

（续表）

官　员　名　称	料钱
律学博士，内谒者，王府参军，诸司中局署令，王府大农、诸司上局署丞，邑司丞，司天灵台郎，保章挈壶正，京苑四面监，太常医博士、监医，八品陵庙令，尚药局司医，司竹、温泉监丞	4000
诸司中局署丞，大理狱丞，鸿胪掌客，诸司府监作、监事、记官、属佐、食医	2000
尚辇，太仆主乘，仆寺典乘，军卫、率府、亲勋翊府兵曹，典膳两令，司天台司辰、司历、监候，内坊典直，内侍省宫教博士，太常寺乐正、医正、卜正，九品陵庙丞，苑四面监丞，王府国丞、尉、按摩、咒禁、卜筮博士，针医助教，诸总监主簿，国子、书、算、律学助教	1000

大历十二年俸料钱 45000 的官员有：

左右丞，诸司侍郎，给事中，中书舍人，御史中丞，太子宾客，殿中监，秘书监，司农等卿，将作等监。尚书左丞、吏部侍郎正四品上；尚书右丞、诸司侍郎正四品下；给事中、中书舍人、御史中丞正五品上；太子宾客正三品；殿中监、秘书监、司农等卿、将作等监从三品。

贞元四年（788 年）京官料钱制　月俸 80000 的官员有：

尚书左右丞，诸司侍郎，给事中，中书舍人，御史中丞，太子宾客，太子詹事，国子祭酒，诸卿、监，内侍监。尚书左丞、吏部侍郎正四品上；尚书右丞、诸司侍郎正四品下；给事中、中书舍人、御史中丞正五品上；太子宾客、太子詹事正三品；国子祭酒、殿中监、秘书监、司农等卿、将作等监从三品。

大历十二年京官俸料钱制　月俸 25000 的官员有：

诸司郎中，侍御史，司天监，太子少詹事，诸王傅，国子博士，太子左右谕德，太子中允、太子中舍，太常、殿中、秘书、宗正丞。诸司郎中从五品上、侍御史从六品下、亲王傅从三品、国子博士正五品上、太子左右谕德正四品下、太子中允正五品上、太子中舍人正五品下、太常丞从五品下、宗正等丞从六品上。

贞元四年（788 年）京官料钱制　月俸 40000 的官员有：

诸司员外郎，起居舍人，侍御史，王府长史，著作郎，太子中舍，太子中允，国子博士，太常、宗正、殿中、秘书等丞，大理正，都水使者，京都总监，内常侍。诸司员外郎、起居舍人从六品上、侍御史从六品下、亲王府长史从四品上、著作郎从五品上、太子中允正五品上、太子中舍人正五品下、国子博士正五品上、太常丞从五品下、宗正等丞从六品上、大理正从五品下、都水使者正五品上、京都总监从五品下、内常侍正五品下。

从大历、贞元京官俸料钱来看，给俸依据并不是完全按照职事品。依供职机构和所任职事的重要程度给俸，才是其本质依据。大历官俸令太子詹事、国子祭酒俸料钱高于给事中、中书舍人，贞元官俸令则二者相同。按照供职机构的重要程度，唐中央机关可分为五个档次：

第一档，中书、门下两省官和御史台官。两省和御史台官一般为供奉官，位居中枢，职亲地近。

第二档，尚书省官。六部尚书、侍郎，尚书左右丞，诸司郎中、员外郎，位居国家行政中枢，重要性自不待言。

第三档，太常寺、宗正寺、大理寺官。太常寺掌管朝廷典礼，宗正寺管理皇亲贵戚，大理寺主管推断刑狱，在诸监、寺中地位重要。

第四档，其余诸寺、监官、东宫官。

第五档，诸王府、公主府官，内侍官，技术官。

4. 会昌以后，依职事、使职差遣给俸阶段

差遣全面取代职事官是在北宋时期。但这是一个漫长的过程。这一过程，早在唐初就开始酝酿，唐代中期以后，"为使则重，为官则轻"的趋向业已一发不可收。职事官阶官化或寄禄官化在官俸制度上的反映就是给俸依据的变化。《新唐书》卷 55《食货志》所记会昌后官俸制就说明了这一点。

会昌官俸制与大历、贞元官俸制比较，第一，会昌官俸制增入地方官。大历、贞元官俸制只有京官，而无地方官。第二，会昌官俸制增入了使府官，大历、贞元官俸制使府官另有诏令。把使府官纳入官俸序列，是会昌官俸制的最大特征。第三，官俸依据进一步向职事差遣靠拢，原来官俸较高的左右散骑常侍、太常、宗正卿俸禄同于给、谏、中舍。第四，大历、贞元官俸制仅具文职京官，而无武职，会昌以后官俸制则文武混编。

表6　会昌以后文武职事、差遣、使职混编官俸表

单位：万文/月

职事官、使职、差遣名称	料钱
三师（太师、太傅、太保）	200
三公（太尉、司徒、司空）	160
侍中	150
中书令，门下、中书侍郎，尚书左右仆射，太子三太	140
六部尚书，御史大夫，太子三少	100
节度使	30
都防御使、副使、监军	15
观察使	10
尚书左右丞，诸司侍郎，左右散骑常侍，谏议大夫，给事中，中书舍人，秘书、殿中、内侍监，御史中丞，太常、宗正、大理、司农、太府、鸿胪、太仆、光禄、卫尉卿，国子祭酒，将作、少府监，太子宾客、太子詹事，诸府尹，大都督府长史，都团练使、副使，上州刺史	8
太常、宗正少卿，太子左右庶子，节度副使，刺史监军	7
六军统军，诸府少尹，诸寺监少卿、少监，国子司业，太子少詹事	6.5
左右卫、金吾卫上将军，六军大将军	6
左右骁卫、武卫、威卫、领军卫、监门卫、千牛卫上将军，上州别驾	5.5
诸司郎中，司天监，太子左右谕德，家令寺、仆寺、率更寺令，亲王傅，别敕判官，观察、团练判官，掌书记，上州长史、司马	5
左右卫、金吾卫大将军，怀化大将军，诸府、大都督府司录参军事，鹑赤县令	4.5
诸司员外郎，起居郎，通事舍人，起居舍人，著作郎，内常侍，侍御史，殿中侍御史，太常、宗正、殿中、秘书丞，大理正，国子博士，京都宫苑总监、监，都水使者，太子中舍，太子中允，王府长史，归德将军，节度推官，支使，防御判官，上州录事参军，畿县、上县令	4

（续表）

职事官、使职、差遣名称	料钱
怀化中郎将	3.7
左右骁卫、武卫、威卫、领军卫、监门卫、千牛卫、殿前左右射生军、神策军大将军，左右卫、金吾卫将军	3.6
左右补缺，殿中侍御史，诸府、都督府判官，赤县丞	3.5
怀化郎将	3.2
左右拾遗，司天少监，六局奉御，内常侍，监察御史，御史台主簿，太常博士，陵署令，大理司直，中书主书，门下录事，太子赞善、典内、洗马、司议郎，王府司马，骁卫、武卫、威卫、领军卫、监门卫、六军、射生、神策军将军，归德中郎将，观察、团练、防御推官、巡官，鶸赤县丞，两赤县主簿、尉，上州功曹参军以下、上县丞	3
城门郎，秘书郎，著作佐郎，六局直长，十六卫、六军、诸府、十率府长史，怀化司阶，畿县丞，鶸赤县主簿、尉	2.5
归德司阶	2.3
五官正，太常寺协律郎，陵署丞，诸寺监主簿，国子、太学、广文助教，都水监丞，詹事府司直，太子通事舍人，太子文学，东宫三寺丞，五局郎，王府咨议参军、友，畿县、上县主簿、尉	2
怀化中侯	1.8
十六卫、六军、十率府率、副率，中郎，中郎将	1.7350
归德中侯	1.7
四门助教，十六卫佐，秘书省、崇文馆、弘文馆校书郎；正字、太常寺奉礼郎，太祝、郊社、鼓吹署令，四门助教，京都宫苑总监、副监，九成宫总监、监、主事，十六卫、六军卫佐，尚书省都事	1.6
十六卫、六军中侯，太子内率府千牛	1.6174
内侍伯，怀化司戈，诸府、大都督府参军事、文学、博士、录事，上州参军事，博士	1.5
归德司戈	1.4

（续表）

职事官、使职、差遣名称	料钱
十六卫、六军十率府左右郎将，亲王府典军、副典军	1.38
司戈，内率府备身，仆寺进马	1.3712
符宝郎，内谒者监，九寺诸监，詹事府丞，太医署令，太学、广文、四门博士（?），中书门下主事，太子文学、侍医，诸府、都督府医博士、法直，两赤县录事，上州承事、市令	1.3
怀化执戟长上	1.1
门下省典仪，侍御医，司天台丞，都水监主簿，率府卫佐，诸司主事，御史台主事	1.2
太医署司医、丞，归德执戟长上	1
医佐，大理寺评事，太常寺、宗正寺、詹事府主簿、寺监、内侍省、司天台、左右春坊、詹事府录事、主事	0.8
司阶，千牛备身左右	0.7990
京都园苑四面监监，两京诸市、中尚、武库、武成王庙署令，王府掾、属、主簿、记室，录事参军事	0.7
司天台主簿，灵台郎、保章正，上局署令，七品陵庙令，京都宫苑总监丞，司竹、温泉监监，太子内坊丞，王府功曹以下参军事，亲王国令，公主邑司令	0.6
书、算、律学博士，内谒者，中局署令，上局署丞，五官挈壶正，京都宫苑四面监，九成宫总监副监，医针博士、医监，陵庙令，司竹、温泉监丞，太子药藏局丞，王府参军事，王国大农，公主邑司丞	0.4
奚官，内仆内府局令，司竹、温泉副监	0.5
狱丞，国子监直讲、掌客、司仪，中局署丞，监膳、监作、监事、食医、尚辇、进马、奉乘、主乘、典乘、司库、司廪、十六卫、十率府录事，亲勋翊府兵曹参军事，司天台司辰、司历、监候，内坊典直，宫教博士，乐正、医正、卜正、按摩、咒禁、卜博士，针、医、卜、书、算助教，陵庙、太乐、鼓吹署丞，京都园苑四面监，九成宫总监丞，诸总监主簿，太子典膳、内直、典设，宫门局丞，三寺主簿，亲王国尉、丞	0.3
十六卫、六军、十率府执戟长上，左右中郎将	0.2850

会昌后俸料钱京官、地方官、使府官比较，月俸 8 万的有：

尚书左右丞，诸司侍郎，左右散骑常侍，谏议大夫，给事中，中书舍人，秘书、殿中、内侍监，御史中丞，太常、宗正、大理、司农、太府、鸿胪、太仆、光禄、卫尉卿，国子祭酒，将作、少府监，太子宾客、太子詹事，诸府尹，大都督府长史，都团练使、副使，上州刺史

其中正三品：左右散骑常侍，太常、宗正卿，太子宾客、太子詹事（以上京官）

从三品：大理卿、司农卿、太府卿、鸿胪卿、太仆卿、光禄卿、卫尉卿、国子祭酒、将作监、少府监（以上京官），诸府尹、大都督府长史、上州刺史（以上地方官）

正四品上：尚书左丞、吏部侍郎（以上京官）

正四品下：尚书右丞、兵部侍郎、礼部侍郎、户部侍郎、刑部侍郎、工部侍郎、御史中丞（以上京官，御史中丞会昌三年升）。

正五品上：谏议大夫、给事中、中书舍人（以上京官）

使府官：都团练使、副使

上述正三品至正五品、地方蕃帅的俸料钱相同，说明官俸依据进一步向职事差遣重要程度转移，而与职事官品本身越来越远。官俸依据的变化表明，官员的主要物质待遇必须根据现实劳绩授予。从本品到职事品再从职事品到职事官，再从职事官到职事官、使职、差遣结合，唐代官俸依据的变化线索清楚，对研究唐代行政体制和人事体制变化具有重大启发意义。

二、禄米、职田

1. 禄米

唐代《禄令》最早的、较为完整的是在武德、贞观时。据武德《禄令》列表 7：

表 7 唐武德元年十二月百官禄米（《唐会要》卷 90《内外官禄》）

品级	正一	从一	正二	从二	正三	从三	正四	从四
年禄（石）	700	600	500	460	400	360	300	260
备注	京官	下同						

正五	从五	正六	从六	正七	从七	正八	从八	正九	从九
200	160	100	90	80	70	60	50	40	30

据贞观《禄令》列表 8：

表 8　贞观十一年百官禄米（《通典》卷 35《禄秩》）

品级	正一	从一	正二	从二	正三	从三	正四	从四
年禄（石）	700	600	500	460	400	360	300	260
备注								

正五	从五	正六	从六	正七	从七	正八	从八	正九	从九
200	160	100	90	80	70	67	62	57	52

根据表 7、表 8 及参考隋代《禄令》，有几点值得注意：

第一，武德令是高祖继位 7 个月后颁布的；第二，唐禄令是在承袭隋代禄制的基础上略加改变，在数量上，比隋代略有减少①；第三，武德令的实施范围仅限于京官，贞观令才扩及外官；第四，与俸料钱按月颁给不同，禄给周期为一年。

唐代禄制大体承袭隋制。陈寅恪先生指出："唐之官秩，其名号、禄秩虽因时增损，大体皆沿隋故。"② 隋代禄制规定："京官正一品，禄九百石。其下每以百石为差，至正四品，为三百石。从四品二百五十石，其下每以五十石为差，至正六品，是为一百石。从六品九十石，以下每以十石为差，至从八品，是为五十石。食封及官不判事者，并九品，皆不给禄。其给皆以春秋二季。刺史、太守、县令皆计户而给禄，各以户数为九等之差。大州六百二十石，其下每以四十石为差，至于下下，则三百石。大郡三百四十石，其下每以三十石为差，至于下下则一百石。大县百四十石，其下每以十石为差，至于下下，则六十石。

---

① 黄惠贤：《武德年间内外官禄考》，载《江汉论坛》，1983 年第 6 期。
② 陈寅恪：《隋唐制度渊源略论稿》，中华书局 1963 年版，第 84 页。

其禄唯及刺史、二佐、及郡守、县令。"①

隋代官员给禄制度，大体京官按品，地方官按所治户数，但限于主要长官，下佐一般无禄。唐初武德禄制，京官延续隋制，外官无禄是因为许多地方尚未靖平。贞观禄制较比武德禄制，有了细微变化。据《唐会要》卷90《内外官禄》"贞观三年十二月，外官新任，多有匮乏，准品计日给粮"。但由于财政匮乏，贞观年间地方官给禄，仅限于高品。贞观八年，中书舍人高季辅建议，外官卑品，也应给禄。从贞观禄令与武德禄令比较来看，贞观禄令规定外官较比京官降一品给禄；从正一品到从九品京官禄数基本一致；从正八品到从九品的京官禄额有所增加，而且官品越低，增加幅度越大。

高宗、武后时期，唐代官禄制度变化不大。直到开元年间，官员禄给数量仍维持贞观时水平。《大唐六典》卷3《尚书户部·仓部郎中、员外郎》条保存的开元7年禄令记载，各品禄数与贞观禄令基本相同。《新唐书》卷55《食货志》记载的开元25年禄令，也基本上是贞观禄数的重复。但由于官员数量的增加，使开元时较比贞观时禄给总额急剧增大。贞观时，禄给每岁不过一二十万石，开元时，禄给总量可达九百万石。② 这一数字很可能是唐前期禄给总量的极限。至天宝时，官员禄额可能有所下降。特别是八、九品官员的禄给有所减少。据在敦煌发现的《唐职官表》里保存的天宝《禄令》③："正八品禄六十石，从八品禄五十五石，正九品禄五十五石，从九品禄五十石"。

安史之乱以后，均田制和租庸调法破坏，使禄给来源断绝，官禄制度无法施行。京官禄"自至德后不给"。外官则仅给一半④，并以职田、苗子三分之一赈济京官⑤。建中元年（780年）两税法的施行，使禄给又有了稳定的来源。据《通典》卷6《食货六·赋税下》记载，建中税米、麦共千六百余万石，其二百万石供京师，千四百万石给充外费。据《册府元龟》卷506《邦计部·俸禄二》"贞元七年十一月诏，郡主壻（婿）简较（检校）四品京官者，月给俸三十千，岁给禄百二十石，县主壻（婿）简较（检校）五品京官者，给俸三十千，禄粟百石"。

① ［唐］杜佑：《通典》卷35《禄秩》，岳麓书社1995年版，第513页。
② ［唐］杜佑：《通典》卷6《食货六·赋税下》，岳麓书社1995年版，第55页。
③ 高原：《唐代官禄制度考略》，载《晋阳学刊》，1993年第4期。
④ ［唐］杜佑：《通典》卷35《职官》，岳麓书社1995年版，第17、514页。
⑤ ［宋］欧阳修、宋祁：《新唐书》卷55《食货志》，中华书局1975年版，第1393页。

白居易在兼任京兆户曹参军时，有诗云"俸钱四、五万，月可奉晨昏；廪禄二百石，岁可盈仓囤"。

2. 职田

唐代官员职分田是官员待遇的一种重要的补充形式。上承西晋以来的品官占田荫客制和北朝以来与均田制相匹配的职分田制。高祖武德元年（618 年）十二月即颁布内外官职分田令。各级各类官员职分田数见表9、表10、表11、表12。

表9　唐京官文武职事职分田（《通典》卷35《职田、公廨田》）

品级	一	二	三	四	五	六	七	八	九
田数（顷）	12	10	9	7	6	4	3.5	2.5	2
备注	去京城百里给								

表10　诸州、都护府、亲王府官人职分田（《通典》卷35《职田、公廨田》）

品级	一	二	三	四	五	六	七	八	九
田数（顷）		12	10	8	7	5	4	3	2.5
备注	领侧州县内给								

表11　镇、戍、关、津、岳、渎及在外监官职分田（《通典》卷35《职田、公廨田》）

品级	一	二	三	四	五	六	七	八	九
田数（顷）					5	3.5	3	2	1.5
备注	领侧州县内给								

表12　在外武官职分田（《通典》卷35《职田、公廨田》）

官称	三卫中郎将	上府折冲都尉	中府折冲都尉	下府折冲都尉	上府果毅都尉	中府果毅都尉	下府果毅都尉	上府长史别将	中府长史别将	下府长史别将
田数（顷）	6	6	5.5	5	4	3.5	3	3	2.5	2.5
备注										

（续表）

官 称	亲王府典军	亲王府副典军	千牛备身	备身左右	太子千牛备身	上府折冲兵曹	中府折冲兵曹	下府折冲兵曹	外军校尉	外军旅顺	外军队正队副
田数（顷）	5.5	4	2	2	2	2	1.5	1.5	1.2	1	0.8
备注											

（于领侧州县界内给，校尉以下在本县去家百里内都给）

在京百官一般在距离京城百里以内授给，外官则在领侧州县内就近授给。承租给佃户耕种，以田租的形式收取粮米。租额一般每亩6斗，特别贫瘠的土地，每亩2斗。原则上由佃户解送。距离50里以内的，佃户自送，50里以上的，佃户每斗纳钱2文，以为脚钱，百里以外，每斗脚钱不过3文。

在唐代官员的三类收入俸料钱、禄米和职田中，职田是相对最不稳定的一种收入。因为第一，每逢自然灾害或战乱破坏，唐政府往往停给职田田租。如贞观十一年三月敕："内外官职田，恐侵百姓，先令官收，虑其禄薄家贫，所以别给地子。去岁缘有水旱，遂令总停。兹闻卑官颇难支济，事须优恤，使得自资，宜准元敕，给其地子。"[1] 这条材料提出了地子的概念。一是职分田收租有两种形式，官员自收和政府代收。唐政府恐官员自收职田地租侵渔百姓，常以政府代收方式管理职田地租。政府管理又恐未能及时分发，恐禄薄家贫官员难以为计，所以别给地子以解急。二是如遇水旱天灾，停收职田田租，恐卑官难以支济，也由太仓支给地子。第二，如有承租民户逃亡，职田无人耕种，或逃户返还无田可耕，则把职田还与逃户，并免除田租。"开元十年正月，命有司收内外官职田，以给逃还贫民户。其职田以正仓粟亩二升给之。其年六月敕：'所置职田，本非古法，爰自近制，是以因循，事有变通，应须删改。其内外官所给职田地子，从今年九月以后，并宜停给。'"[2] 第三，如遇有战事，常减百官职田田租。"宝应二年十月，宰臣等奏减百司职田租之半，以助军粮，从之。"

---

① ［宋］王溥：《唐会要》卷92《内外官职田》，上海古籍出版社1991年版，第1980页。
② ［宋］王溥：《唐会要》卷93《内外官职田》，上海古籍出版社1991年版，第1980页。

大历二年正月诏:"京兆府及畿县官职田,宜令准外州府县官例,三分取一分。"至同年十月,"减京官职田,一分充军粮,二分归本官"①。

非正式任命的官员一般不给职田。《通典》卷24《职官六·御史台·侍御史》条杜佑注云:"侍御史内供奉、殿中侍御史内供奉、监察御史里行,其制并同,皆无职田、庶仆。台例:占缺者传职田、庶仆,无缺可占,则岁两时请地子于太仓,每月受俸及庶仆于太府。"侍御史内供奉、殿中侍御史内供奉、监察御史里行,都是非正式任命但实履其任的官,这些官员虽然俸料钱与正官基本相同,如未能占正员之缺,则无职田和庶仆,但可以每年两次于太仓请"地子",每月于太府请庶仆。类似的情况还有实履其任的检校官、试官、知、判、员外置同正员官等,如未能占正员之缺,原则上都没有职田。

三、力役

力役是唐政府给予贵族官僚的重要特权,后来逐渐转化为贵族官僚经济收入的重要组成部分。贵族官僚可以按照不同的等级、品第享受唐政府提供的力役供其差遣驱使。这些力役名目繁多,情况极其复杂。总体而言,有以下名目:防阁,为五品以上官员服役者;庶仆,为六品以下官员服役者;白直,为诸州县官流外九品以上官服役者;执衣,为诸州县官流内九品以上、在外监五品以上服役者;亲事、杖内,为带勋官的高级文武职事官服役者;邑士,为女性贵族公主、郡主、县主服役者;杖身,为折冲府武官服役者。具体数额如下:

表13 唐代官员力役之防阁、庶仆

品级	一	二	三	四	五	六	七	八	九
名称	防阁	防阁	防阁	防阁	防阁	庶仆	庶仆	庶仆	庶仆
数量(人)	96	72	48	32	24	15	4	3	2
备注									

---

① [宋]王溥:《唐会要》卷92《内外官职田》,上海古籍出版社1991年版,第1981页。

表 14　唐代官员力役之二品以下白直、执衣

品级	一	二	三	四	五	六	七	八	九
白直（人）		40	32	24	16	10	7	5	4
执衣（人）		18	15	13	9	6	6	3	3

邑士：公主80人，郡主60人，县主40人。

杖身（折冲府官）：上府折冲都尉6人，果毅都尉4人，长史、别将3人，兵曹2人，中下府各减1人（15日而代）。

亲事、杖内：光宅元年，文武职事三品以上给亲事、杖内（以六品、七品子为亲事，八品、九品子为杖内，岁纳钱500，为品子课钱）三公、三师，开府仪同三司，130人；嗣王、郡王108人；上柱国领二品以上职事，95人；领三品以上职事，69人；柱国领二品以上职事，73人；领三品以上职事，55人；护军领二品以上职事，62人；三品以上职事36人。

这些力役，一般以中男为之，分为三番，周岁而代。供役不踰境。其"后皆舍其身而收其课"①。杖身钱640，防阁、庶仆、白直2500，执衣1000，亲事、杖内纳课如品子之数。开元二十四年，防阁、庶仆俸食杂用，总归为一条，以月给之，总称月俸。

力役折合成钱，总称为课。课是官员物质待遇中的一项特殊收入，总的发展趋势是逐渐和俸料钱合并在一起。但是，在开元二十四年以前，课与俸料钱的依据是不同的。乾封元年官俸令规定："京文武官应给防阁、庶仆、俸料，始依职事品，其课及赐，各依本品。"这说明，包括防阁、庶仆在内的俸料钱是按照职事品授给的，而其余亲事、杖内、白直、执衣、杖身等课钱是按照本品授给的。至开元二十四年，各类名目的俸钱合并为月俸，"课"才与俸料钱统一起来。

---

① ［唐］杜佑：《通典》卷35《职官十七·禄秩》，岳麓书社1995年版，第516页。

第二节 非物质激励

一、勋、爵

1. 勋

勋作为一种称号，始于南北朝时期。本来是用于军中酬赏将士，后来渐及一般朝臣。北周始制勋官十一等。唐高祖武德七年（624 年）定为十二等。上柱国、柱国、上大将军、大将军、上轻车都尉、轻车都尉、上骑都尉、骑都尉、骁骑尉、飞骑尉、云骑尉、武骑尉。自正二品上至从七品上。太宗贞观十一年（637 年）改上大将军为上护军，大将军为护军。贞观以后唐十二级勋官如表 15 所示：

表 15 贞观以后唐十二级勋官

勋名	上柱国	柱国	上护军	护军	上轻车都尉	轻车都尉	上骑都尉	骑都尉	骁骑尉	飞骑尉	云骑尉	武骑尉
转数	十二	十一	十	九	八	七	六	五	四	三	二	一
比品	正二	从二	正三	从三	正四	从四	正五	从五	正六	从六	正七	从七
备注												

唐代官员的结衔，一般是按照散官、职事官、使职差遣、勋官、爵位的顺序。每个官员往往都是散官品、职事品、勋官品和爵位品的统一。这四种品所承载的内容有所不同，因而重要程度也不同。按其重要程度上述四种品的顺序是：职事品、散官品、爵位品、勋官品。勋官品虽然列在最后，但也不是毫无意义。原则上勋官品是靠军功所得，承载的是官员以往积累的内容，勋官品所获得的特权大致包括：

其一，命妇封赠。唐代贵族官僚的母、妻可依据其夫、子的勋官品获得封号。但只有二、三品的勋官享此特权。"王母妻为妃，一品及国公母妻为国夫人，三品以上母妻为郡夫人，四品若勋官二品有封母妻为郡君，五品若勋官三品有封母妻为县君，散官并同职事。"①

其二，用荫。按唐制，职事官、散官、赠官五品以上，封爵县男以上，勋官二品以上，都有用荫特权。三品以上可荫曾孙、五品以上可荫孙。② 据《唐会要》卷81《用荫》，"若三品带勋官者，即依勋官荫，四品降一等，五品降二等（四品、五品）带勋官者，不在荫曾孙之限"。

其三，勋官品可以决定朝参班序。但勋官品在班序中的作用逊于职事品、散官品和爵位品。《唐会要》卷二五《文武百官朝谒班序》在概述五品以上官班后，引天宝三年（744年）《礼部式》说："若职事与散官、勋官合班列，文散官在当阶职事者之下，武散官次之，勋官又次之。"在班序上，散官优于勋官但逊于职事官。

其四，赎免罪。勋官的司法特权略逊于职事官、散官与封爵。（1）"八议"之六"议贵"。享有议贵特权的包括职事官三品以上，散官二品以上，爵一品者③。（2）上请。享此特权者包括文武职事四品以下，散官三品以下、勋官及爵二品以下、五品以上。④（3）减章，享此特权者包括六品、七品文武职事官、散官、卫官、勋官等⑤。（4）刑具优待。唐制，死罪囚犯，枷而纽，妇人及徒、流囚犯枷而不纽。官品及勋、散之阶第七（武骑尉、宣议郎）以上，锁而不枷。⑥

其五，力役。带勋官可以帮助官员获得更多的力役。比如亲事、杖内。三公、三师，开府仪同三司，130人；嗣王、郡王108人；上柱国领二品以上职事，95人；领三品以上职事，69人；柱国领二品以上职事，73人；领三品以上职事，55人；护军领二品以上职事，62人；三品以上职事36人。⑦

其六，散官叙阶。《大唐六典》卷2《尚书吏部》吏部郎中、员外郎条："有以勋庸。谓上柱国正六品上叙，柱国以下，每降一等。至骑都尉从七品下，

① ［唐］李林甫等：《大唐六典》卷2《尚书吏部》，三秦出版社1991年版，第41页。
② ［宋］王溥：《唐会要》卷81《用荫》，上海古籍出版社1991年版，第1774页。
③ ［唐］长孙无忌等：《唐律疏议》卷1，中华书局1985年版，第14页。
④ ［唐］长孙无忌等：《唐律疏议》卷2，中华书局1985年版，第33页。
⑤ ［唐］长孙无忌等：《唐律疏议》卷2，中华书局1985年版，第34页。
⑥ ［唐］李林甫等：《大唐六典》卷6《尚书刑部》，三秦出版社1991年版，第144页。
⑦ ［唐］杜佑：《通典》卷35《职官十七·禄秩》，岳麓书社1995年版，第516页。

骁骑尉、飞骑尉正九品上，云骑尉、武骑尉从九品上。"

2. 爵

爵位是君主颁给臣民的一种封号等级。有着悠久的历史，商周时就有爵位了。先秦置爵五等，战国、秦置二十等爵，西汉沿之。西汉有宗室侯、王子侯、外戚侯、恩泽侯、军功侯等名目。魏晋南北朝有五等爵、九等爵，多封予贵族、功臣。受封者或开国或食封。

隋朝初年爵封九等，炀帝大业三年（607年）更为王、公、侯三等，余并废。唐朝封爵九等，有王、嗣王、郡王、国公、郡公、县公、县侯、县伯、县子、县男。

表16　唐代九等爵列表

等级	一	二	三	四	五	六	七	八	九
爵位	王	郡王	国公	郡公	县公	县侯	县伯	县子	县男
品级	正一	从一	从一	正二	从二	从三	正四	正五	从五
食邑（户）	1万	5千	3千	2千	1.5千	1千	7百	5百	3百
备注									

如果说勋官主要用作酬赏军功的话，封爵主要用作优礼亲贵。虽然，随着时代的发展，其意义也在不断发生变化，但其基本精神，还是保留下来。唐代获得封爵的条件如下：皇帝兄弟、皇子皆封国，为亲王；亲王之子承嫡者为嗣王（嗣王等级、品级、食邑与郡王同）；皇太子诸子并为郡王；亲王之子承恩泽者也封郡王，诸子封郡公；嗣王、郡王、特封王子孙承袭者，降授国公。诸王、公、侯、伯、子、男，若无嫡子及罪疾，立嫡孙；无嫡孙以次立嫡子同母弟；无母弟立庶子，无庶子立嫡孙同母弟，无母弟立庶孙。曾、玄以下同此制。无后者，除国。一般朝臣积功累劳也可以获得封爵，但非特例不得封王。一般而言，制度规定的食邑数，仅仅具有立法意义，而无实际意义。结衔中规定的"食实封"才具有实际意义。按制度规定，亲王食邑万户。但实际上，亲王一般食封800户，收取租庸。一般朝臣由封爵带来的食邑仅具空名，并无实际意义。但封爵还有获取特权上的其他意义。

唐代爵品的意义略高于勋品，逊于散官品。

其一，散官叙阶。《大唐六典》卷2《尚书吏部》吏部郎中、员外郎条：

"凡叙阶之法，有以封爵。谓嗣王、郡王，初出身从四品下叙；亲王诸子封郡王者，从五品上；国公正六品上；郡公正六品下；县公从六品上；侯及伯、子、男并通降一等，若两应叙者，从高叙。"

其二，用荫。《唐会要》卷81《用荫》："郡、县公子准从五品荫，县男以上子降一等……即二王后子孙准正三品荫。"

其三，命妇封赠。唐代贵族官僚的母、妻可依据其夫、子的封爵品获得封号。特别是王、公在这方面获得的特权甚至超过职事官。"王母妻为妃，一品及国公母妻为国夫人，三品以上母妻为郡夫人，四品若勋官二品有封母妻为郡君，五品若勋官三品有封母妻为县君，散官并同职事。"[1]

其四，赎免罪。封爵的司法特权略逊于职事官、散官但优于勋官。（1）"八议"之六"议贵"。享有议贵特权的包括职事官三品以上，散官二品以上，爵一品者。[2]（2）上请。享此特权者包括文武职事四品以下，散官三品以下、勋官及爵二品以下、五品以上。[3]（3）减章。享此特权者包括六品、七品文武职事官、散官、卫官、勋官等。[4]（4）刑具优待。唐制，死罪囚犯，枷而纽，妇人及徒、流囚犯枷而不纽。官品及勋、散之阶第七（武骑尉、宣议郎）以上，锁而不枷[5]。

其五，班序。爵位在班序中的地位至关重要，甚至超过职事官。《唐会要》卷25《文武百官朝谒班序》："诸文武官朝参行立，二王后立在诸侯王上，余各依职事官品为序。……若以爵为班者，爵同者亦准此。其男以上任文武官者，从文武班。若亲王、郡王任卑者职事，仍依本（王）品（爵品）。郡王在（任）三品以下职事官，在（同）阶品上。自外无文武官者，嗣王在太子太保下，郡王次之，国公在正三品下，郡公在从三品下，县公在正四品下，侯在从四品下，伯在正五品下，子在从五品上，男在从五品下。"

---

① ［唐］李林甫等：《大唐六典》卷2《尚书吏部》，三秦出版社1991年版，第41页。
② ［唐］长孙无忌等：《唐律疏议》卷1，中华书局1985年版，第14页。
③ ［唐］长孙无忌等：《唐律疏议》卷2，中华书局1985年版，第33页。
④ ［唐］长孙无忌等：《唐律疏议》卷2，中华书局1985年版，第34页。
⑤ ［唐］李林甫等：《大唐六典》卷6《尚书刑部》，三秦出版社1991年版，第144页。

二、章服、赐绯紫、佩鱼袋

服色是官员在国家行政体制中政治地位的重要标识。因而，"脱碧衣""被朱服"甚至是有些封建士人一生的奋斗目标。比如"于良史为张徐州建封从事。每自吟出：'出身三十年，发白衣犹碧，日暮倚朱门，从朱污袍赤'。公因为奏章服焉。"太宗时，就下诏定百官服色。贞观四年（630 年）八月十四日，诏曰："'冠冕制度，以备令文，寻常服饰，未为差等。'于是三品已上服紫，四品、五品已上服绯，六品、七品以绿，八品九品以青。"龙朔二年（662 年）九月二十三日，孙茂道奏称："准旧令，六品、七品著绿，八品九品著青。深青乱紫，非卑品所服。望请改六品、七品著绿，八品九品著碧，朝参之处，听兼服黄。"高宗从之。同时，严禁民间服朱紫青绿，以防与百官混淆。咸亨五年（674 年）五月十日敕："如闻在外官人、百姓，有不依令式，遂于袍衫之内著朱紫青绿等色短衫袄子，或于闾野公然露服，贵贱莫辨，有斁彝伦。自今以后，衣服上下各依品秩，上得通下，下不得僭上。仍令有司严加禁断。"①

因洛阳县尉柳延服黄夜行，为部人殴打，高宗闻之，以章服紊乱，于上元元年（674 年）八月二十一日，又敕旨具体规定一品以下九品以上官服色、饰带物："一品以下文官并带手巾、算袋、刀子、砺石，其武官欲带者亦听之。文武三品已上服紫，金玉带，十四銙。四品服深绯，金带，十一銙。五品服浅绯，金带，十銙。六品服深绿，七品服浅绿，并银带，九銙。八品服深青，九品服浅青，并鍮石带，八銙。庶人服黄铜铁带，七銙。"②

关于官服的种类，有朝服（亦名具服），公服（亦名省服）和常服、便服之别。朝服是陪祭朝享等大规模仪式时的服饰，公服是朔望朝参时的服饰，《唐会要》卷31《裘冕》所谓"礼重则服具，礼轻则服省"。常服是平常在衙署里处理公务时的服装，便服为公务之余居家时的服装。便服的服色、样式没有硬性规定，朝服和公服一般按照官品加以区别。唐代官员章服的依据是什么？不是依职事官品，也不是依散官品，而是依本品。散官无职事者，朝散大夫（从

① ［宋］王溥：《唐会要》卷31《舆服上》，上海古籍出版社1991年版，第664页。
② ［宋］王溥：《唐会要》卷31《舆服上》，上海古籍出版社1991年版，第664页。

五品下）以下则"黄衣执笏"，甚为限贱。而本品是散官品的转化形态。只有担任职事官的官员，散官品才转化为本品。章服依本品而非职事品的例证如《白居易集》卷12《琵琶引》"就中泣下谁最多，江州司马青衫湿"。陈寅恪先生在《元白诗笺证稿·琵琶引》中考证说："《白氏长庆集》二《祭匡山文》中云：'维元和十二年发次丁酉二月辛酉朔二十一日，将仕郎守江州司马白居易。'"江州司马为上州司马，职事品为从五品下，若服色依职事官，白居易当服绯。白居易称"青衫"，足见服色非依职事品，而依散官品。陈寅恪先生排除了服色依职事官的可能性，无疑是正确的。但服色依散官品的结论并不准确，应该是依散官品的转化形态——本品。白居易是唐代难得的几位把个人的俸禄、服饰等生活细节入诗的诗人。明人胡震亨《唐音癸签》中说："白乐天为中书舍人（职事官正五品上），（散官）六品著绿，其诗有'白头犹未着绯衫'。后与元微之同加朝散（大夫），登五品，始易绯，赠元诗有'青衫脱早差三品，白发生迟校二年'。其自江州司马除忠州刺史，借服色绯鱼，有诗'鱼缀白金随步跃，鹘衔瑞草绕身飞'。后除尚书郎，复有脱刺史绯诗云：'便留朱绂还铃阁，却着青袍待玉除。无奈娇痴三岁女，绕腰啼哭觅银鱼。'百官服色，视阶官之品，宋视职事官，此为异。"（原注蔡宽夫）

上已论及，唐官员服色依"本品"，即任职事官之后散官阶的转化形态。唐政府又依职事的高下轻重以赐绯紫、佩鱼袋的形式对章服制加以补充。高宗永徽二年（651年）四月十九日，开府仪同三司及京官文武职事四品、五品，并给随身鱼袋。三品以上金饰袋，五品以上银饰袋。都督、刺史，虽未及五品，并听着绯佩鱼。《唐会要》卷31《舆服上·鱼袋》："自永徽以来，正员官始佩鱼，其离任及致仕，即去鱼袋。员外、判、试并检校等官，并不佩鱼。至开元九年九月十四日，中书令张嘉贞奏曰：'致仕官及内外五品以上，检校、试、判及内供奉官，见占阙者，听准正员例，许终身佩鱼，以为荣崇。以理去任，亦许佩鱼。'自后恩制赏绯紫，例兼鱼袋，谓之章服。"

虽然服色依本品，但正员职事官和履任的试摄官也可以通过赐绯紫、佩鱼袋的形式获得章服上的满足。唐代后期地方大量存在的使府官，无正式的职事品，也可以通过赐绯紫、佩鱼袋的形式获得章服上的满足。一般而言，使府官服色依其本品（即散官阶），而赏赐绯紫、鱼袋则主要依据所带之朝衔、宪衔。

如果寻找一个标尺以界定使府官高低的话，那么这个标尺便是兼宪衔侍御史。侍御史为从六品下，下一迁便是检校尚书省诸司员外郎（从六品上）。因而此职是假借官中检校官与试官的界限。一般使府官带侍御史以上官称检校，以下称试。使府官奏章服，也以带侍御史为界标。大中元年（847 年）中书门下奏："幕府迁授章服，贞元元年之间，使府奏职至侍御史，然后许兼省官，至章服，皆计考效。……今请自侍御史待年月足后，更奏始与省官；至于朱紫，许于本府有事绩尤异者，然后许奏请。"① 使府职务假借官至侍御史，待考满后转为省官（检校尚书省诸司员外郎），方许赐绯服、佩银鱼袋。至于赐紫服、佩金鱼袋，则有更高的要求：大中三年（849 年）中书门下奏 "……判官上检校五品者，虽欠阶考，量许奏绯……如已检校四品官兼中丞，先赐绯，经三周年已上者，兼许奏紫"②。

三、朝参、班序

官员朝参的资格、频率特别是朝参时行立的位置，是对其身份地位的一种承认，具有重要的激励作用。唐代官员的朝参，仪制繁缛。这里仅就其朝参的资格、频率和朝参时的班序，作简要阐述。

1. 官员朝参的资格和频率

唐代职事官九品以上都有资格参与朝会。但依据官员的品级和职务的性质，朝参频率差别很大。一般而言，除了节日、庆典等大型集会，有资格每日到宣政殿朝参的官员包括：（1）供奉官。侍中、中书令、左右散骑常侍、黄门（门下）侍郎、中书侍郎、奉议（谏议）大夫、给事中、中书舍人、起居郎、起居舍人、通事舍人、左右补缺、左右拾遗、御史大夫、御史中丞、侍御史、殿中侍御史。③（2）常参官。文武五品以上职事官、八品以上供奉官及监察御史、诸司员外郎、太常博士。④ 此外，文武五品以上，每月五日、十一日、二十一日、二十五日为固定朝参日。三品以上，每月九日、十九日、二十九日又参。

---

① ［宋］王溥：《唐会要》卷 31《舆服上·内外官章服》，上海古籍出版社 1991 年版，第 667 页。
② ［宋］王溥：《唐会要》卷 31《舆服上·内外官章服》，上海古籍出版社 1991 年版，第 668 页。
③ ［唐］李林甫等：《大唐六典》卷 2《尚书吏部》，三秦出版社 1991 年版，第 34 页。
④ ［唐］李林甫等：《大唐六典》卷 2《尚书吏部》，三秦出版社 1991 年版，第 34 页。

上述官员以外，在京文武职事九品以上，每月朔望两次参。长上折冲、果毅，文武散官五品以上，在诸司当值。另外，还有三个月朝参一次的，称为"季参"，包括弘文馆、崇文馆、国子监学生及诸县令。如遇雨沾服失容及泥潦，则停参。在唐中期军事倥偬之际，每日朝参之制，曾改为隔日朝参。

2. 百官朝参班序

唐代文武百官朝参班序，大抵依开元七年及二十五年所颁《公式令》为据。此令当是整理唐前期之制后完成。又经天宝三年（744年）礼部详订，再于贞元二年（786年）颁为《文武百官朝谒班序》。但开元之制，仍大体为贞元班序所遵循。其班序所遵循的规则大体是：（1）以职事官品为基本依据；（2）参考职事的轻重、亲疏；（3）文武职事、散官、勋官合班时，依文职事、武职事、散官、勋官次序；（4）封爵，王在职事之上，公以下在职事之下，官同者先爵，爵同者先齿；（5）职事同以年龄，官同以姓氏。

《唐会要》卷25《文武百官朝谒班序》："辞见宴集班列先后，请依天宝三载七月二十八日礼部详定所奏敕公式令，诸文武官朝参行立，二王后（唐尊后魏、后周、隋后裔为三恪、二王后，分别封隋帝为酅公「武德元年」，封后周之后为介国公，后魏孝文十代孙元伯明为韩国公「天宝八载」）位在诸王侯上，余各依职事官品为序。职事同者以齿，致仕官各居本品之上。若职事官与散官、勋官合班，则文散官在当阶职事者之下，武散官次之，勋官又次之。官同者，异姓为后。若以爵为班者，爵同者亦准此。其男以上任文武官者，从文武班。若亲王、郡王任卑者职事，仍依本（王）品（爵品）。郡王在（任）三品以下职事官，在【同】阶品上。自外无文武官者，嗣王在太子太保下，郡王次之，国公在正三品下，郡公在从三品下，县公在正四品下，侯在从四品下，伯在正五品下，子在从五品上，男在从五品下。若前资官被召见及赴朝参，致仕者在本品现任上。以理解者，在同品下。"

唐制对以下两类官员的班序，有特殊规定。一是对检校官等试摄官的班序问题，也有特殊规定："检校官、兼官及摄、试、知、判等官，并在同位正员之次，其有行所检校、兼、试、摄、判等官职事者，即以正官班序。"①

① ［宋］王溥：《唐会要》卷25《文武百官朝谒班序》，上海古籍出版社1991年版，第563页。

　　二是对使府官的班序，也有特殊规定。唐后期使府参佐实行使臣自行延幕与中央政府宏观管理相结合的制度。如副使、行军司马、判官、支使、参谋、掌书记、推官、巡官等文职幕佐和押衙，虞侯、兵马使、十将等武职将佐在唐政府法定的行政系统中没有相应的位置，衔内例带台省官或宪衔就是纳入国家行政系统便于中央政府的管理调控。一般而言，使府官班序取决于衔内所带之中央官职和宪衔。《唐会要》卷25《文武百官朝谒班序》对此有专条载录，以下以此为基本材料，参考其他文献，归纳使府官班序原则是：第一，使府官入朝时，"各从本官班序"，即"班在同品正官之次"。而所谓"本官"，即是指其假借之朝衔、宪衔。贞元二年（786年）六月敕："留守、副元帅、都统、节度使、观察使、都团练、都防御史并大都督、大都护持节者即入，班在正官之次。余官兼者各从本官班序"。注文说"御史在六品班之后也"。按节度、观察等诸使职及佐官并无同品正员官，可依其所带之朝衔、宪衔，参照"检校官、兼官及摄、试、知、判等官"例，"并在同位正员之次"。第二，假借官高，如带检校仆射、尚书以上及带宪衔大夫、中丞以上，班在同品正官之上。贞元二十一年（805年）五月御史台奏"……缘有检校官高，职事官卑及嗣王、郡王任职事者，高卑不等。今请应检校仆射、尚书以上及嗣王、郡王任职事者，一切在职事本品之上"。元和元年（806年）四月，其兼宪衔御史大夫、御史中丞者，"准检校省官例，立在本品同类官之上"。

　　一般来说，使府幕佐衔内带御史并无职事上的实际意义，兼御史"是用假威台宪"[1]。贞元二年（786年）九月，唐政府下诏对使府幕佐带宪衔内供奉、里行者的班序作出原则规定："诸使司下（参佐）无本官，准授内供奉及里行者即入，班亦在正官之次。有本官兼者，各从本官班序。如本官不是常参官，并宪官是摄者，惟听于御史班中辞见。"[2] 至贞元二十年（804年）十月，御史中丞武元衡对此又有专门奏章，并获得批准："'准贞元二年班序敕，使下三院御史，有本官是常参官兼者，即入本官班，如内供奉、里行，即入御史班。缘使下御史，近例不在内供奉班内。请自今以后，诸使下御史内供奉者，入阁日，

① ［清］董诰、阮元、徐松等：《全唐文》卷659《牛元翼可检校左散骑常侍深州刺史御史大夫制》，中华书局1983年版，第6704页。
② ［宋］王溥：《唐会要》卷25《文武百官朝谒班序》，上海古籍出版社1991年版，第560页。

并依宣政殿前班位，次员外郎之后，在正台监察御史之上，使为常式.'
从之。"①

这一奏章对"使下御史"内供奉者的入朝班序作出了详尽、具体的规定，
本官不是常参官的使府参佐，如带宪职内供奉，可以享受常参官的待遇。按
《大唐六典》卷2《尚书吏部》的界定，常参官应为："五品以上职事官，八品
以上供（奉官），（员外）［都］（郎），监察御史、太常博士。"使府参佐中本官
为五品以下非常参官者为数甚众，如衔内带侍御史内供奉、殿中侍御史内供奉，
便可视作常参官，班于尚书省诸司员外郎之下，正台监察御史之上。唐代常参
官与非常参官在朝参待遇上的差别甚大。这也是使府参佐热衷兼宪衔包括内供
奉、里行的重要原因。

四、用荫

用荫是唐代贵族官僚享有的惠及子孙的特权。一般来说，贵族官僚子孙均可
以根据祖辈、父辈的官品、爵品和勋品获得一定的散官阶出身。开元四年（716
年）十二月用荫令规定："诸用荫出身者，一品子正七品上，二品子正七品下，正
三品子从七品上，从三品子从七品下，正四品子正八品上，从四品子正八品下，
正五品子从八品上，从五品及国（公）子从八品下。三品已上荫曾孙，五品以上
荫孙。孙降子一等，曾孙降孙一等，赠官降正官荫一等（死王事者与正官同）。散
官同职事。若三品带勋官者，即依勋官荫，四品降一等，五品降二等。（四品、
五品带勋官者，不在荫曾孙之限）。郡、县公子准从五品荫，县男已上子降一
等，勋官二品子又降一等。即二王后子孙，准正三品荫。"②

从以上材料看，官员的诸项头衔如职事官、散官、勋官、封爵、赠官等，
都有用荫特权。但其重要程度有所不同。首重职事官，散官同职事官，其次封
爵，如二王后（国公，从一品）同正三品职事官；郡、县公（郡公正二品，县
公从二品）准从五品职事官，其次勋官，如勋官二品子又降一等，四品降一等，
五品降二等。其次赠官，赠官降正官一等。

---

① ［宋］王溥：《唐会要》卷25《文武百官朝谒班序》，上海古籍出版社1991年版，第
565—566页。
② ［宋］王溥：《唐会要》卷81《用荫》，上海古籍出版社1991年版，第1774页。

五、辍朝

辍朝是高级官员薨卒停止朝会以致哀的惯例性仪式。唐代享此待遇者一般须具备两个条件，一是三品以上，二是"曾任将相"或"曾在密近"。

准唐《官品令》，三品以上官包括：

正一品：三师（太师、太傅、太保）；三公（太尉、司徒、司空）

从一品：太子三太（太子太师、太子太傅、太子太保）

正二品：侍中、中书令

从二品：左右仆射；太子三少（太子少师、太子少傅、太子少保）；三京牧（京兆、河南、太原）；大都护；上将军；统将

正三品：门下、中书侍郎；六尚书；左右散骑常侍；太常、宗正卿；左右卫及金吾卫大将军；左右神策、神武、龙武、羽林大将军；内侍监

从三品：御史大夫；殿中、秘书监；七寺监；国子祭酒；少府监；将作监；京兆、河南尹

"曾任将相"一般都在三品以上，可不论。"曾在密近"是指所任职事的重要程度和亲密程度。如太子宾客、太子詹事均为正三品职事官，但却不在上述辍朝的名单中；而正四品的尚书左右丞、诸司侍郎却有辍朝之礼。

另外，亲王、公主虽未任职事官，也在辍朝之列，驸马都尉，虽例除四品，也要辍朝。

使职是否辍朝，无既定条规。一般而言，节度使检校仆射以上卒辍朝三日，而检校尚书以下或观察使、都团练等使不辍朝。按《唐会要》卷25《辍朝》所记，自贞元以后，使职辍朝的范围逐渐扩大。贞元八年（792年），嗣曹王皋、贞元十一年（795年）李自良均以节度使检校尚书卒，辍朝三日，开节度使带尚书辍朝的先例；贞元十五年（799年）黔府观察使王礎卒，辍朝一日，开观察使辍朝的先例；元和九年（814年）六月，天德军经略使周怀义卒，辍朝一日，开经略使辍朝先例。大和元年（827年）七月，唐政府颁布了经太常寺参定、中书门下复核的使职辍朝令："其留后、节度、观察、都护、防御、经略等使，并请各据所兼官为例。"即检校朝衔或带宪衔三品以上，均有辍朝之礼。

第三节　考　核

从考核管理的角度看，"大小之官悉由吏部，纤介之迹，皆属考功"（《隋书刘炫传》）。唐代也不例外，对官员的考核管理，也由吏部考功司进行，并形成一套比较严密完整的制度。从考核的管理人员、考核标准、考核方式等方面，都有较为系统的规定。

一、管理人员

唐代规定的考核管理人员有校官、监官、主管官等几类。

1. 校官：每年别敕定京官位望高者二人，一人校京官考，一人校外官考。

2. 监官：又定给事中、中书舍人各一人，其一人监京官考，一人监外官考。

3. 主管：吏部（考功）郎中判京官考，员外郎判外官考。

4. 皇帝：亲王、中书门下与京官三品以上，外官五大都督并以功过奏状听裁。

二、考核标准

唐代考核标准有四善，是绩效考核的总原则。又根据不同性质的供职部门和职务有二十七最，作为具体的考核标准。

1. 基本标准，四善：四项基本原则

德义有闻，清慎名著，公平可称，恪勤匪懈

2. 具体标准，二十七最

（1）献可替否，拾遗补缺，近幸之最

（2）铨衡人物，擢尽才良，选司之最

（3）扬清激浊，褒贬必当，考校之最

（4）礼制仪式，动合经典，礼官之最

（5）音律克谐，不失节奏，乐官之最

（6）决断不滞，与夺合理，判事之最

（7）部统有方，警守无失，宿卫之最

（8）兵士调集，戎装充备，督领之最

（9）推鞫得情，处断平允，法官之最

（10）雠校精审，明于刊定，校正之最

（11）承旨敷奏，吐纳明敏，宣纳之最

（12）训导有方，生徒充业，学官之最

（13）赏罚严明，攻战必胜，将帅之最

（14）礼义兴行，肃清所部，政教之最

（15）详录典正，词理兼举，文史之最

（16）访察精审，弹举必当，纠正之最

（17）明于勘核，稽失无隐，勾检之最

（18）职事修理，供承强济，监掌之最

（19）功课皆充，丁匠无怨，役使之最

（20）耕耨以时，收获剩课，屯官之最

（21）谨于盖藏，明于出纳，仓库之最

（22）推步盈虚，究理精密，历官之最

（23）占候医卜，效验居多，方术之最

（24）讥察有方，行旅无壅，关津之最

（25）市廛不挠，奸滥不行，市司之最

（26）牧养肥硕，蕃息孳多，牧官之最

（27）边境肃清，城隍修理，镇防之最

三、考核等级和评定标准

1. 在京文武职事官总体上分为九等，九等和具体评定标准

上上等：一最以上，有四善

上中等：一最以上，有三善，或无最有四善

上下等：一最以上，有二善，或无最有三善

中上等：一最以上，有一善，或无最有二善

中中等：一最以上，或无最有一善

中下等：职事粗理，善最弗闻

下上等：爱憎任情，处断乖理

下中等：背公向私，职务废缺

下下等：居官谄诈，贪浊有状

2. 其余各类人员的考核等级与评定标准

（1）流外官

主司量其行能功过，立四等考第。

上第：清谨勤公，勘当明审。

中第：居官不怠，执法无私。

下第：不勤其职，数有愆犯。

下下第：背公向私，贪浊有状。

（2）亲勋翊卫考核

考第之中，略有三等。

上第：专勤谨慎，宿卫如法，便习弓马。

中第：番期不违，职掌无私，虽解弓马，非是灼然者。

下第：违番不上，数有犯失，好请私假，不习弓马者。

（3）诸卫主帅

等第如三卫法。

上第：统领有方，部伍整肃，清平勤恪，武艺可称。

中第：居官无犯，统领得济，虽有武艺，不是优长者。

下第：在公不勤，数有愆失，至于用武，复无可纪者。

（4）监门校尉、直长

等第：如主帅之法。

上第：正色当官，明于按察，监当之处，能肃察奸非。

中第：居官不怠，检校无失，至于监察，未是灼然者。

下第：不勤其职，数有愆违，检校之所，事多疏漏者。

（5）地方官考核

诸州县官人，抚育有方，户口增益者，各准现户为十分论，每加一分，刺史、县令各进一等（增户口，谓课丁，率一丁同一户法。增不课口者，每五口同一丁例。其有被除者，得相折）。其户口不满五百者，各准五千、五百户法为分。

若抚育乖方，户口减损者，各准增户法，亦每减一分降一等（课及不课，亦准上文）。

其劝课农田，能使丰殖者亦准现地为十分论，每加二分，各进考一等（此谓永业、口分之外，别能垦起公私荒田者）。其有不加劝课而至减损者（谓永业、口分之外［内］有荒废者）每损一分，降考一等。若数处有功，并应加考者，并听累加。

四、考核方式和奖惩办法

唐代官员考核一般每年进行一次，称为小考，若干年（一般3—4年）考核一次，谓之大考。小考评定当年政绩优劣，大考则综合官员在任期内的治绩做出评定。每届考核，一般由考核对象具录考核期年的功过行能，相当于现在的自我鉴定。然后由主管上司当众选读，议其优劣，以定等第。如被考对象对考核结果有异议，可以提出重新复核。京官一般必须在当年九月底以前结束本部门的考核工作，并于十月一日以前报尚书省。地方官的考核材料一般在年底随朝集使进京述职时携带进京，称为"考解"。朝集使因此又别称"考使"。考使一般要在十月二十五日以前把地方官考核材料送达尚书省①。尚书省吏部考功司负责内外官的考核工作。考功郎中负责京官考核，员外郎负责外官考核。郎中、员外郎组织本司主事3人、令使15人、书令使30人对考核材料分门别类整理登录，提出初步评定结果。为了保证考核结果的公正性，唐政府每年确定京官资深望高者2人为校官，又称为校考使，并以给事中、中书舍人各1人为监考使。德宗贞元八年（792年）曾任命刑部尚书刘滋为校外官考使，吏部侍郎杜黄裳为校京官考使，给事中李巽监京官考，中书舍人郑珣瑜监外官考②。考核完毕后，即公布考核结果，并向应考人发放考牒，"以为凭据"③。

宰相、诸司三品以上长官、都督、节帅位高权重，因负有对下属的考核之则，尚书省考功司无法考校，一般由皇帝亲自考核或专门委员考核，称为内考

---

① 张国刚：《唐代官制》，三秦出版社1987年版，第175页。
② ［宋］王溥：《唐会要》卷81《考上》，上海古籍出版社1991年版，第1782页。
③ ［宋］王溥：《唐会要》卷82《考下》，上海古籍出版社1991年版，第1789页。

或内校。谏官、御史和翰林学士，也由皇帝亲自考校。[1]

对特殊情况的处理和奖惩办法。若于善憎之外，别可嘉尚，及罪虽成殿，情状可矜，虽不成殿而情状可责者，考校之日，皆听考官临时而定。

诸官人犯罪负殿者，计赎铜一斤为一负，公罪倍之。十负为一殿，当上上考者，虽有殿不降，此谓非私罪。自上中以下，率一殿降一等，即公坐殿失，应降，若当年劳绩有异于常者，听减一殿。

诸食禄之官，考在中上以上，每进一等加禄一季。中下以下，每退一等夺禄一季。若私罪下中以下，公罪下下，并解现任，夺当年禄，追告身，周年听依本品叙。[2]

五、考核材料——考状

（一）考状的生成

1. 制定统一的考核标准，原则要求与具体要求相结合。考课的标准是"四善"和"二十七最"。所谓"四善"是"德义有闻、清慎名著、公平可称、恪勤匪懈"，可以简化为德、清、公、勤四项。这四项是适合于所有考核对象的一般原则。所谓"二十七最"是针对官员的不同职守所作的具体要求。比如"献可替否，拾遗补缺，近幸之最；铨衡人物，擢尽才良，选司之最；扬清激浊，褒贬必当、考校之最；礼制仪式，动合经典，礼官之最等等。这样宏观和微观相结合，抽象和具体相结合，保证了考绩的可操作性。

2. 分类考核、分级考核，常规性考核与临时性考核相结合。从考课范围来看，所有内外文武职事官、流外官、卫官都包括在内[3]。考课等级的评定，可按官员的性质分为三类：第一类，内外文武职事官，其中京官分上、中、下三等，每等再分上、中、下，凡九等。根据获得善、最的情况确定等第[4]。地方官分为五等，一等为最，五等为殿，二、三、四等为一般。第二类为流外官，分为上第、中第、下第、下下第四等。第三类是亲、勋、翊等卫官，分为上第、

① ［唐］李林甫等：《大唐六典》卷2《尚书吏部》，三秦出版社1991年版，第45页。
② ［唐］李林甫等：《大唐六典》卷2《尚书吏部》，三秦出版社1991年版，第47页。
③ ［唐］李林甫等：《大唐六典》卷2《尚书吏部》，三秦出版社1991年版，第47页。
④ ［唐］李林甫等：《大唐六典》卷2《尚书吏部》，三秦出版社1991年版，第46页。

中第、下第三等。这样，不同类别有不同要求，更能切合实际。

内外文武职事官分初考和终考两级考核，加上御考共分三级考核。初考由州司长官负责。每年内外官署长官应根据其下属官员的功过行能写成简单考状。县属官员由县令负责，州属官员包括县令由刺史会同录事参军负责。州刺史由节度使或皇帝委派的采访使、观察使等负责考核。终考由吏部考功司负责。各州司所申考状，要由朝集使在十月二十五日之前送达京都吏部考功司。三品以上官员和近密官员由皇帝御考。亲王、宰相、诸司三品以上长官、都督、节帅位高权重，负有对下属的考课之则，尚书省吏部考功司无法考校，一般由皇帝亲自考核或专门委员考核，称为内考或内校。谏官、御史和翰林学士，也由皇帝亲自考校或委派官员考校。贞元七年（791年）对御考的范围有大致界定：中央三品以上官为御考，五大都督以下的地方军政长官是否在御考范围之内以是否带节度使为原则①。

州县长官包括县令、刺史、专门负责考绩的录事参军和中央政府吏部考功司负责按年度进行的常规性考核。为了保证考核的质量，防止州司长官对下属徇情呵护，皇帝还组成临时性机构或临时委派官员参与考核。除了州司申送的考簿之外，对官员最后考课结果产生影响的，还有按察司申报的材料。宝应二年（763年）正月，考功奏："请立京外按察司，京察连御史台分察使，外察连诸道观察使。各访查官吏善恶。其功过稍大，事当奏者，使司按成便奏。每年九月三十日以前，具状报考功。其功过虽小，礼勘惩劝者，按成即报考功。至考校日，参事迹以为殿最。"② 皇帝还临时委派郎官、御史之类的官员巡视地方，负责考核刺史善恶。③

3. 实行监、校考制度，专职考核与兼职考核相结合。待州司和按察司的材料都送达考功司之后，由考功司负责考课。当司有考功郎中1人，从五品上，员外郎1人，从六品上，都事1人，从七品上，主事3人，从九品上。另外，还有负责文书抄录、整理工作的流外官，令史15人，书令史30人，掌固4人。考功司是专门负责官员考课的政府部门，专业性很强。唐政府为了加强对考课事务的管理，还委任位望更高的官员任校考使和监考使。"每年敕定京官位望高者

---

① ［宋］王溥：《唐会要》卷81《考上》，上海古籍出版社1991年版，第1781页。
② ［宋］王溥：《唐会要》卷81《考上》，上海古籍出版社1991年版，第1779页。
③ ［宋］王溥：《唐会要》卷81《考上》，上海古籍出版社1991年版，第1777页。

二人，其一人校京官考，一人校外官考。又定给事中、中书舍人各一人，其一人监京官考，一人监外官考。（考功）郎中判京官考，员外郎判外官考。"① 考功司的郎中和员外郎为判考使，是专职负责考课的官员。监考使和校考使都是兼职的。校考使一般由吏部长官、刑部长官、御史台长官担任。刑部、吏部和御史台分别负责司法、人事和监察工作，与考课工作的联系较为密切。中书舍人和给事中又各有出令和封驳之权，"凡百司奏议、文武考课皆预裁焉"②。由这些比考功司长官位望更高的官员出任监、校考使，进一步保证了考课工作的质量。监、校考使的权力很大，特别是校考使，甚至可以直接改变州司的考课结果。如贞元八年（792年）七月，"班宏迁刑部侍郎，兼京官校考使。时右仆射崔宁考兵部侍郎刘迺上下，宏正议曰：'今夷荒靖难，专在节制，尺籍伍符，不校省司。夫上多虚美之词，下开趋竞之路，上行阿容，下必朋党。'因削去之。"从二品的右仆射崔宁考其下属正四品下的兵部侍郎刘迺上下，竟然被任校考使的、正四品下的刑部侍郎班宏拿下，而且刘迺不仅没有不满情绪，还主动向班宏道歉："迺虽不敏，敢掠一美而徼二罪乎！"③ 校考使权力之大，由此可见一斑。总章（668—669年）初年，卢承庆为司刑太常伯（刑部尚书），校内外官考。"有一官督运，遭风失米。承庆为之考曰：'监运损粮，考中下'。其人容止自若，无一言而退。承庆重其雅量，改注曰：'非力所及，考中中'。既无喜色，亦无愧词。又改曰：'宠辱不惊，考中上'。"④ 卢承庆三改考等之事出自唐人笔记小说《大唐新语》，有一定的传奇性。但司马光《资治通鉴·唐纪十七》总章二年二月癸亥全文引证此事，当有一定的可信度。

4. 考核形成的文书——考状的保管，实行集中保管和分别保管相结合。待判考使会同监考使、校考使对州司申报的考状校订之后，形成考功簿书。考功簿书保存在考功甲历库作为人事档案备查。待皇帝对考核结果敕下后，由考功司书令史把考课结果写成考状，京官则发给本人，外官则由朝集使带回，也发给官员本人。获得优秀等级的官员，还要出钱作为书写考状的纸笔杂用。大中六年（852年）七月，考功奏："从前以来，应得考之人，并给考牒，以为凭

---

① ［唐］李林甫等：《大唐六典》卷2《尚书吏部》，三秦出版社1991年版，第45页。
② ［唐］李林甫等：《大唐六典》卷9《中书省》，三秦出版社1991年版，第203页。
③ ［宋］王溥：《唐会要》卷81《考上》，上海古籍出版社1991年版，第1782页。
④ ［唐］刘肃：《大唐新语》，中华书局1984年版，第107页。

据。近年考使容易给牒不一，或一人一考牒，数处请给，或数年之后，方始请来。自今以后，校考敕下后，其得殊考及上考人，省司便据人数，一时与修写考牒，请准吏部告身及礼部春关牒，每人各出钱收赎。其得殊考者出一千文，上考者出五百文，其钱便充写考牒纸笔杂用。"① 按唐制，所谓"殊考"，当为上中考以上，所谓上考，当为上下考和中上考。发给官员的考状一般以绫纸书写，还要经过一定的装裱。如大中六年考功所奏，修写考牒准"吏部告身及礼部春关牒"例。按元和八年（813 年）八月吏部奏定文武官员告身的书写材料和装裱材料："五品以上，用大花异文绫纸，紫罗里，檀木轴；六品以下朝官，装写大花绫纸及小花绫里，檀木轴。"② 绫纸有柔软强韧，手感舒适的特点，便于携带和收藏。唐代后期，在考状中书写考等的用墨材料，由朱书改为墨书，以防官员涂改作弊。③

（二）考状内容的特点

1. 考状内容公开透明，实行当众宣读与书面公示相结合。初考时，州县官员的考状都汇集到州府，由录事参军汇总，刺史当众宣读，集体评议，录事参军根据评议结果写成考状，确定等第。京官亦由当司长官写出考状，并当众宣读。至唐代后期，考状除当众宣读外，还要在州司门前公示三日，以示公开、公正。大中六年（852 年）七月，考功奏："近年诸州府及百司官长所书考第，寮属并不得知，升黜之间，莫辨当否。自今以后，书考后当请勒名牒于本司、本州，悬于本司、本州之门三日，其外县官则当日下县。如有升黜不当，便任披陈，其考第便须改正，然后申省。如勘核之后，事无乖谬，则论告之人，亦必惩殿。"④ 终考也要当众"对读注定"。"京官则集应考之人对读注定，外官对朝集使注定讫，各以奏闻。"⑤

2. 考状书写简单、具体，避免空泛、溢美之词。唐代考状的内容，"具录当年功过行能"，再加上考课等第。据大中六年七月考功申奏的材料，"准《考课

---

① ［宋］王溥：《唐会要》卷82《考下》，上海古籍出版社1991年版，第1789页。
② ［宋］王溥：《唐会要》卷75《选部下·杂处置》，上海古籍出版社1991年版，第1615页。
③ ［宋］王溥：《唐会要》卷82《考下》，上海古籍出版社1991年版，第1790页。
④ ［宋］王溥：《唐会要》卷82《考下》，上海古籍出版社1991年版，第1787页。
⑤ ［唐］李林甫等：《大唐六典》卷2《尚书吏部》，三秦出版社1991年版，第45页。

令》，凡官人申考状，不得过两纸、三纸"①。又据史睿《唐代"考状"的复原——唐代外官考课文书复原研究之一》一文，考状一般为两纸，第一纸记录官位、姓名、官员当年厘务的时间，第二纸记录各项功过行能和等第，最后是考状的押尾和时间②。传世文献中有唐代考状中考词的书写范例。开元二十三年（735 年）唐玄宗御书中书令张九龄考词曰："允厘庶政，财成物宜。利器无前，明心皆照。临事能断，输忠必尽。况识贯今古，思周变通。环宇义安，斯人是赖。考中上。"③ 另一篇为开元十七年（729 年）左丞相张说为其子中书舍人张均撰写的考词："父教子忠，古之善训，祁奚举午，义不务私。至如润色王言，彰施帝道，载参坟典，例绝常功。恭闻前烈，尤难信任，岂以嫌疑，最挠纲纪。考以上下。"④

就考状实际内容来看，是空泛、溢美之词太多，实际功过行能太少。此种状况在唐代后期愈加严重。元和十四年（819 年）十二月考功上奏说："自今以后，应注考状，但直言某色行能，某色异政，某色树置，某色劳效，推断某色狱，纠举某色事，便书善恶，不得更有虚美闲言。其中（中）以下考，亦各言事状。然注考，并不得失于褒贬。如违，准令降书考官考。"⑤ 虽然宪宗敕旨准奏，但从考状撰写的实际情况看，效果并不明显。大中六年七月，考功奏报："近日诸州府所申考解，皆不指言善最，或漫称考秩，或广说门资，既乖令文，实为繁弊。自今以后，如有此色，并请准令降其考第。"⑥ 同时规定考状上什么内容该写，什么不该写。以刺史、县令等地方长官为例，属于"赋税举集，判断不滞，户口无逃散，田亩守常额，差科均平，廨宇修饰，馆驿如法，道路开通"等"寻常职分"，则"不合计课"。这些内容只用"所勾当常行公事，并无败缺"⑦ 概括就可以了。"及开田召户，辨狱雪冤，及新置之事，则任录其事由

①　[宋] 王溥：《唐会要》卷 82《考下》，上海古籍出版社 1991 年版，第 1787 页。

②　史睿：《唐代考状的复原——唐代外官考课文书复原研究之一》，国家图书馆《文津流觞》，2003 年第 9 期。

③　[唐] 张九龄：《唐丞相曲江张文献公集·附录》，四部备要本，中华书局 1989 年版。

④　[宋] 王溥：《唐会要》卷 81《考上》，上海古籍出版社 1991 年版，第 1778 页。

⑤　[宋] 王溥：《唐会要》卷 81《考上》，上海古籍出版社 1991 年版，第 1783 页。

⑥　[宋] 王溥：《唐会要》卷 82《考下》，上海古籍出版社 1991 年版，第 1788 页。

⑦　[宋] 王溥：《唐会要》卷 82《考下》，上海古籍出版社 1991 年版，第 1787 页。

申上，亦须简要，不得繁多。"①

3. 考等确定上总体把握，避免过严和过宽。就唐代考状等第确定的情况看，有前严后宽的特点。贞观六年（632 年）监察御史马周向太宗上疏陈奏考等偏颇说："臣窃见流内九品以上，令有等第，而自比年，入多者不过中上，未有得上下以上考者。"② 马周的意思是，既然考设九等，就应该有上上、上中、上下考，目的是劝勉"中人"。上下考以上，不宜长期空缺。而肃宗至德（756—757 年）以后，受战乱影响，考第往往敷衍塞责，流于形式。贞元七年（791 年）八月，考功上奏说："准《考课令》，诸司官皆据每年功过行能定其考第。又准开元、天宝前敕，朝官每司有中上考，亦有中中考，自三十年来，诸司并一例申中上考。"经考功司反复论奏，自贞元七年，严肃考课制度，"自谏议大夫、给事中、郎官，有书中中考者"③。

（三）考状的作用

1. 铨选考试资格审查的重要材料。《大唐六典》卷 2《尚书吏部·吏部员外郎》条："每岁选人有解状、簿书、资历、考课，必由之核其实。"④ 其中记载考课情况的文书，就是考状。考状内容对选人是否符合选限、前资官履新、流外官入流等都有重大影响。五代时解由、考牒和历子是选人在吏部南曹进行资格审查时必备的三项文书之一，如选人只有解由和历子而无考牒，则"殿一选"⑤。

2. 官阶、职务升迁的主要依据。唐代官员的资历是按散官官阶计算的，而官阶进叙的主要依据，就是考课。唐政府于贞观十一年（631 年）就敕令说："散位一切以门荫结品，然后由劳考进叙。凡入仕之后，迁代则以四考为限。四考中中，进年劳一阶，每一考上中，进一阶，一考上上，进两阶。"⑥ 唐叙阶之法有六种，以封爵、以亲戚、以勋庸、以资荫、以秀孝、以劳考。其中封爵、

① ［宋］王溥：《唐会要》卷 82《考下》，上海古籍出版社 1991 年版，第 1788 页。
② ［宋］王溥：《唐会要》卷 81《考上》，上海古籍出版社 1991 年版，第 1788 页。
③ ［宋］王溥：《唐会要》卷 81《考上》，上海古籍出版社 1991 年版，第 1781 页。
④ ［唐］李林甫等：《大唐六典》卷 2《尚书吏部》，三秦出版社 1991 年版，第 36 页。
⑤ ［宋］杨亿、王钦若：《册府元龟》卷 633《铨选部·条制五》，中华书局 1982 年版，第 7589 页。
⑥ ［宋］王溥：《唐会要》卷 81《考上》，上海古籍出版社 1991 年版，第 1776 页。

亲戚、勋庸、资荫、秀孝都是得阶之途，只有劳考才是叙阶之法。其五品以上则另有规定："应入五品以十六考为定，入三品以三十考为定。"① 考状和考课结果的另外一个意义，是影响升迁。比如地方官员的考课结果，直接决定升迁。开元六年玄宗下诏说："（刺史、县令）每年十月委当道按察使较量理行殿最，从第一等至五等奏闻。较考使乃吏部长官，总详覆诸州，亦比类定为五等奏闻。上等为最，下等为殿。中间三等，以次定优劣。改转日，凭为升降。县令每年选举人内准前条访择补置。在任有术，一任申使状有两请，兼户口、复业，带上考者，选日优与内官。其使状有一请，兼带上考者，满日不限选数听集，优与处分。刺史第一等量与京官。"② 考课结果也影响流外官的迁转与入流。流外官"每经三考，听转选；量其才能而进之，不则从旧任"③。流外官中的令史还有一定优待："每府史三考，令史两考得转选，续前劳也。"唐制，令史为流外勋品，唐初，令史"限八考以上入流"④。

3. 与经济收入挂钩。考课结果还与物质奖惩相联系。唐代官员的经济收入主要有俸料钱、职田、禄米、防阁、庶仆（防阁、庶仆类似于给官员雇用护卫、仆人的补助）和公廨杂料等。而与考课结果相联系的主要是禄米。唐《考课令》规定："中上以上，每进一等，加禄一季。中中者守本禄，中下以下，每退一等，夺禄一季。准令以此劝惩，事在必行。"但是，由于受兵霍战乱等因素影响，考绩所奖励的禄米往往"徒挂簿书，实无给与"。大中六年，唐政府重申此制，决心把考课的奖惩落到实处。"今按《仓库令》，诸给粮禄，皆以当处正仓充。无仓之处，则申省随近有处支给。又无者，听以税物及和籴、屯收等物充。"⑤

4. 依法治罪的依据。如果官员犯罪，则一般考第为下中以下，要依法治罪。"若私罪下中以下，公罪下下，并解见任，夺当年禄，追告身，周年听依本品

① ［宋］杨亿、王钦若：《册府元龟》卷635《铨选部·考课一》，中华书局1982年版，第7622页。
② ［宋］杨亿、王钦若：《册府元龟》卷635《铨选部·考课一》，中华书局1982年版，第7621—7622页。
③ ［唐］李林甫等：《大唐六典》卷2《尚书吏部》，三秦出版社1991年版，第38页。
④ ［唐］李林甫等：《大唐六典》卷2《尚书吏部》，三秦出版社1991年版，第21页。
⑤ ［宋］王溥：《唐会要》卷82《考下》，上海古籍出版社1991年版，第1788页。

叙。"① 唐代惩罚官员有两个原则，一是一般不科以实刑，以议、请、减、赎、官当等形式减免惩处。二是官员犯罪可依轻重除免。所谓除免，是指除名、免官、免所居官三种处罚。其中除名最重，职事官、散官、勋官、爵号均被剥夺，所谓"出身以来，官爵悉除"。需六载后，方可再叙。免官次之。即免除职事官、散官、勋官，爵号保留。三载之后即可再叙。免所居官最轻。按唐代将官分成两类，职事官、散官、卫官为一类，勋官为一类。免所居官是免上述两类中之一类，满一周年即可再叙。

---

① ［唐］李林甫等：《大唐六典》卷 2《尚书吏部》，三秦出版社 1991 年版，第 47 页。

参考文献

1. 古籍类:

[1] [唐] 长孙无忌等:《唐律疏议》,中华书局1983年版。

[2] [唐] 杜佑:《通典》,岳麓书社1995年版。

[3] [唐] 段成式:《酉阳杂俎》,中华书局1981年版。

[4] [唐] 封演:《封氏闻见记》,中华书局2005年版。

[5] [唐] 李林甫等:《大唐六典》,三秦出版社1992年版。

[6] [唐] 李肇:《国史补》,上海古籍出版社1979年版。

[7] [唐] 刘肃:《大唐新语》,中华书局1984年版。

[8] [唐] 王定保:《唐摭言》,上海古籍出版社1978年版。

[9] [后晋] 刘昫等:《旧唐书》,中华书局1975年版。

[10] [宋] 李焘:《续资治通鉴长编》,中华书局1957年版。

[11] [宋] 欧阳修、宋祁:《新唐书》,中华书局1975年版。

[12] [宋] 欧阳修:《新五代史》,中华书局1974年版。

[13] [宋] 司马光等:《资治通鉴》,中华书局1956年版。

[14] [宋] 宋敏求:《春明退朝录》,中华书局1980年版。

[15] [宋] 王谠:《唐语林》,上海古籍出版社1985年版。

[16] [宋] 王溥:《唐会要》,上海古籍出版社1991年版。

[17] [宋] 王溥:《五代会要》,中华书局1998年版。

[18] [宋] 薛居正:《旧五代史》,中华书局1976年版。

［19］［宋］杨亿、王钦若：《册府元龟》，中华书局 1982 年版。

［20］［宋］赵升：《朝野类要》，中华书局 2010 年版。

［21］［清］董诰、阮元、徐松等：《全唐文》，中华书局 1983 年版。

［22］周绍良：《唐代墓志汇编》，上海古籍出版社 1995 年版。

2. 专著类：

［1］张国刚：《唐代官制》，三秦出版社 1987 年版。

［2］张国刚：《唐代藩镇研究》，湖南教育出版社 1987 年版。

［3］陈仲安、王素：《汉唐职官制度研究》，中华书局 1993 年版。

［4］谢元鲁：《唐代中央政权决策研究》，文津出版社 1992 年版。

［5］王素：《三省制略论》，齐鲁书社 1986 年版。

［6］袁刚：《隋唐中枢体制的发展演变》，文津出版社 1994 年版。

［7］雷家骥：《隋唐中央权力结构及其演进》，东大图书公司 1995 年版。

［8］胡沧泽：《唐代御史制度研究》，文津出版社 1993 年版。

［9］李锦绣：《唐代制度史略论稿》，中国政法大学出版社 1998 年版。

［10］吴宗国：《唐代科举制研究》，北京大学出版社 2010 年版。

［11］高明士：《隋唐贡举制度》，文津出版社 1999 年版。

［12］孙继民：《唐代行军制度研究》，文津出版社 1995 年版。

［13］宁欣：《唐代选举制度》，文津出版社 1995 年版。

［14］任士英：《唐代流外官研究上》，载《唐史论丛》第 5 辑，三秦出版社 1990 年版。

［15］任士英：《唐代流外官研究下》，载《唐史论丛》第 6 辑，陕西人民出版社 1995 年版。

［16］吴宗国：《三省的发展和三省制的确立》，载《唐研究》第 3 卷，北京大学出版社 1997 年版。

［17］叶炜：《试论隋与唐前期中央文官机构文书胥吏的组织系统》，载《唐研究》第 5 卷，北京大学出版社 1999 年版。

［18］阎步克：《品位与职位——秦汉魏晋南北朝官阶制度研究》，中华书局 2002 年版。

［19］石云涛：《唐代幕府制度研究》，中国社会科学出版社 2003 年版。

［20］严耕望：《唐史研究丛稿》，香港新亚研究所 1969 年版。

［21］戴伟华：《唐方镇文职僚佐考》，天津古籍出版社 1994 年版。

3. 论文类：

［1］陈寅恪：《元白诗中俸钱问题》，载《清华学报》，1935 年第 4 期。

［2］何忠礼：《科举制起源辨析》，载《历史研究》》，1983 年第 2 期。

［3］金旭东：《科举制起源辨析》之商榷，载《历史研究》，1984 年第 6 期。

［4］周东平：《关于科举制起源的几点意见》，载《历史研究》，1984 年第 6 期。

［5］王丽君：《科举制度的重要特征及其起源标志探究》，载《河南教育学院学报》，1998 年第 2 期。

［6］侯力：《唐代俊士科考论》，载《中国史研究》，1999 年第 1 期。

［7］翁俊雄：《唐代科举制度及其运作的演变》，载《中国史研究》，1998 年第 1 期。

［8］任爽：《科举制度与盛唐知识阶层的命运》，载《历史研究》，1989 年第 4 期。

［9］刘海峰：《唐代俊士科辨析》，载《中国史研究》，2000 年第 2 期。

［10］谢世湖：《唐代的书法教育》，载《广西师范大学学报》（哲学社会科学版），1990 年第 1 期。

［11］丁爱华：《唐代制举述略》，载《理论学刊》，1989 年第 5 期。

［12］乌廷玉：《唐代的科举制度》，载《社会科学战线》，1987 年第 1 期。

［13］盛奇秀：《唐代明书科考述》，载《文史哲》，1987 年第 2 期。

［14］盛奇秀：《唐代的明算科》，载《齐鲁学刊》，1987 年第 2 期。

［15］盛奇秀：《唐代明法科考述》，载《东岳论丛》，1985 年第 2 期。

［16］盛奇秀：《唐代武举小考》，载《山东大学学报》（哲学社会科学版），1988 年第 2 期。

［17］熊承涤：《唐代教材与唐代学术文学（上）》，载《课程教材教法》，

1988 年第 6 期。

　[18] 宋大川：《唐代国家教育机制研究》，载《晋阳学刊》，1988 年第
5 期。

　[19] 夏风：《唐代学校教育述略》，载《教育评论》，1987 年第 6 期。

　[20] 刘恩惠：《唐代教育述略》，载《松辽学刊》，1987 年第 4 期。

　[21] 张羽琼：《论唐代官学》，载《贵州社会科学》，1996 年第 5 期。

　[22] 侯力：《唐代官学中的学礼和学规》，载《益阳师专学报》，1998 年第
2 期。

　[23] 贾真真：《唐代官学建构与影响试析》，载《教育理论与实践》，1996
年第 3 期。

　[24] 刘海峰：《唐玄宗朝科举管理改革剖析》，载《晋阳学刊》，1989 年第
5 期。

　[25] 杨希义：《唐代科举和铨选制度中的糊名暗考》，载《学术月刊》，
1991 年第 3 期。

　[26] 刘海峰：《唐代的博学宏词科》，载《文史知识》，1990 年第 2 期。

　[27] 熊贤君：《唐代法律中有关教育管理内容概述》，载《教育评论》，
1990 年第 2 期。

　[28] 邓洪波：《唐代地方书院考》，载《教育评论》，1990 年第 2 期。

　[29] 刘海峰：《唐代乡村学校与教育的普及》，载《教育评论》，1990 年第
2 期。

　[30] 程方平：《唐末五代的经学教育和儒学经典的流传》，载《教育评
论》，1990 年第 2 期。

　[31] 易禾：《从唐代考试中的舞弊方式看唐宋时期的社会变革》，载《文
史知识》，1994 年第 2 期。

　[32] 张兆凯：《唐代科举制度的流弊与衣冠子弟的入仕选择》，载《益阳
师专学报》，1995 年第 1 期。

　[33] 侯力：《唐代家学与科举应试教育》，载《湘潭师院学报》（哲学社会
科学版），1998 年第 1 期。

　[34] 宋大川：《唐代教材研究》，载《河北学刊》，1990 年第 2 期。

　[35] 陈雪军：《唐代落第诗探微》，载《船山学刊》，2007 年第 2 期。

［36］张东光：《唐代科举考试舞弊的防范与惩处》，载《中州学刊》，2007年第3期。

［37］陈秀宏：《论唐宋时期的乡贡取士》，载《辽宁大学学报》（哲学社会科学版），2007年第3期。

［38］彭国忠：《唐代试律诗的称名、类型及性质》，载《学术研究》，2007年第1期。

［39］吴在庆：《略谈唐代文士的读书习业生活》，载《宁夏师院学报》（哲学社会科学版），2007年第1期。

［40］王长华：《孔颖达《诗》学观略论》，载《河北师大学报》（哲学社会科学版），2007年第1期。

［41］李良玉：《唐代科举与历史教育》，载《史学史研究》，2006年第4期。

［42］杨波：《唐进士乞旧衣略考》，载《华侨大学学报》（哲学社会科学版），2006年第3期。

［43］王蕾：《唐代科举制度下的士人狎妓风气》，载《文史天地》，2006年第10期。

［44］宋军风：《唐代商人举选权利考略》，载《云南社会科学》，2006年第5期。

［45］韩银政：《诗赋取士——唐代新兴的人才选拔制度》，载《文史杂志》，2006年第5期。

［46］崔岩：《论唐代科举策试的匡世济俗功能》，载《扬州大学学报》（高教研究版），2006年第4期。

［47］乔治忠、崔岩：《论唐代科举制策试的匡世济俗功能》，载《河北学刊》，2006年第3期。

［48］陈友冰：《论唐代科举考试在古文运动中的作用》，载《安徽大学学报》（哲学社会科学版），2006年第3期。

［49］龚鹏程：《唐朝中叶的文人经说》，载《湖南大学学报》（社会科学版），2005年第6期。

［50］赵国权：《权力、教育与思想世界——论唐代科举考试制度对知识、思想世界的影响》，载《河南大学学报》（社会科学版），2005年第6期。

［51］俞钢：《唐代制举的形成及其特点》，载《上海师范大学学报》（哲学社会科学版），2005 年第 3 期。

［52］黄清连：《唐代散官试论》，载《中央研究院历史语言研究所集刊》，1987 年第 58·1 期。

［53］宁志新：《唐朝使职若干问题研究》，载《历史研究》，1999 年第 2 期。

［54］陈仲安：《唐代的使职差遣制》，载《武汉大学学报》（人文科学），1963 年第 1 期。

［55］薛明扬：《论唐代使职的功能与作用》，载《复旦学报》（社会科学版），1990 年第 1 期。

［56］马小红：《试论唐代散官制度》，载《晋阳学刊》，1984 年第 4 期。

［57］杜文玉：《论唐代员外官与试官》，载《陕西师大学报》（哲社版），1993 年第 3 期。

［58］杨志久、张国刚：《唐代藩镇使府辟署制度》，载《社会科学战线》，1984 年第 1 期。

［59］张东光：《唐宋的知制诰》，载《文史知识》，1993 年第 1 期。

［60］张东光：《唐宋时期的中枢秘书官》，载《历史研究》，1995 年第 4 期。

［61］陈苏镇：《北周隋唐的散官与勋官》，载《北京大学学报》（哲学社会科学版），1991 年第 2 期。

［62］赵冬梅：《唐五代供奉官考》，载《中国史研究》，2000 年第 1 期。

［63］何锡光：《两〈唐书〉中与内供奉官有关的官职名称的错误标点》，载《中国史研究》，2003 年第 1 期。

［64］张东光：《唐代的内供奉官》，载《社会科学辑刊》，2005 年第 1 期。

［65］张东光：《唐代御史台的里行官》，载《辽宁大学学报》（哲学社会科学版），2005 年第 2 期。

［66］张东光：《唐代的检校官》，载《晋阳学刊》，2006 年第 2 期。

［67］张东光：《唐代任官形式中的知、判问题》，载《郑州大学学报》（哲学社会科学版），2007 年第 1 期。

［68］任士英：《唐代流外官管理制度》，载《中国史研究》，1995 年第

1 期。

    [69] 阎守成:《唐代官吏的俸料钱》,载《晋阳学刊》,1982 年第 2 期。

    [70] 刘海峰:《唐代官吏俸料钱的财政来源问题》,载《晋阳学刊》,1984 年第 2 期。

    [71] 王珠文:《关于唐代官吏俸料钱的几点意见》,载《晋阳学刊》,1985 年第 4 期。

    [72] 刘海峰:《再析唐代官员俸料钱的财政来源》,载《中国社会经济史研究》,1987 年第 4 期。

    [73] 李燕捷:《唐代后期内外官主要经济收入对比》,载《晋阳学刊》,1990 年第 1 期。

    [74] 陈明光:《试论唐前期官员俸料钱与国家财政的关系》,载《史林》,1992 年第 1 期。

    [75] 高原:《唐代官禄制度考略》,载《晋阳学刊》,1993 年第 4 期。

    [76] 李燕捷:《唐代给禄的依据》,载《历史教学》,1994 年第 8 期。